압바암마

너희는 거룩하라

○

이동원 목사 편저

차례 CONTENTS

너 희 는   거 룩 하 라

신학교를 다닐 때 레위기를 성경의 고비 사막이라고 했습니다. 그만큼 이해하고 지나가기가 어려운 책이라는 뜻이었습니다. 누군가는 성경의 에베레스트라고 말하기도 했습니다. 그만큼 오르기 어려운 책이라는 뜻이 되겠습니다. 그래도 성도라면 한번은 반드시 정독이 필요한 책이었습니다.

설교자로서 주일을 택하여 이 책을 강해하기는 어려웠습니다. 그래서 뜻 있는 성도들을 대상으로 수요일에 강해를 시도했습니다. 강해라기보다 성경공부라고 말하는 것이 아마 더 정확할지 모릅니다. 자연스럽게 설교형식보다는 각장의 이해를 돕는 정보가 많아졌습니다. 그리고 이런 정보를 위해 여러 신학자들과 성경학자들의 도움을 받았습니다.

그래도 신학적 담론이 아닌 강단 설교의 형식을 사용했으므로 일일이 학문적 인용과 출처를 명기하는 것은 불가능했습니다. 그래서 저작이라기보다 편저라는 것이 정직하다고 생각했습니다. 그러나 설교 현장에서 레위기를 통한 은혜가 적지 않았습니다. 이 은혜를 더 많은 성도들과 나누고 싶은 단순한 맘으로 책을 펴냅니다.

이미 시중에는 여러 학자들의 레위기 주석과 강해가 적지 않습니다. 그러나 평신도들이 이 책을 접근하는데는 여전히 학문적 벽이 존재합니다. 그 벽을 낮추고 이 책의 뜰로 들어가 이 책의 향기를 나누고 싶었습니다. 행여 그 향기가 이 책의 주제인 거룩함을 우리로 맛보게 한다면 우리에게 너희는 거룩하라고 말씀하신 그분의 뜻의 실현임을 믿고자 합니다.

부디 이 책의 메시지의 처음 수혜자들이 경험한 동일한 은혜를 간구하며 21세기 삶의 현장에도 여전히 유효한 거룩의 제단으로 초대를 드립니다.

함께 거룩의 제단으로 부르심을 받은, 이동원 목사 드림

Part 1

서론;
레위기에대해서

。

너희는 거룩하라

LEVITICUS

레위기서는 성경에서 가장 익숙하지 않은 책입니다. 어쩌면 성경에서 가장 읽히지 않는 책이 레위기서일지도 모릅니다. 그래서 어떤 이들은 레위기서를 성경읽기의 암초, 성경의 고비사막, 성경의 히말라야라고 말하기도 합니다. 그럼에도 불구하고 신학자 Harrison은 레위기서를 가리켜 "기독교 신앙과 교리의 기초를 다루는 가장 중요한 책이다."라고 말했습니다. 이책이 가진 난해성, 어려움, 익숙하지 못함에도 불구하고 이 책은 여전히 기독교 신앙의 교리 특히 '속죄의 교리'의 기초를 다루는 가장 중요한 책이라는 것입니다.

01 LEVITICUS
서론; 레위기에 대해서

레위기 1장 1절
"여호와께서 회막에서 모세를 부르시고 그에게 말씀하여 이르시되"

　레위기서는 성경에서 가장 익숙하지 않은 책입니다. 어쩌면 성경에서 가장 읽히지 않는 책이 레위기서일지도 모릅니다. 그래서 어떤 이들은 레위기서를 성경읽기의 암초, 성경의 고비사막, 성경의 히말라야라고 말하기도 합니다. 그럼에도 불구하고 신학자 해리슨(Harrison)은 레위기서를 가리켜 "기독교 신앙과 교리의 기초를 다루는 가장 중요한 책이다."라고 말했습니다. 이 책이 가진 난해성, 어려움, 익숙하지 못함에도 불구하고 이 책은 여전히 기독교 신앙의 교리 특히 '속죄의 교리'의 기초를 다루는 가장 중요한 책이라는 것입니다.

Ⅰ. 레위기의 책명

1) 히브리어 '와이크라' אֵיְקְרָא / "그리고 그가 부르셨다."

구약성경은 대부분 히브리어로 기록되었는데 히브리어로는 레위기서를 '와이크라'라고 불렀습니다. 이 뜻은 '그리고 그가 부르셨다.'입니다. 이것은 레위기서 1장 1절을 그대로 따온 것입니다. 1장 1절을 보면 '여호와께서 회막에서 모세를 부르셨다'에서 시작합니다. 다시 말하면 이 책의 이름은 '그리고'라는 단어로 시작하는데 그것은 전에 나오는 책의 연속이라는 것을 말하고 있는 것입니다. 레위기서 바로 전은 출애굽기인데, 이 레위기서는 출애굽기 책의 연속선상에 있다는 것을 전제합니다. 그래서 우리는 이 책을 가리켜 모세오경의 한 부분으로 이해합니다.

모세오경은 모세가 준 다섯 권의 성경의 계시입니다. 창세기, 출애굽기, 레위기, 민수기, 신명기. 그 중 레위기는 본래 히브리어로 '와이크라'라고 붙어 있었습니다. 그런데 주전 2세기경, 오래 전부터 전 세계에 흩어져있던 이스라엘 백성들―그들의 별명은 디아스포라(흩어진 백성들이라는 뜻)―은 흩어져서 다른 나라에서 살았기에 이스라엘 말인 히브리어를 잊어버리게 되었습니다. 히브리어를 모르는 유태인들이 증가한 것입니다. 하지만 그들에게 여전히 성경을 읽히고 가르쳐야 할 필요가 있었습니다. 그래서 구약성경을 그 당시 전 세계적으로 가장 많이 쓰이던 헬라어(그리스어)로 번역했습니다. 이집트 알렉산드리아를 중심으로

70여명의 학자들이 헬라어로 번역하는 작업을 했는데 우리는 이를 70인역(LXX)이라고 부릅니다. 이렇게 번역하는 작업을 하던 중 '그리고 그가 부르셨다.'는 논리적으로 사고했던 그들이 느끼기에 적합하지 않다고 여겨 책의 내용을 반영하자는 의견이 나왔다고 합니다.

2) 레위기로 명명 / Leuitikon / "레위인들에 관한 것" / 헬라식으로 정리

이 책의 내용은 레위족속에 관한 이야기, 즉 제사장 족속이 제사를 어떻게 드리는 지 등을 중심으로 형성하고 있습니다. 그렇기 때문에 레위인들에 관한 책이라고 하여 헬라어로는 Leuitikon, 영어로는 Leviticus, 한자권에서는 '레위기'로 기록된 것입니다.

Ⅱ. 책의 기록의 목적과 구성

레위기라는 이 책이 기록된 목적은 무엇일까요? 출애굽기를 모르고는 레위기서를 절대 알 수 없습니다. 출애굽기 다음에 레위기가 나오기 때문입니다. 출애굽기를 이해하는 중요한 열쇠는 출애굽기 19장 5절과 6절 말씀입니다. "세계가 다 내게 속하였나니 너희가 내 말을 잘 듣고 내 언약을 지키면 너희는 모든 민족 중에서 내 소유가 되겠고 너희가 내게 대하여 제사장 나라가 되며 거룩한 백성이 되리라 너는 이 말을 이스라엘 자손에게 전할지니라." 이 말씀을 흔히 시내산 언약이라고 합니다. 시내산에 이스라엘 백성이 도달해 있을 때 하나님이 이스라엘 백성과 조건적인 언약을 맺으신 것입니다. '너희가 내 말을 잘 듣고 내 언약을 지키면'이라는 조건을 근거로 예언을 하셨는데 그것이 6절의 '너희가 내게 대하여 제사장 나라가 되며 거룩한 백성이 되리라.'입니다. 이것은 비단 이스라엘 백성에 대한 언약일 뿐만 아니라 영적인 이스라엘인 하나님의 백성들, 오늘날 이 시대를 살아가는 모든 그리스도인들을 향한 언약이라고도 할 수 있습니다. 왜냐하면 새로운 언약시대, 신약에 와서는 예수님을 믿는 모든 사람들이 제사장의 자리에 설 수 있기 때문입니다. 이것을 만인제사장, 혹은 왕 같은 제사장이라고 합니다. 모든 그리스도인들이 바로 제사장의 부름을 받고 있는 것입니다. 어떻게 제사장 나라가 되며 어떻게 거룩한 백성이 되는가 하는 것이 바로 레위기서가 다루는 내용입니다.

우리는 레위기서를 크게 두 부분으로 나눌 수 있습니다. 하나는 1-16장이고 다른 하나는 17-27장까지입니다.

1. 주의 백성들이 '제사장 나라'로 하나님께 나아가도록 (레위기 1-16장) / 전반

주의 백성들이 제사장 나라로 하나님 앞에 어떻게 나아갈 수 있느냐를 기록하고 있는 것이 1장부터 16장까지입니다. 어떤 학자는 이 대목을 쉽게 거룩의 길(Holiness Way), 즉 우리가 거룩하기 위해서 하나님 앞에 나아가는 길을 보여주고 있다고 말하기도 합니다.

2. 주의 백성들이 '거룩한 백성'으로 살아가도록 (레위기 17–27장) / 후반

하나님 앞에 나아갈 뿐만 아니라 이제 하나님 앞에서 어떻게 살아가는지, 즉 거룩한 백성으로 살아가기 위한 법전을 보여주고 있습니다. 그래서 17–27장까지를 거룩한 법규(Holiness Code), 법전, 삶을 다룬 것이라고 합니다. '어떻게 거룩한 길로 나아가는가, 어떻게 하나님 앞에서 거룩한 삶을 사는가.' 이것이 바로 레위기서의 내용인 것입니다.

이 두 부분을 다시 소제목으로 분류해 보면 아래와 같이 나눌 수 있습니다.

1. 주의 백성들이 '제사장 나라'되어 하나님께 나아가도록 (레위기 1–16장) / 전반

1) 제사에 관한 규례 (1–7장)

2) 제사장의 성별에 관한 규례 (8–10장)

3) 결례법에 관한 규례 (11–16장)

2. 주의 백성들이 '거룩한 백성'으로 살아가도록 (레위기 17–27장) / 후반

1) 제사를 통한 거룩 (17장)

2) 가정, 사회, 국가에서의 거룩 (18–22장)

3) 절기를 통한 거룩 (23–25장)

4) 축복과 저주를 통한 거룩 (26장)

5) 서원을 통한 거룩 (27장)

Ⅲ. 레위기의 주제 : "거룩함(구별됨)"

레위기의 주제는 한마디로 거룩함입니다. 거룩함을 좀 더 원 의미에 가깝도록 다른 의미로 바꾼다면 구별됨이라고 할 수 있습니다. 이 거룩함이란 단어 속에는 소극적인 의미와 적극적인 의미가 들어 있습니다. 이 두 가지는 동전의 양면과도 같습니다.

1) 소극적 의미 – 깨끗한 백성

확실히 거룩함에는 깨끗함의 측면이 있습니다. 하지만 성경적인 거룩에는 그냥 깨끗하게 산다거나 죄를 안 짓는 정도가 아닌 훨씬 더 적극적인 의미가 들어있습니다.

2) 적극적 의미 – 하나님을 위해 사용함 (set apart)

따로 떼어 놓는, 구별한다는 의미입니다. 구별해 놓았다는 것은 어떤 특별한 목적을 위해 쓰인다는 뜻이 있습니다. 우리가 거룩하게 산다는 것은 단순히 죄만 안 짓는 정도가 아니라 하나님을 위해서 산다는 의미입니다. 하나님을 위해서 우리의 존재가, 일상이, 행동이, 언어가, 헌신이 쓰이는 것이 진정한 거룩의 의미라고 할 수 있습니다.

레위기서 전체를 통해서 가장 중요한 열쇠구절(key verse)이 있습니다. 이것은 11장 44절과 45절입니다. 이 말씀만 제대로 이해한다면 레위기서를 통달한 것이나 마찬가지일 것입니다.

레위기 11장 44-45절
"나는 여호와 너희의 하나님이라 내가 거룩하니 너희도 몸을 구별하여 거룩하게 하고 땅에 기는 길짐승으로 말미암아 스스로 더럽히지 말라 나는 너희의 하나님이 되려고 너희를 애굽 땅에서 인도하여 낸 여호와라 내가 거룩하니 너희도 거룩할지어다"

이 두 절을 다 외우면 좋지만 다 외우기 힘들다면 45절의 마지막 부분만 외워도 됩니다. '내가 거룩하니 너희도 거룩할지어다.' 이것은 신약성경 베드로전서 1장 15-16절에도 나오는 구절입니다. 바로 레위기의 이 말씀을 사도 베드로가 인용한 것입니다. 여기서 중요한 45절의 마지막 말씀 '내가 거룩하니 너희도 거룩할지어다.'는 하나님이 하신 말씀입니다. '나는 거룩하다. 너희는 내 자녀이니 너희도 거룩해야 한다.'고 말씀하고 계신 것입니다.

'거룩하다'는 히브리어로는 카다쉬(카도쉬)라고 합니다. 영어로는 Holy, Sanctify, Holiness라고도 하는데 성경 전체에 걸쳐 152회나 나옵니다. 반면 '불결하다(unclean)'는 단어는 132회 나옵니다. 그만큼 거룩은 성경 전체, 특별히 레위기서를 통해서 중요한 주제인 것입니다. 신약성경을 읽어보면 신약성경의 기자들이 레위기서를 인용한 경우가 100번이 넘습니다. 그만큼 레위기서를 모르면 진정한 의미에서 신약을 이해했다고 할 수 없습니다.

우리는 이제 레위기서의 중요한 주제 '거룩함(구별됨)'을 파악했습니다. 그렇다면 이 거룩의 내용은 무엇일까요? 거룩의 대상, 근거는 무엇일까요? 워렌 위어스비(Warren Wiersbe)라는 설교가는 레위기서에 나타난 거룩의 주제를 다시 다섯 가지로 나눴습니다.

1. 거룩한 하나님
2. 거룩한 제사장직
3. 거룩한 백성
4. 거룩한 땅
5. 거룩한 구주

이것이 바로 레위기서 전체의 중요한 거룩의 내용들입니다.

1. 거룩한 하나님

우리가 성경을 보면 하나님에 대한 설명이 많이 나옵니다. 하나님의 속성, 하나님은 어떤 분이신가를 말하고 있는 것입니다. 이 중 제일 많이 나오는 것, 우리가 좋아하는 것은 '하나님은 사랑이시다'(God is Love)라는 말입니다. 이것 못지않게 우리가 구약에서 많이 접하는 하나님에 대한 선언은 '하나님은 거룩하시다'(God is Holy)일 것입니다. 우리는 두 가지를 함께 봐야합니다. 사랑을 강조하면서 거룩을 강조하지 않거나 거룩이 없는 사랑은 왜곡된 것일 수 있기 때문입니다.

세상에는 많은 왜곡된 사랑, 병든 사랑, 거룩이 없는 사랑이 있습니다. 반면 하나님의 사랑은 거룩한 사랑입니다. 요한일서 1장에 '하나님은 빛이시다.'는 구절이 있습니다. 이 말도 빛과 어둠을 대조한 것입니다. 어둠이 죄라면 이 빛은 거룩함을 나타내고 있습니다. 거룩함의 본질을 다른 말로 하면 빛입니다. 그래서 그 하나님이 말씀하시는 가르침이나 교훈은 거룩한 것입니다. 뿐만 아니라 하나님 앞에 나오는 사람들도 거룩하게 나아와야 합니다. 하나님 앞에 나오기 위해 구약성경에서 이해해야할 매우 중요한 것은 제사법입니다. 레위기서는 바로 이 제사법을 다루고 있습니다. 그래서 우리가 죄사함을 받고 거룩하신 하나님과 교통할 수 있도록 레위기서는 이 제사법을 통해 거룩하신 하나님을 우리에게 보여주고 있는 것입니다.

2. 거룩한 제사장직

구약성경에서 제사장 지파는 레위지파였습니다. 레위지파들은 다른 일은 하지 않고 전적으로 하나님께 제사하는 일만 종사했습니다. 레위직이 누렸던 특권에 대해 레위기 25장 32절과 33절에서 말하고 있습니다.

레위기 25장 32-33절
"레위 족속의 성읍 곧 그들의 소유의 성읍의 가옥은 레위 사람이 언제든지 무를 수 있으나 만일 레위 사람이 무르지 아니하면 그의 소유 성읍의 판 가옥은 희년에 돌려 보낼지니 이는 레위 사람의 성읍의 가옥은 이스라엘 자손 중에서 받은 그들의 기업이 됨이니라"

레위 족속들에게는 가옥이 주어졌습니다. 이들은 하나님만 섬기는, 하나님의 일에만 전적으로 봉사하는 사람이었기 때문입니다. 그래서 그들의 성읍은 특별히 보장되어야 했고, 실수로 잃어버려도 다시 회복될 수 있었습니다. 왜냐하면 이들이 생활을 걱정하지 않고 하나님만 섬길 수 있어야 했기 때문입니다. 그러나 레위 제사장들에게는 특권만 있지 않고 책임도 따랐습니다. 그들에게는 무엇보다 거룩함이 요구됐습니다. 육체적으로 흠이 없고 하나님 보시기에 거룩해야 하나님께 나오는 일을 잘 감당할 수 있었기 때문입니다. 그래서 제사장들이 지켜야 할 규례에 대해 레위기서에서 가르치고 있습니다. 그들이 하는 중요한 일이 거룩한 하나님 앞에 나오는 일이었기 때문입니다. 거룩한 하나님 앞에 나오는 일에 가장 중요한 것은 거룩함, 정결함입니다. 레위기서 22장 9절에서는 그것을 말하고 있습니다.

레위기 22장 9절
"그들은 내 명령을 지킬 것이니라 그것을 속되게 하면 그로 말미암아 죄를 짓고 그 가운데에서 죽을까 하노라 나는 그들을 거룩하게 하는 여호와이니라"

만약 거룩하지 못한 상태에서 나오면 그들은 죽는다고 말합니다. 그만큼 거룩한 하나님을 접촉한다는 것은 두려운 일이었기 때문에 철저히 거룩함이 요구된 것입니다. 거룩한 제사장직을 거룩하게 보존할 수 있도록 지켜져야 할 규례들을 레위기서에서 가르치고 있습니다. 이것은 구약에서 끝나는 것이 아니라 신약시대에도 이어집니다. 이제 우리 모두가 제사장이 되고 하나님의 일을 할 수 있기에 하나님의 일을 감당하기 위해서 무엇보다 거룩함을 소중히 여겨야 합니다.

3. 거룩한 백성

우리가 거룩한 백성이 되기 위해 가장 중요한 것은 먼저 무엇이 거룩한지, 무엇이 거룩하지 않은지를 분별하는 것입니다.

레위기 10장 10절
"그리하여야 너희가 거룩하고 속된 것을 분별하며 부정하고 정한 것을 분별하고"

여기서는 분별이란 단어가 강조됩니다. 거룩하고 속된 것, 부정함과 정함을 분별할 수 있어야 한다는 것입니다. 분별하지 못하면 거룩한 삶을 살 수 없습니다.

분별하기 위한 여러 가지 규례들이 레위기에 나옵니다. 식사할 때 음식이 거룩한 것과 거룩하지 못한 것, 맛있는 것도 거룩한 것과 거룩하지 못한 것, 산모가 아이를 낳을 때 거룩한 것과 거룩하지 못한 것, 시체 관리에서도 어떤 부분을 어떻게 정결함이 훼손되지 않도록 사체를 다룰 것인지, 나병 환자를 어떻게 다룰 것인지, 심지어는 여인들의 생리에 관해서, 유출병에 대한 교훈들도 나옵니다. 이 모든 문제들의 핵심은 '우리가 어떻게 거룩한 백성이 될 것인가'입니다.

4. 거룩한 땅

레위기 18장부터 27장 사이에 집중적으로 땅에 대한 교훈을 다루고 있습니다. 땅이란 단어는 레위기서에 무려 68회나 나옵니다. 하나님은 거룩한 사람뿐 아니라 거룩한 땅에도 관심이 많으셨습니다. 그래서 땅을 더럽히는 죄들에 대한 언급이 나옵니다.

어떤 죄들이 이 땅을 더럽힐까요? 우상숭배, 부도덕함, 신성을 모독함이 어떻게 땅을 더럽히고 있을까요? 심지어 땅도 안식을 해야 하는데 땅에게 쉼을 주지 못하는 등 땅을 땅답게 잘 다루지 못할 때 우리가 먹을 수 없는, 기댈 수 없는 땅이 되기 때문에 땅도 잘 다뤄야 한다고 말하고 있습니다. 현대에 와서 우리가 자연생태, 환경에 대한 것을 이야기 하지만 그 옛날부터 하나님은 이런 환경과 땅에 대한 관심을 갖고 계셨던 것입니다. 25장에 보면 땅의 안식에 대한 교훈이 많이 나옵니다.

레위기 25장 2절
"이스라엘 자손에게 말하여 이르되 너희는 내가 너희에게 주는 땅에 들어간 후에 그 땅으로 여호와 앞에 안식하게 하라."

그래야 오랫동안 우리가 이 땅을 잘 관리하고 살 수 있습니다. 우리가 경험하는 모든 재앙들은 우리에게 맡겨주신 이 땅을 잘 관리하지 못하기 때문에 그 대가를 지불하는 것입니다.

5. 거룩한 구주

레위기서의 마지막 거룩의 대상은 거룩하신 구세주입니다. 이것이 핵심입니다. 구주 예수 그리스도 그분은 성경의 핵심인 것입니다. 그런데 레위기서와 관련해 어떤 의미에서 우리의 거룩하신 구세주가 되셨을까요? 그분은 인간의 가장 중요한 문제인 죄사함의 문제를 해결하신 분입니다. 이런 죄사함의 문제, 죄로부터 정결함의 문제를 다루기 위해 수많은 율법의 문제들이 성경에서 다뤄졌습니다. 하지만 율법만 보는 사람은 성경을 잘못 보는 것입니다. 특별히 신약성경에 구약적 율법을 이해하는 열쇠를 제공하는 책이 있는데 바로 히브리서입니다.

히브리서 10장 1절
"율법은 장차 올 좋은 일의 그림자일 뿐이요 참 형상이 아니므로 해마다 늘 드리는 같은 제사로는 나아오는 자들을 언제나 온전하게 할 수 없느니라."

율법은 장차 올 일의 그림자라고 하며 제사를 이야기 합니다. 제사법도 율법의 한 부분인 것입니다. 장차 올 일의 그림자, 장차 오실 분은 예수님입니다. 구약시대 성도들이 볼 때 앞으로 오실 분은 메시아, 예수 그리스도였습니다. 갈라디아서 3장 24절에서 바울사도는 우리들의 몽

학선생, 가정교사, 초등교사라고 말했습니다. 율법의 가장 기본적인 역할은 죄를 깨닫게 하고, 죄를 깨달으면 죄에서 우릴 건져줄 구세주인 예수 그리스도를 찾게 하는 것입니다. 따라서 율법은 우리를 예수 그리스도에게 인도하는 초등교사라고 말하고 있습니다. 우리는 아침에 일어나 거울을 봅니다. 거울은 보여주는 것이지 우리를 깨끗하게 하는 것은 아닙니다. 우리가 거울을 보고 물로 가는 것입니다. 율법은 바로 이 거울의 역할을 합니다. 우리가 어떻게 더럽혀졌는지를 보여줍니다. 그리고 우리를 깨끗하게 하는 분은 예수 그리스도입니다. 율법은 그분의 십자가의 피흘림, 피흘림이 없은즉 사함이 없다는 것을 가르치고 있는 것입니다.

레위기 전체를 요약할 수 있는 가장 중요한 신학적인 핵심사상을 예수님이 하신 말씀에서 찾을 수 있습니다. 마가복음 10장 45절이야말로 레위기서의 결론일 것입니다.

마가복음 10장 45절
"인자가 온 것은 섬김을 받으려 함이 아니라 도리어 섬기려 하고 자기 목숨을 많은 사람의 대속물로 주려 함이니라"

예수님은 우리를 섬기려고 오셨습니다. 대속물이 되기 위해서 오신 것입니다. 이것이 그분이 오신 중요한 목적입니다. 그리고 이 대속물의 개념, 핵심을 제공하는 것이 레위기서입니다. 레위기서에서는 그가 어떻게 대속의 제물이 되시는가를 말하고 있습니다. 그렇다면 구체적으로 제사나 율법을 통해 예수님은 어떻게 우리에게 대속의 제물이 되실 수 있었을까요?

Part 2

번제

ㅇ

너희는 거룩하라

燔祭

레위기에 보면 다섯 가지 제사에 대한 예법이 소개됩니다. 이것을 레위기서의 5대 제사라고 하는데, 일반적으로 레위기의 5대 제사를 말할 때 1)번제 2)소제 3)화목제 4)속죄제 5)속건제 이렇게 다섯 가지가 등장합니다. 각 제사는 다 매우 심오하고도 중요한 신앙적 의미를 우리에게 전달해주고 있습니다. 21세기를 살아가고 있는 우리들에게 생소하고 낯선 것이며, 지금도 진행하지 않는 제사를 왜 공부하는가 하는 의문이 생길 수 있지만 이런 제사 예법 속에는 우리들을 향한 영적 교훈들이 풍성하게 들어있습니다.

02 번제

너 희 는   거 룩 하 라

레위기에 보면 다섯 가지 제사에 대한 예법이 소개됩니다. 이것을 레위기서의 5대 제사라고 하는데, 일반적으로 레위기의 5대 제사를 말할 때 1)번제 2)소제 3)화목제 4)속죄제 5)속건제 이렇게 다섯 가지가 등장합니다. 각 제사는 다 매우 심오하고도 중요한 신앙적 의미를 우리에게 전달해주고 있습니다. 21세기를 살아가고 있는 우리들에게 생소하고 낯선 것이며, 지금도 진행하지 않는 제사를 왜 공부하는가 하는 의문이 생길 수 있지만 이런 제사 예법 속에는 우리들을 향한 영적 교훈들이 풍성하게 들어있습니다.

우리는 1장을 중심으로 먼저 번제에 대해 공부하려고 합니다. 그리고 6장 8절~13절까지에서 번제에 대한 추가적인 보충설명이 나오고 있습니다. 1장을 중심으로 번제가 어떤 제사인가를 함께 연구합니다.

Ⅰ. 번제 (Burnt Offering, Ola)

번제를 영어로 Burnt Offering이라고 합니다. Burnt는 다 타버렸다는 뜻입니다. 태워 바치는 제사라는 의미입니다. 번제를 가리켜 히브리어로는 Ola라고 하는데 이 뜻은 신기하게도 '올라간다'는 뜻입니다. 따라서 번제는 제물을 태워서 그 향기를 하나님 앞에 올려 바치는 제사입니다. 이런 제사 예법을 21세기를 살고 있는 그리스도인들이 공부해야할 이유는 무엇일까요? 이런 제사 예법이 가지고 있는 상징이 있습니다. 바로 예표적 상징입니다.

1. 예표적 상징

1) 자신을 온전히 바치신 예수 그리스도의 헌신을 알 수 있습니다. 예수님이 어떻게 아버지 앞에 자신을 바쳤는가를 이 제사를 통해 볼 수 있다는 것입니다.

2) 우리는 이 제사예법을 통해 온전히 자신을 하나님 앞에 드리는 성도들의 예배의 교훈을 얻을 수 있습니다.

2. 그리스도의 헌신

이 제사가 보여주는, 이 제사가 가르치고 있는 예수 그리스도의 헌신은 성자 하나님이신 예수 그리스도가 아버지 앞에 자신을 어떻게 바쳤는가하는 그리스도의 헌신입니다. 이것을 네 가지 측면에서 볼 수 있습니다.

1) 흠 없는 수컷으로 드려지심

레위기 1장 3절
"그 예물이 소의 번제이면 흠 없는 수컷으로 회막 문에서 여호와 앞에 기쁘게 받으시도록 드릴지니라."

여기서 '흠 없는 수컷'이라는 단어가 중요합니다. 수컷은 일터 현장에서 더 쓸모가 있기에 옛날 제사에서 특별히 수컷의 의미가 강조됐는지도 모릅니다. 그러나 더 중요한 것은 흠이 없어야 한다는 것입니다. 하나님 앞에 바쳐지는 제물은 흠이 없어야 합니다. 주로 1년 된 흠 없는 수컷이 제물로 많이 쓰였습니다. 양에 있어서 1년이라는 것은 양이 가장 아름답고 열정이나 모습이 충만 된 시기입니다. 인간에 있어서 사람의 생애의 절정은 아마 30세가 아닐까 싶습니다. 가장 위대한 역사를 시작할 나이, 예수님도 이 30세에 공생애를 시작하셨고 33세에 생명을 십자가에서 드리셨습니다. 이렇듯 속죄의 제물은 흠 없으신 하나님의 어린 양이신 예수 그리스도를 예표하고 있다는 것이 중요합니다.

베드로전서 1장 19절
"오직 흠 없고 점 없는 어린 양 같은 그리스도의 보배로운 피로 된 것이니라"

여기서 예수님을 흠 없고 점 없는 어린 양 같다고 묘사하고 있습니다. 바로 그 예수님을 보여주기 위해 구약의 많은 제사에 제물로 쓰인 모습을 우리가 볼 수 있습니다. 이것이 모두 예수 그리스도의 헌신을 보여주기 위한 일종의 미래적인 예표입니다.

2) 자원해서 제물이 되심

레위기 1장 3절

"그 예물이 소의 번제이면 흠 없는 수컷으로 회막 문에서 여호와 앞에 기쁘게 받으시도록 드릴지니라."

우리말 표현에는 '기쁘게 받으시도록'으로 되어 있지만 킹 제임스 버전이나 오래된 영어 번역에는 'his own free(voluntary) will'이라고 되어 있습니다. 자원해서 자신을 드렸다는 뜻입니다. 제물들의 헌신에 있어서 이것이 자원된 제사였음을 말하고 있습니다. 예수님의 시각에서 보면 예수님이 십자가에서 자신의 몸을 제물로 드려 구속의 제물이 되고자 하실 때, 예수님은 자원하셨습니다. 그것은 하나님의 아들 예수님의 자원하심입니다. 이 대목을 잘 보여주는 것이 바로 히브리서 10장입니다.

히브리서 10장 6-7절

"번제와 속죄제는 기뻐하지 아니하시나니 이에 내가 말하기를 하나님이여 보시옵소서 두루마리 책에 나를 가리켜 기록된 것과 같이 하나님의 뜻을 행하러 왔나이다 하셨느니라.”

구약에서 번제, 속죄제는 매우 필요한 것이었습니다. 그러나 그것만
으로 모든 죄가 해결될 수 있었다면 예수님이 오실 필요가 없었습니다.
그래서 번제와 속죄제로만 성취될 수 없는 그 무엇을 위해 제물들이 예
표하고 있는 예수님이 오셔야 했습니다. 예수님이 오셔서 자신의 인생
을 드리는 장면을 ‘하나님의 뜻을 행하러 왔나이다.’라고 말씀하고 있습
니다. 이것을 예수님은 얼마큼 기쁘게 받아들이고 계실까요?

요한복음 10장 18절
“이를 내게서 빼앗는 자가 있는 것이 아니라 내가 스스로 버리노라 나는 버
릴 권세도 있고 다시 얻을 권세도 있으니 이 계명은 내 아버지에게서 받았노
라 하시니라.”

예수님은 누가 내 목숨을 빼앗을 자가 있어서 내가 희생되는 것, 십
자가에 가는 것이 아니라 내가 스스로 버린다고 말씀하고 계십니다. 그
분의 헌신은 자원에 의한 헌신이고 그분의 희생은 자원에 의한 희생
인 것이 강조되고 있습니다. 그래서 이러한 제물을 가리켜 ‘free will
offering’ 자신의 의지에 근거한 희생이라고 부르기도 합니다.

3) 사람의 죄를 속함
레위기 1장 4절

"그는 번제물의 머리에 안수할지니 그를 위하여 기쁘게 받으심이 되어 그를 위하여 속죄가 될 것이라."

번제는 속죄라는 결과를 가져온다고 말하고 있습니다. 예수님의 십자가의 희생은 속죄를 가져왔습니다. 그래서 우리가 죄에서 용서함을 받는 놀라운 결과가 이뤄진 것입니다. 마가복음 10장 45절을 묵상했듯이 '인자가 온 것은 섬김을 받으려 함이 아니라 도리어 섬기려 하고 자기 목숨을 많은 사람의 대속물로 주려 함이니라.'에서 그분의 섬김의 절정이 나타나 있습니다. 이는 속죄를 가져온 제사였고 희생이었습니다.

4) 하나님께 향기가 되심
레위기 1장 9절
"그 내장과 정강이를 물로 씻을 것이요 제사장은 그 전부를 제단 위에서 불살라 번제를 드릴지니 이는 화제라 여호와께 향기로운 냄새니라."

제물이 태워서 바쳐지면 그것은 하나님께 향기로운 냄새가 됩니다. 향기라는 말은 영어로 아로마(Aroma)입니다. 이것이 하나님께 아로마, 즉 향기였다는 것입니다. 인류의 죄를 속하기 위해서 자신의 몸을 희생하는 예수님의 모습이 하나님께는 아름다운 향기였던 것입니다. 그렇게 해서 하나님을 기쁘시게 했다는 뜻입니다. 이것을 먼 훗날 신약 성경에서 바울사도는 이렇게 증언하고 있습니다.

에베소서 5장 2절

"그리스도께서 너희를 사랑하신 것 같이 너희도 사랑 가운데서 행하라 그
는 우리를 위하여 자신을 버리사 향기로운 제물과 희생제물로 하나님께 드리
셨느니라."

예수님은 자신을 버려서 향기로운 제물이 되어 하나님께 드려지셨다
는 것입니다. 그래서 바로 이 번제가 향기로운 제물이었던 예수님을 보
여주고 있습니다. 예수님은 하나님을 기쁘시게 하고, 인류의 죄를 대속
하기 위해서 스스로 자원하시는 제물이 되셨습니다. 자신의 인생의 절
정에서 가장 순수하고 거룩하며 아름다운 자신의 몸을 드리신 예수님
의 모습을 우리는 번제의 제물을 통해서 볼 수 있어야 합니다. 이제 우
리는 이 번제의 제사를 다른 관점, 예배라는 관점에서 접근해 보아야
합니다.

Part 3

소제

○

니 희 는 거 룩 하 라

素祭

제사할 때 쓰는 밀가루가 하얗기 때문에 하얀 것을 드린다는 뜻의 소제입니다. 다섯 가지 제사 중 유일하게 소제만이 피가 없는 제사입니다. 피흘림을 수반하지 않는 제물을 드리는 제사가 소제입니다. 피흘림이 동반되지 않는 제물은 무엇이 있을까요? 바로 식물을 드리는 것입니다. 곡식, 밀가루 등을 드리는 제사가 바로 소제입니다. 그래서 영어로는 소재를 'offering of grain'이라고 합니다. 요즘은 쉽게 곡식을 바치는 제사이기에 cereal offering이라고 하기도 합니다.

03 LEVITICUS
소제

소제란 말은 크다, 작다 할 때의 '작을 소(小)'가 아닙니다.

• 소−素 '희다, 하얗다'(밀가루) / 제−祭 '제사'

제사할 때 쓰는 밀가루가 하얗기 때문에 하얀 것을 드린다는 뜻의 소
제입니다. 다섯 가지 제사 중 유일하게 소제만이 피가 없는 제사입니
다. 피흘림을 수반하지 않는 제물을 드리는 제사가 소제입니다. 피흘림
이 동반되지 않는 제물은 무엇이 있을까요? 바로 식물을 드리는 것입
니다. 곡식, 밀가루 등을 드리는 제사가 바로 소제입니다. 그래서 영어
로는 소제를 'offering of grain'이라고 합니다.

• 영어−곡식 제사 'offering of grain'(cereal offering, meal offering)

요즘은 쉽게 곡식을 바치는 제사이기에 cereal offering이라고 하기도 합니다. 과거에는 meal offering이라고 했는데 이것은 바치기만 한 것이 아니라 자신이 일정한 부분을 먹었기 때문에 이렇게 불렀던 것입니다.

번제와 소제는 피가 '있다', '없다'의 차이도 있지만 또 다른 차이가 있습니다. 바로 번제가 피 흘림을 통한 예수 그리스도의 죽으심을 상징하고 있는 것이라면 소제는 예수님의 거룩한 삶 그 자체를 상징하고 있는 제사라는 점입니다. 그분의 인성, 죄가 없으셨던 그분의 거룩한 인간성을 상징하는 제사가 바로 소제입니다. 번제는 또한 우리 인생이 하나님 앞에 어떻게 예배를 드려야 할 것인가를 보여주는 좋은 교훈이 들어있는 제사입니다. 반면 소제는 예배 이후에 우리가 어떻게 살 것인가라는 교훈을 보여주는 중요한 제사입니다. 예배를 드리는 것은 중요한 일입니다. 그러나 예배만 드려서는 안 됩니다. 예배를 드렸기 때문에 우리의 삶이 달라져야 합니다.

A. 언제 드렸는가?

1. 제사장을 임명할 때

2. 성막이나 성전을 봉헌할 때

3. 나실인의 서약 이후 (나실인은 하나님의 일에 자신의 평생을 바치는 사람을 뜻함)

4. 한센병 환자가 깨끗함을 입은 후 (감사의 의미만 있는 것이 아닌, 새롭게 다른 삶을 살아야 한다는 의지를 동반)

소제라는 제사가 우리에게 던지는 가장 큰 도전이 있다면 우리가 어떻게 새로운 삶을 살 것인가 하는 것입니다. 우리가 인간으로 이 땅에서 경험할 수 있는 가장 위대한 사건은 구원입니다. 예수님 만나고 예수님 믿고 구원 받는 것입니다. 구원 다음으로 중요한 것이 있다면 '구원 받은 다음에 어떻게 살 것인가?' 입니다. 구원을 받았는데 달라지지 않았다면 우리가 받은 구원이 무슨 의미가 있을까요? 한국 교회가 세상에 무력하게 비춰지는 이유는 바로 세상의 소금과 빛이 되지 못한 까닭입니다. 예수님을 믿는 사람도 많아지고 교회당 건물도 많이 서 있는데 달라지고 변화된 성도들의 삶의 모습이 많이 보이지 않는다는 것입니다. 구원 이후의 삶이 우리에게 없기 때문입니다. 그런 의미에서 우리는 소제라는 제사를 진지하게 함께 연구할 필요가 있습니다.

B. 어떻게, 무엇으로 드렸는가?

1. 고운 가루로 드려라

레위기 2장 1절

"누구든지 소제의 예물을 여호와께 드리려거든 고운 가루로 예물을 삼아 그 위에 기름을 붓고 또 그 위에 유향을 놓아"

아주 희고 고운 가루가 예물이 되어야 한다고 말합니다. 이것은 성자 하나님인 예수님의 일생이 그렇게 흠 없는 일생이며, 죄가 없는 거룩한 삶인 그 인생이 성부 하나님 앞에 드려진 사실을 보여주고 있습니다. 우리 편에서 볼 때 예수님을 따르는 제자들인 우리도 거룩한 삶을 하나 님 앞에 드릴 수 있어야 합니다. 그런데 고운 가루를 예물로 드리기 위 해서는 맷돌로 갈아서 아주 고운 가루로 만들어야 합니다. 예수님은 본 래 죄가 없으신 분이고 죄성이 없으신 분이지만 우리는 죄를 가지고 태 어납니다. 그렇다면 우리는 어떻게 거룩해질 수 있을까요? 하나님은 우리의 인생을 거룩하게 만들기 위해서 맷돌을 사용하고 계십니다. 갈 아질 때마다 인생은 깨끗해지고 거룩해지게 됩니다. 그래서 우리가 자 신의 삶을 흠 없이 아름다운 삶으로 하나님 앞에 드리는 모습을 보고 싶어 하시는 것입니다. 스스로 거룩한 삶을 살지 못하면 더 강력한 맷 돌을 사용하실 수도 있습니다. 예수님은 스스로의 인생에 대해서 아름 다운 표현인 '밀알'을 사용하셨습니다.

요한복음 12장 24절
"한 알의 밀이 땅에 떨어져 죽지 아니하면 한 알 그대로 있고 죽으면 많은 열매를 맺느니라."

그분 자신이 한 알의 밀알이 되셨고, 고난을 감당하시며 고난을 통해 자신의 인생을 우리를 위해, 인류를 위해 거룩한 제물로 하나님 앞에 드리셨습니다. 그러나 예수님만 한 알의 밀알이 되셔서는 안 됩니다. 예수님을 따르는 우리도 한 알의 밀알이 되어 고운 가루가 되어야 합니다.

2. 기름과 유향을 섞으라

레위기 2장 1-2절

"누구든지 소제의 예물을 여호와께 드리려거든 고운 가루로 예물을 삼아 그 위에 기름을 붓고 또 그 위에 유향을 놓아 아론의 자손 제사장들에게로 가져갈 것이요 제사장은 그 고운 가루 한 움큼과 기름과 그 모든 유향을 가져다가 기념물로 제단 위에서 불사를지니 이는 화제라 여호와께 향기로운 냄새니라"

여기에 기름과 유향이 등장합니다. '기름을 부어라. 유향을 놓아라. 그리고 그것을 기념물로 제단 위에서 불사르라.' 이것을 예수 그리스도의 인생과 관련시켜 생각해봅시다. 예수님은 일생이 성령으로 기름 부으신 삶을 사셨습니다. 태어나실 때부터 성령으로 잉태되어 태어나셨고, 30세 되던 해에 공적인 생애를 시작하시면서 요단강에서 침례를 받고 나오실 때 하늘 문이 열리며 비둘기 같은 성령이 그분에게 임하였습니다. 나사렛 회당에 가서 그의 공생애 첫 번째 설교를 하시며 성경을 열어 이사야서를 봉독하시고 공생애를 시작하십니다.

누가복음 4장 17-18절

"선지자 이사야의 글을 드리거늘 책을 펴서 이렇게 기록된 데를 찾으시니 곧 주의 성령이 내게 임하셨으니 이는 가난한 자에게 복음을 전하게 하시려고 내게 기름을 부으시고 나를 보내사 포로된 자에게 자유를, 눈 먼 자에게 다시 보게 함을 전파하며 눌린 자를 자유롭게 하고"

예수님이 공생애를 시작하면서 나사렛 회당에 들어가 이사야를 펴 이 대목을 읽으신 것입니다. 그분의 일생은 성령으로 기름 부으심을 받은 생애였음을 알 수 있습니다. 여기에 기름과 함께 유향이 등장합니다. 기름이 성령님의 사역을 상징한다면 유향은 기도를 상징합니다. 예수님의 전 생애는 기도로 일관한 생애, 기도로 하나님 앞에 바쳐진 생애였습니다. 그분은 공생애를 시작하시면서 40일 동안 광야에서 기도하기 시작하셨고 마지막 십자가를 지시기 전날 밤 겟세마네 동산에서 밤을 지새우며 기도하셨습니다. 그의 눈물이 통곡으로 주님 앞에 드려지면서 기도로 십자가를 준비하셨습니다. 성령과 기도로 사신 것입니다. 기름과 유향으로 살아가신 생애, 그래서 그분의 일생 자체가 하나님 앞에 드려지는 향기로운 제물이 된 것입니다.

에베소서 5장 2절
"그리스도께서 너희를 사랑하신 것 같이 너희도 사랑 가운데서 행하라 그는 우리를 위하여 자신을 버리사 향기로운 제물과 희생제물로 하나님께 드리셨느니라."

예수님은 자신을 하나님 앞에 향기로운 제물로 드리셨습니다. 그의 일생이 향기로운 제물로 드려지기 위해 성령의 기름 부으심이 있었고 하나님 앞에 무릎 꿇는 기도가 있었습니다. 우리도 마찬가지입니다. 성령의 인도 없이 고난의 일생을 살아갈 수 없고 기도 없이 하루도 살 수 없습니다. 성령과 기도를 통해서 우리의 일생을 하나님 앞에 바쳐야 합니다. 유향이라는 것은 구약시대 제사장들이 향불을 피워 하나님 앞에 늘 바쳤을 때 향과 함께 기도를 바친 것을 의미합니다. 시편 141편 2절에는 아름다운 분향단과 어우러진 구약 성도들의 기도의 그림을 볼 수 있습니다.

시편 141편 2절
"나의 기도가 주의 앞에 분향함과 같이 되며 나의 손드는 것이 저녁 제사 같이 되게 하소서"

예수님의 짧막한 일생은 성령으로 이끌림을 받고 기름 부음을 받는 생애였으며, 기도로 계속해서 하나님 앞에 자신을 드리는 생애였습니다. 그분의 짧은 인생 속에도 시련과 고난이 적지 않았지만 모든 시련과 고난을 이기시고 그분의 인생은 하나님 앞에 향기로운 제물이 되셨습니다. 우리도 예수님처럼 그렇게 성령의 기름 부으심을 날마다 기도하면서 살아야 합니다.

한국에 예수원을 통해서 많은 신앙의 영향을 끼친 아처 토레이 (Archer Torrey)라는 성공회 신부가 있는데, 이 분의 할아버지는 루벤 토레이(Reuben Torrey)로 전도자 무디와 동역을 같이 하신 분입니다. 그래서 무디의 영향을 많이 받으셨습니다. 그런데 이 루벤 토레이는 "나는 하루도 기도 없이 하루를 출발할 수 없다. 그리고 기도하는 시간마다 무엇보다 먼저 성령의 기름 부으심을 위해 기도한다. 성령의 충만을 위해 기도하지 않고 나는 하루를 결코 출발할 용기가 없다. 나는 내가 성령이 충만하지 않다고 느낄 때에는 말하지 않으려고 애쓴다. 왜냐하면 내 결정이 너무나 잘못될 수 있기 때문이다. 나는 내가 성령이 충만하지 않다고 느낄 때에는 말하지 않으려고 애쓴다. 안 믿는 사람과 별로 다를 것이 없기 때문이다. 그래서 나는 성령을 구한다. 날마다 성령의 기름 부으심을 구한다."고 자주 고백했습니다. 예수님도 성령을 구하며 사셨고 기도하며 사셨는데 우리에게는 기도가 얼마나 더 필요할까요? 기름과 유향을 섞어 바친 제사, 이것은 성령과 기도 없이는 살아갈 수 없는 우리의 생애, 끊임없는 성령과 기도로 하나님 앞에 나아가야 할 우리의 모습을 보여주는 것입니다.

3. 누룩과 꿀을 넣지 말라

레위기 2장 11절

"너희가 여호와께 드리는 모든 소제물에는 누룩을 넣지 말지니 너희가 누룩이나 꿀을 여호와께 화제로 드려 사르지 못할지니라"

누룩이 좋게 쓰이는 경우도 있지만 누룩이 안 좋게 쓰일 경우 죄를 상징합니다. 고린도전서 5장 7절에는 유월절 절기에 대한 교훈이 나오면서 누룩에 대한 이야기가 나옵니다.

고린도전서 5장 7-8절
"너희는 누룩 없는 자인데 새 덩어리가 되기 위하여 묵은 누룩을 내버리라 우리의 유월절 양 곧 그리스도께서 희생되셨느니라 이러므로 우리가 명절을 지키되 묵은 누룩으로도 말고 악하고 악의에 찬 누룩으로도 말고 누룩이 없이 오직 순전함과 진실함의 떡으로 하자"

여기서는 죄 된 것, 악한 것을 누룩으로 비유했습니다. 예배 이후의 삶은 예배의 연장입니다. 우리가 정말 예배를 드렸다면 예배드린 결과로서 예배를 드리는 삶이 펼쳐져야 할 것입니다. 그 삶은 누룩이 없는 삶입니다. 죄나 악을 제거한 삶입니다. 그것을 교훈하고 있습니다. 또 누룩과 함께 꿀이 등장합니다. 꿀은 죄의 쾌락을 상징합니다. 꿀은 답니다. 사람들이 죄를 범하는 이유는 그것이 재미가 있기 때문이고, 죄에서 빠져 나오지 못하는 이유는 죄에 쾌락이 있기 때문입니다. 히브리서 11장 25절에는 백성들을 위한 모세의 헌신을 보여주고 있습니다.

히브리서 11장 25절
"도리어 하나님의 백성과 함께 고난 받기를 잠시 죄악의 낙을 누리는 것보다 더 좋아하고"

여기 죄악 다음에 '낙'이 나옵니다. 죄가 동반하는 쾌락을 의미하는 것입니다. 즐거움이 있지만 이것은 계속적인 즐거움이 아닌 우리 인생의 고통으로 다가옵니다. 즐거움 다음에 있을 고통을 보지 못하고 당장의 즐거움, 당장의 쾌락 때문에 죄 속으로 빠져 들어가는 우리의 모습을 볼 수 있습니다. 그것 때문에 하나님을 향한 헌신이 중단되고 주님께 우리의 삶을 드리지 못하는 것입니다. 그래서 주님 앞에 드리는 제사에는 누룩과 꿀을 넣지 말아야 합니다.

4. 소금을 치라

레위기 2장 13절

"네 모든 소제물에 소금을 치라 네 하나님의 언약의 소금을 네 소제에 빼지 못할지니 네 모든 예물에 소금을 드릴지니라"

소금은 부패하지 않고, 변하지 않게, 보존하는 것을 의미합니다. 다시 말하면 하나님을 향한 헌신은 단 한 번으로는 부족합니다. 헌신은 일회성이어서는 안 됩니다. 평생의 헌신이어야 하고, 일관성 있는 헌신이어야 합니다. 그러려면 변하지 말아야 합니다. 우리는 성령의 충만함을 느끼고 부흥을 경험하고, 감동을 느낀 뒤, 주님을 위해 다 바치고 살겠다는 다짐이 금방 변할 때가 있습니다. 우리의 다짐이 변하지 않고 일관성 있는 헌신이 되려면 소금을 치는 헌신이 되어야 합니다. 그래서 히브리 사람들은 두 사람이 약속을 할 때, '이 약속 절대로 변치 맙시다.'라고 하면서 소금의 언약이라고 불렀습니다. 성경에서 이 소금의 약속이 어떻게 사용되었는가를 주목해봅시다.

역대하 13장 5절
"이스라엘 하나님 여호와께서 소금 언약으로 이스라엘 나라를 영원히 다윗과 그의 자손에게 주신 것을 너희가 알 것 아니냐"

다윗의 후손들에게 하나님의 나라, 이스라엘 나라를 기업으로 주시겠다고 약속하시면서 이것은 '소금언약'이라고 했습니다. 이것은 변할 수 없는 약속이라는 뜻입니다. 왜 제물을 바치며 소금을 쳐야 했는지 살펴봅시다. 이것은 한 번의 헌신이 아닌 변하지 않는 헌신, 계속되는 헌신, 일관성 있는 헌신이 되기 위해서인 것입니다. 오늘만 헌신하고 내일 변하고, 금년만 헌신하고 내년엔 변하고, 환경이 좋을 땐 헌신하고 그렇지 않을 땐 변하고가 아닙니다. 변하지 않는 헌신, 그것을 위해 소금을 쳐야 합니다. 그렇게 되면 우리의 인생이 소금이 됩니다. 주님이 우리에게 세상의 소금이라고 말씀하셨음에도 오늘날 그리스도인들이 소금된 삶을 살지 못하는 이유는 자꾸 변하기 때문입니다. 맛 잃은 소금이 되어버린 것입니다. 주님은 맛을 잃어버린 소금은 밖에 내다 버린다고 말씀하셨습니다. 사람들의 발에 밟히게 될 것이라고 하셨습니다. 한국 교회와 한국 성도들이 세상에 밟히는 이유는 바로 우리가 소금으로서의 맛, 짠맛을 잃어버렸기 때문입니다. 즉 그리스도인의 진정한 정체성, 거룩한 정체성을 잃어버린 것입니다.

또한 이 소제라는 제사는 제사장이 헌신을 언제 해야 하는가를 보여
주는 하나의 좋은 그림이 됩니다.

레위기 6장 20절
"아론과 그의 자손이 기름 부음을 받는 날에 여호와께 드릴 예물은 이러하
니라 고운 가루 십분의 일 에바를 항상 드리는 소제물로 삼아 그 절반은 아침
에 절반은 저녁에 드리되"

기도할 때도 아침에 QT하고 기도하는 것이 중요합니다. 아침에 QT
를 잘 하게 되면 오전에 상당히 경건할 수 있습니다. 문제는 오래가지
않는다는 것입니다. 오후에 기도의 효력이 떨어지면 우리 속에서 마귀
가 다시 역사하기 시작합니다. 그래서 기도는 아침의 기도만으로 부족
합니다. 마치 이 소제를 제사장이 아침에도 바치고 저녁에도 바쳐야 하
는 것과 마찬가지입니다. 그래야 온종일 성령 안에서, 기도 안에서 살
게 될 것입니다. 그래서 이 소제는 우리가 끊임없이 자신을 돌아보고,
끊임없이 주님 앞에 기도하며 나아가고, 끊임없이 성령으로 나아가도
록 촉구하는 아름다운 제사의 모습을 보여주고 있는 것입니다. 로마서
12장 1절에서 바울의 도전을 기억합시다.

로마서 12장 1절
"그러므로 형제들아 내가 하나님의 모든 자비하심으로 너희를 권하노니 너
희 몸을 하나님이 기뻐하시는 거룩한 산 제물로 드리라."

옛날처럼 곡식 제물을 바칠 필요는 없지만 주님은 우리에게 우리의 몸을 산 제물로 드리라고 말씀하십니다. 다시 말하면 우리가 죄와 악을 이기고, 죄와 악에서 자신을 지키고, 날마다 기도로 거룩한 삶을 살아가는 삶을 살아가는 것이 영적 예배라는 것입니다. 이것이 예배의 참된 정신입니다. 그리고 참된 예배를 드렸다면, 진정한 예배를 드렸다면, 그 예배의 결과가 삶의 마당에서 온전하게 나타나야 합니다. 그래서 이 소제를 통해 우리가 일관성 있게 우리의 삶의 모든 장에서 향기 있는 삶을 주님 앞에 드려야 한다는 교훈을 주고 있는 것입니다.

Part 4
화목제

ㅇ

너희는 거룩하라

和睦祭

한국인과 비슷한 인사법을 가진 민족이 바로 이스라엘 민족입니다. 그들은 shalom(평화)이라고 인사합니다. 평화롭지 못하다는 것을 전제하는 것입니다. 한국이 지구 상 유일한 분단국가로 갈등을 계속하고 있다면 이스라엘 민족은 역사상 가장 많은 분쟁을 겪어온 민족입니다. 그만큼 우리 마음속에 간절한 갈망은 평화입니다. 이 평화의 갈망을 대표하는 제사가 바로 화목제인 것입니다.

04

LEVITICUS

화목제

너 희 는 거 룩 하 라

화목제는 영어로 'peace offering'입니다. 히브리어로는 '쉘라밈'이라고 합니다.

- 쉘라밈(shelamim) – 샬롬(shalom)에서 파생

흔히 peace offering 이라고 번역하지만 때때로 제사의 성격을 살려서 fellowship offering, 즉 '교제하는 제사'라고 일컫습니다.

우리가 한 세상을 살아가면서 사람들을 만날 때 가장 많이 사용하는 단어가 '안녕'일 것입니다. 우리는 만나면 '안녕하십니까.'라고 인사합니다. 왜 이렇게 인사를 할까요? 바로 안녕하지 못한 민족이기 때문입니다. 하룻밤 자고 나면 세상이 바뀌는 불안한 역사 속에 우리는 인생을 살아왔습니다. 그래서 옛날에는 '밤새 안녕하셨습니까.'라고 인사했

습니다. 한국인과 비슷한 인사법을 가진 민족이 바로 이스라엘 민족입니다. 그들은 shalom(평화)이라고 인사합니다. 평화롭지 못하다는 것을 전제하는 것입니다. 한국이 지구 상 유일한 분단국가로 갈등을 계속하고 있다면 이스라엘 민족은 역사상 가장 많은 분쟁을 겪어온 민족입니다. 그만큼 우리 마음속에 간절한 갈망은 평화입니다. 이 평화의 갈망을 대표하는 제사가 바로 화목제인 것입니다.

그렇다면 이 화목제는 번제나 소제와 어떻게 다를까요? 여기에는 두가지 두드러진 차이점이 있습니다. 첫째로 번제나 소제는 의무적으로 드리는 제사지만 화목제는 의무적인 것이 아니라 자원에 의한 제사라는 점입니다. 그래서 이것을 다른 말로 '자원 헌물'(free will offering)이라는 단어를 쓰기도 하는 것입니다. 이것은 누가 강요해서 되는 것이 아니라 자원할 때만 되는 것이라는 뜻입니다. 하나님과의 화목도 그렇고 이웃들과의 화목도 그렇습니다. 그래서 화목에 대한 열망, 자원하는 마음에 의해서만 성립할 수 있는 제사가 바로 화목제사입니다. 그리고 번제는 전체를 태워서 바치기 때문에 남는 것이 없으며, 소제는 일부분은 하나님께 바치지만 남은 일부분은 제사장만 먹었습니다. 그러나 화목제는 하나님께 한 부분을 바치고 제사장에게도 한 부분을 주지만 상당히 많은 부분을 제사를 드리는 우리가 먹는 제사입니다. 우리만 먹는 것이 아닌 주변 이웃들도 초청했습니다.

신명기 12장 17-18절

"너는 곡식과 포도주와 기름의 십일조와 네 소와 양의 처음 난 것과 네 서원을 갚은 예물과 네 낙헌 예물과 네 손의 거제물은 네 각 성에서 먹지 말고 오직 네 하나님 여호와께서 택하실 곳에서 네 하나님 여호와 앞에서 너는 네 자녀와 노비와 성중에 거주하는 레위인과 함께 그것을 먹고 또 네 손으로 수고한 모든 일로 말미암아 네 하나님 여호와 앞에서 즐거워하되"

여기서 '낙헌예물'이라는 말이 나옵니다. 화목제의 또 다른 이름은 '낙헌제사'입니다. 자원해서 즐겁게 헌신하는 제사라는 뜻입니다. 또한 자녀, 노비, 종들도 초청하고 그 성에 거주하는 다른 사람들도 와서 함께 먹고 즐거워하라고 나옵니다. 이 화목제의 분위기는 다른 제사와 달리 아주 즐거운 분위기입니다. 신나게 먹고 즐거워하는 제사, 이것이 바로 화목제사인 것입니다. 문자 그대로 shalom의 제사입니다.

우리는 shalom이라고 하면 단순히 평화, 전쟁이 없는 상태, 혹은 전쟁이 중지된 상태, 갈등이 극복된 상태만을 연상할 수 있지만 히브리 사람이 가지고 있는 단어 중 가장 아름답고 사모할 만한 단어이며 위대한 단어입니다. 기독교 신앙의 가장 고결한 상태를 나타내는 아주 중요한 단어입니다. shalom은 분쟁, 전쟁, 갈등을 극복한 상태를 말하기도 하지만 한 걸음 더 나아가서 더 적극적으로 기쁨이 충만한, 건강이 충만한, 생명이 충만한, 하나님의 삶의 은혜가 충만한, 우리가 사모할 만한 모든 인생의 적극적인 기쁨을 내포하고 있는 단어이기도 합니다. 아마 요즘의 비슷한 단어를 찾을 수 있다면 웰빙(well-being)일 것입니다.

A. 언제 제사를 드리는가?

1. 서원이 필요할 때 – 서원제

우리는 인생을 살다보면 어려운 일을 당할 때 서원을 하게 됩니다. '하나님, 이 위기만 벗어나면 서원한 대로 살게요.'라며 서원하는 것입니다. 이 서원을 할 때 두 가지를 염두에 둬야 합니다. 함부로 서원하는 것은 성경에서 바람직하게 여기지 않습니다. 서원할 때는 진지한 생각과 결심이 있어야 하기에 성경에는 '함부로 서원하지 말며'라는 말이 여러 번 나옵니다. 반면 신앙생활 하며 서원한번 못해보고 인생을 사는 것도 문제일 수 있습니다. 제대로 주님 섬기며 살겠다는 서원은 필요합니다.

대표적인 서원은 창세기 28장에서 야곱이 벧엘의 들판에서 하는 서원입니다. 야곱은 '하나님, 제가 고향에 다시 갈 수 있고 이 곳에 다시 돌아올 수 있다면 제가 여기에 성전을 세울 것이고 저의 필요를 공급해 주신다면 저는 어김없이 저의 인생의 장에서 십일조를 드리며 주님을 섬기겠습니다.'라고 서원했습니다. 또한 사무엘상 1장에서 한나는 '하나님, 아들 주시면 제가 이 아들을 그냥 제 아들로 삼지 않고 하나님의 아들로 기르겠습니다.'라고 하나님께 아들을 바치며 서원하는 모습을 볼 수 있습니다. 그래서 이 화목제사를 가리켜서 다른 말로 '서원제'라고 말하는 것입니다.

2. 감사를 드리고자 할 때 – 감사제

감사를 드리고자 할 때 이 화목제를 드립니다. 그래서 화목제의 또 다른 이름은 '감사제'입니다.

시편 107편 22절
"감사제를 드리며 노래하여 그가 행하신 일을 선포할지로다."

우리가 서원을 하고 나서 하나님이 그렇게 하신 뒤, 잊어버리는 경우가 있습니다. 감사하려면 자기희생이 필요하기에 급할 때는 하나님의 도우심을 구하고 도우심이 임한 뒤 감사를 망각하는 것입니다. 그러나 우리 신앙의 선배들은 이 감사를 잊지 않았습니다. 그래서 감사의 제사를 기쁨으로 드렸던 것입니다. 기도의 응답을 경험하고 환난과 위기에서 구출된 후에 그들은 감사의 마음을 담아 주님 앞에 바쳤던 것입니다. 레위기 3장뿐만 아니라 7장에서도 화목제에 대한 부연설명이 등장합니다.

레위기 7장 12절
"만일 그것을 감사함으로 드리려면 기름 섞은 무교병과 기름 바른 무교전병과 고운 가루에 기름 섞어 구운 과자를 그 감사제물과 함께 드리고"

제일 먼저 강조한 것은 감사였습니다. 화목제물을 드릴 때는 감사한 마음이 있어야 한다는 것입니다. 또 그 제물 자체를 감사의 제물이라고 했습니다. 감사한 마음을 거기에 묶어서 주님 앞에 드리는 제사, 그것이 화목제 즉 감사제입니다. 서원이 응답된 뒤에 그들은 이 감사의 제사, 화목제를 드렸습니다. 구약성경에서도 이스라엘 백성들이 광야 생활을 마치고 마침내 요단을 건넌 후 약속의 땅에 발을 내딛으며 화목제, 감사의 제를 드렸습니다.

3. 하나님께 사랑과 기쁨을 표현하고 싶을 때 - 자원제 혹은 낙헌제

번제나 소제는 아침과 저녁에 두 번씩 드렸습니다. 그러나 화목제는 특별한 시간이 없이 아무 때나 드려도 됩니다. 또 아무 것이나 드려도 괜찮고 수컷뿐 아니라 암컷을 드려도 상관이 없었습니다. 레위기 3장의 순서를 쭉 따라가 보면 1절부터 5절까지는 소로 드리는 제사가, 6절부터 11절까지는 양을 제물로 드리는 모습이, 12절부터 17절까지는 염소로 드리는 제사가 나옵니다. 그러나 새는 등장하지 않습니다. 왜냐하면 이 제사가 다른 제사인 번제나 소제와 구별되는 차이점 중 하나가 나눠 먹는 것인데 새는 먹을 것이 별로 없기 때문입니다. 이 제사는 조금 풍성하게 드리고 그것을 나눠 먹는 제사였던 것입니다.

특별히 성전을 다 짓고 성막을 지은 뒤, 주님께 성막을 드리면서 이 제사를 드렸습니다. 또 추수 후에 초막절 혹은 칠칠절 등 추수의 절기에 제사를 드렸습니다. 추수 마당에 가면 흥겨움과 기쁨이 있습니다. 풍년이 든 후에 추수하는 기쁨이 얼마나 크겠습니까. 이것이 화목제물입니다. 바로 자원하는 제물, 낙헌의 제물, 기쁨으로 드리는 제사인 것입니다.

B. 제사의 영적 교훈

이런 화목제가 가르치는 세 가지 영적인 교훈이 있습니다. 이 교훈의 핵심은 평화, 화목입니다. 그런데 우리가 평화라는 주제를 공부해 보면 평화에 대해 성경이 강조하는 세 가지 중요한 단계가 있습니다.

1. '하나님과의 화목'(Peace with God)의 필요성

인간은 하나님과 화목할 필요가 있습니다. 그런데 어떤 사람들은 하나님과 화목하고 싶지 않다고 합니다. 자신의 마음대로 살겠다고 하는 것이 죄인의 강퍅함입니다. 이 상태는 하나님과 반목하는, 하나님과 원수 된 상태라고 성경은 가르칩니다. 이 하나님과 원수 된 상태에서 우리를 건지시기 위해 하나님은 화목의 제물로 예수 그리스도를 보내셨습니다. 그래서 이 화목제물은 예수 그리스도를 보여주고 있는 것입니다.

로마서 5장 1절
"그러므로 우리가 믿음으로 의롭다 하심을 받았으니 우리 주 예수 그리스도로 말미암아 하나님과 화평을 누리자"

예수님은 하나님과 인간 사이의 화목제물로 오셨습니다. 자연인 그대로의 상태, 죄 문제를 해결하지 못하는 인간의 상태는 하나님과 원수된 상태였습니다. 하나님은 우리에게 진노하실 수밖에 없었습니다. 그런데 예수 그리스도가 화목제물이 되셨습니다. 그래서 이런 화목제는 하나님과의 화목의 필요성을 인류에게 깨우쳐주는 중요한 제사인 것입니다.

2. '하나님의 평화'(Peace of God)를 누림의 중요성

하나님과 평화하게 되면 하나님의 평화가 우리 안에 선물로 주어집니다. 그 상태를 성경이 어떻게 설명하고 있는지 살펴봅시다.

로마서 5장 11절
"그뿐 아니라 이제 우리로 화목하게 하신 우리 주 예수 그리스도로 말미암아 하나님 안에서 또한 즐거워하느니라."

하나님은 우리가 하나님과 화목했고, 하나님이 내 아버지고 하나님과 바른 관계 속에서 사는 상태만을 원하지 않으십니다. 이제 우리가 하나님 안에서 즐거워하며 사는 모습을 보고 싶어 하십니다. 하나님의 평화가 가장 잘 나타난 것으로 알려진 부분이 바로 빌립보서 4장 6절입니다.

빌립보서 4장 6-7절

"아무 것도 염려하지 말고 오직 모든 일에 기도와 간구로 너희 구할 것을 감사함으로 아뢰라 그리하면 모든 지각에 뛰어난 하나님의 평강이 그리스도 예수 안에서 너희 마음과 생각을 지키시리라."

3. '이웃들과의 평화'(Peace with Others)를 누림의 필요성

이웃들과의 평화는 단순히 이웃들과 사이좋게 지낸다는 뜻이 아닙니다.

로마서 12장 18절
"할 수 있거든 너희로서는 모든 사람과 더불어 화목하라."

이웃들과 정말 평화롭게 사는 방법은 적당히 잘 지내는 것이 아닙니다. 이웃에게 평화의 복음을 전해야 합니다. 이웃들이 평화의 주님을 받아들이고 평화의 복음을 받아들일 때 진정으로 주님과 우리 사이의 놀라운 shalom이, 평안이 이루어질 것입니다. 에베소서 2장에서 사도 바울은 예수님이 우리의 평화라고 말합니다.

에베소서 2장 17절
"또 오셔서 먼 데 있는 너희에게 평안을 전하시고 가까운 데 있는 자들에게 평안을 전하셨으니"

예수님은 평화의 복음을 전하기 위해 오셨습니다. 누가 전도의 사람으로, 그리스도의 증인으로 쓰임 받을 수 있느냐면 바로 먼저 하나님과 평화하고 하나님의 평화 안에 있는 사람인 것입니다. 화목의 제사는 그래서 즐거운 제사입니다. 잔치를 차려놓고 이웃사람들을 데려와 함께 나누기 때문입니다.

C. 제사의 방법론적 특성

제사를 집행하는 데 있어 4가지 두드러진 특성이 있습니다.

1. 제물을 가지고 '여호와 앞으로'

모든 제사가 그렇지만 화목제는 특별히 더 강조됩니다. 1절, 6절, 7절, 12절에서 '여호와 앞으로, 여호와 앞에'가 많이 나오는 것입니다. 헌금 정신의 핵심은 '하나님 앞'입니다. 헌금과 구제는 다릅니다. 세상 사람들은 성도의 헌금의 영적 정신을 이해하지 못하기 때문에 이웃에게 선심 쓰는 구제의 차원 정도로만 이해합니다. 하지만 우리의 헌금은 하나님을 향한 것입니다. 그분이 내 삶의 근거이고 이유이기 때문에 우리가 헌금을 드릴 때 그냥 선심 쓰는 것이 아니라 하나님 앞으로 나와 하나님께 드려야 하는 것입니다.

2. 제물의 '머리에 안수'한다.

화목제사를 드릴 때 반드시 제물의 머리에 손을 얹고 안수했습니다.

3장 2절, 8절, 13절에 제물의 머리에 안수했다는 것이 강조됩니다. 왜 제물의 머리에 안수를 했을까요? 이는 제물과 자신을 동일시하는 것을 뜻합니다. 제물만 바치는 것이 아니라 '제물이 나입니다.'라는 뜻으로 나를 바친다는 의미입니다.

아프리카 선교사인 데이비드 리빙스턴이 어렸을 때 교회에서 선교헌금을 하는데 갑자기 앞으로 튀어나왔습니다. 왜 그런지 묻자 '저는 저를 바치겠다.'고 말했다고 합니다. 이것이 위대한 헌신입니다. 헌금의 진정한 정신은 돈을 바치는 것이 아닌 우리 자신을 드리는 것입니다. 머리에 안수하는 것은 제물을 드리는 것이 아니라 자신을 바치겠다는 뜻입니다. 이것이 바로 헌금의 정신이고 헌신의 정신입니다.

3. 동물을 잡아 피를 뿌린다.

레위기 3장 2절, 8절, 13절에 계속 강조됩니다. 이는 주께서 준비해주셨던 희생제물의 희생으로 제사가 가능함을 말합니다. 화목제사는 즐거운 제사입니다. 하지만 우리가 즐거운 삶을 살기 위해서는 그분이 희생을 하셔야 했습니다. 이것을 잊지 말아야 합니다. 우리의 기쁨의 삶, 평강의 삶, 축복의 삶, 자유의 삶이 가능하도록 하기 위해 예수께서 십자가에서 피를 뿌려 돌아가셨습니다. 구원은 값없는 구원이지만 이를 위해 주님이 값비싼 희생의 대가를 지불하신 것입니다. 피 흘림이 없은즉 죄사함이 없다고 했습니다. 그분의 피 흘림으로 우리가 죄사함을 받고 구원을 누리고 평안의 삶을 누리게 되었다는 것을 잊지 말아야 합니다.

4. '기름과 콩팥'을 여호와께 태워 드린다.

레위기 3장 3-4절

"그는 또 그 화목제의 제물 중에서 여호와께 화제를 드릴지니 곧 내장에 덮인 기름과 내장에 붙은 모든 기름과 두 콩팥과 그 위의 기름 곧 허리 쪽에 있는 것과"

옛날 사람들은 동물의 부위 중에서 가장 좋은 것을 기름과 콩팥으로 생각했습니다. 즉 가장 좋은 것, 가장 깊숙이 있는 소중한 것을 바쳤다고 여기면 됩니다. 카인과 아벨이 제물을 바치는 부분에서 차이점을 보면 아벨은 기름을 바쳤다고 나옵니다. 그리고 첫째 것, 좋은 것을 드렸습니다. 즉 기름은 항상 좋은 것을 상징합니다. 콩팥도 마찬가지입니다. 어떤 번역에는 내장, 신장으로 나오는데 가장 깊숙이 있는 소중한 것을 의미합니다. 그것을 하나님께 바친다는 것이 헌신의 정신입니다. 감사의 정신, 헌신의 정신은 가장 좋은 것, 고귀한 것, 소중한 것, 깊숙한 것을 하나님께 바친다는 것입니다.

시편 103편 1절

"내 영혼아 여호와를 송축하라 내 속에 있는 것들아 다 그의 거룩한 이름을 송축하라."

시편 기자는 '내 속에 있는 것들아 다 하나님을 찬양하라'고 말합니다. 내장, 콩팥 등 깊숙한 것, 자기의 전 존재를 바쳐서 하나님을 찬양했습니다. 예수 그리스도의 놀라운 구원 속에 우리가 하나님의 인도 아래 인생을 살게 되었다면 이런 화목의 정신, 이 기쁨과 즐거움의 헌신이 평생의 우리의 삶의 모습이 되어야 할 것입니다.

Part 5

속죄제

о

너 희 는   거 룩 하 라

贖罪祭

레위기를 이해하는 핵심이 있습니다. 바로 레위기의 다섯 가지 제사와 일곱 가지 절기입니다. 이것을 이해하면 레위기 전체를 이해할 수 있습니다. 앞서 다섯 제사 가운데 번제, 소제, 화목제를 공부했습니다. 이 세 제사의 공통점은 바로 자원함에 의해 제사를 드려야 한다는 것입니다. 그러나 남은 두 제사, 속죄제와 속건제는 의무적으로 해야 하는 제사입니다. 이 제사를 드리지 않으면 죄 문제의 해결이 없습니다.

05 LEVITICUS
속죄제

레위기를 이해하는 핵심이 있습니다. 바로 레위기의 다섯 가지 제사와 일곱 가지 절기입니다. 이것을 이해하면 레위기 전체를 이해할 수 있습니다. 앞서 다섯 제사 가운데 번제, 소제, 화목제를 공부했습니다. 이 세 제사의 공통점은 바로 자원함에 의해 제사를 드려야 한다는 것입니다. 그러나 남은 두 제사, 속죄제와 속건제는 의무적으로 해야 하는 제사입니다. 이 제사를 드리지 않으면 죄 문제의 해결이 없습니다.

A. 왜?

왜 속죄제라고 부를까요? '죄'를 히브리어로는 '하타트'라고 하는데 이는 '빗나가다'는 뜻의 '하타'에서 비롯되었다고 합니다.

- '하타트'(Hatat) / 히브리어
  '하타' = 빗나가다(miss the way)

길을 벗어난다는 뜻입니다. '죄'란 정도를 벗어나는 것, 하나님의 길을 벗어나는 것입니다. 이 단어는 희랍어에서, 신약성경에서 죄를 나타내는 단어와도 뜻이 아주 비슷합니다.

- '하마르티아'(hamartia) / 헬라어
  = 목표를 벗어남, 죄를 범하다

히브리어의 뜻이 길을 놓친다, 길을 벗어난다는 뜻이라면 희랍어에서 '죄'의 뜻은 활쏘기에서 활시위를 겨눈 사람이 명중시켜야 할 목표를 맞추지 못하고 목표를 빗나간 그 상태를 뜻합니다. 하나님의 기대를, 하나님의 목표를 맞추지 못하고 벗어난 인생을 사는 것이 바로 죄라고 말하고 있습니다. 이런 범죄를 했을 때 드려지는 제사가 바로 속죄제입니다.

이 속죄제를 영어로는 간단히 'sin-offering'이라고 많이 써왔지만 성경학자들은 보다 적극적이고 능동적으로 'purification-offering', 즉 '정결제'라고 부르기도 합니다.

이 제사는 드려도 좋고 안 드려도 좋은 것이 아니라 모두가 드려야 합니다. 제사장도, 족장도, 평민도 드려야 합니다. 모든 사람이 드려야 하는 것입니다. 그 이유는 모든 사람이 죄를 범했기 때문입니다. 성경은 '모든 사람이 죄를 범하였으매 하나님의 영광에 이르지 못하더니(로마서 3장 23절)'라고 말하고 있습니다.

그러나 이 죄라는 단어를 영어로 표기할 때 서양 사람들은 전통적으로 죄라는 단어를 두 가지로 나눠 설명합니다. 단수로는 sin, 복수로는 sins입니다. 복수로 표기할 때는 '죄 된 낱낱의 행실들'을 말하고, 단수로 쓰일 때는 죄 된 행동을 하게 하는 '죄의 성품'을 의미했습니다. 속죄제사를 우리는 sin-offering이라고 하는데, 바로 우리가 죄를 범함으로 죄인이 된 것도 맞지만 그보다 더 중요한 성경적 정답이 있다면 죄인이기 때문에 죄를 범하는 것임을 뜻합니다. 우리가 죄인이기 때문에 죄를 범할 수밖에 없는 것입니다. 우리 안에는 죄성이 숨어 있습니다. 우리는 아담 이래로 물려받은 죄악의 성품이 있습니다. 누가 가르치지 않아도 우리는 죄를 범합니다. 바로 이런 죄성으로 인해서 드려지는 제사가 속죄제입니다.

B. 누가?

모든 사람이 드려야 합니다. 그러나 본문에는 이 속죄제에 참여하는 사람을 몇 가지로 분류하고 있습니다. 이것은 4장의 분류라고 할 수도 있습니다. 레위기 4장을 크게 네 부분으로 나눌 수 있는데 이 네 가지 단락에서 제사를 드리는 사람이 다르게 표기되어 있습니다.

1. 제사장(종교 지도자) (1-12절)
2. 회중-종교 공동체/교회 (13-21절)
3. 족장(정치 지도자) (22-26절)
4. 평민-개개인(27-35절)

1. 제사장: 종교 지도자 (1-12절)

제사장은 종교지도자입니다. 고대 이스라엘과 같은 시대에는 종교 지도자의 위치가 아주 높았습니다. 보통 정치 지도자보다 높은 자리에 있었습니다. 그만큼 종교 지도자가 사회적으로 중요한 역할을 감당하고 있던 시대였습니다. 이 종교지도자들도 속죄의 제사를 드려야 했습니다. 그들도 죄를 범하면 반드시 제사를 드렸던 것입니다.

레위기 4장 3절
"만일 기름 부음을 받은 제사장이 범죄 하여 백성의 허물이 되었으면 그가 범한 죄로 말미암아 흠 없는 수송아지로 속죄제물을 삼아 여호와께 드릴지니"

그런데 13절 이하에 보면 '온 회중이 또한 속죄제사를 드려야 한다.' 고 하면서 그들이 드리는 속죄제물이 제사장이 드리는 속죄제물과 같은 것으로 나옵니다.

레위기 4장 13-14절
"만일 이스라엘 온 회중이 여호와의 계명 중 하나라도 부지중에 범하여 허물이 있으나 스스로 깨닫지 못하다가 그 범한 죄를 깨달으면 회중은 수송아지를 속죄제로 드릴지니"

왜 똑같이 드렸을까요? 그것은 바로 지도자의 범죄도 온 회중의 범죄와 똑같이 취급됐음을 뜻합니다. 리더가 타락하면 온 공동체에 영향을 끼칩니다. 그래서 리더가 되는 것을 두려워했습니다. 때문에 제사장이 죄를 범하게 되면 먼저 자신을 위해 수송아지를 제물로 삼아 제사를 드렸던 것입니다.

2. 회중: 종교 공동체/교회 (13-21절)

여기서의 온 회중은 그냥 모든 사람보다도 종교 공동체라고 할 수 있습니다. 제사장이 리드하고 있는 그룹에 속하는 모든 회중입니다. 지금으로 말하면 교회 공동체인 것입니다.

3. 족장: 정치 지도자 (22절-26절)

족장들도 범죄 했을 때 또한 속죄의 제물을 드려야 합니다.

4. 평민: 개개인 (27-35절)

여기서 그치지 않고 평민 한 사람 한 사람 개개인도 속죄의 제물을 드려야 한다고 합니다. 즉 속죄의 제사에서 예외는 한 사람도 없습니다. 모든 지도자도, 또 지도자의 리드를 받고 있는 모든 사람도 속죄의 제사에 참여해야만 했습니다. 이처럼 모두가 속죄제를 드려야 합니다. 구체적으로 '내가' 드려야 합니다. 나도 범죄하며 인생을 살고 있기 때문입니다.

C. 언제?

레위기 4장 2절
"이스라엘 자손에게 말하여 이르라 누구든지 여호와의 계명 중 하나라도 그릇 범하였으되"

여호와의 계명 중 하나라도 그릇 범하게 되면 이 제사를 드려야 합니다. 여기서 '그릇'이라는 단어를 염두에 두고 13절을 살펴봅시다.

레위기 4장 13절
"만일 이스라엘 온 회중이 여호와의 계명 중 하나라도 부지중에 범하여 허물이 있으나 스스로 깨닫지 못하다가"

여기서는 '부지중에'라는 단어를 염두에 둡시다. 죄라는 것은 하나님의 계명을 깨트린 것입니다. 하나님의 계명은 굉장히 많이 있지만 두 가지로 요약할 수 있습니다. '하라'와 '하지 마라'입니다. 하라는 것을 하지 않고, 하지 마라는 것을 하는 것이 죄입니다. 이것이 율법입니다. 이런 율법 혹은 계명을 깨트렸을 때, 다시 말하면 하라는 것을 안 하고 하지 마라는 것을 했을 때 우리는 율법을 깨트린 것입니다. 범법한 것입니다. 이것이 죄의 본질입니다. 율법을 범한 것이 죄악의 본질이라는 뜻입니다. 성경은 죄의 본질을 묘사하면서 그릇 범했거나 부지중에 범한 것으로 말하고 있습니다. 대부분의 범죄는 우리가 하지 말아야 할 것을 알면서도 인간성의 연약함 때문에 범하게 되는 것입니다. 어떤 때는 약간 의도적으로, 또 어떤 때는 알지 못하고 부지중에 죄를 범하는 경우가 많습니다. 그러나 범한 직후 깨달음이 옵니다.

레위기 4장 13-14절
"만일 이스라엘 온 회중이 여호와의 계명 중 하나라도 부지중에 범하여 허물이 있으나 스스로 깨닫지 못하다가 그 범한 죄를 깨달으면 회중은 수송아지를 속죄제로 드릴지니"

깨달음이 오면 즉각적으로 이 제사를 드려야 합니다. 그래서 어떤 성경학자들은 이 속죄제 혹은 정결제를 다른 말로 'guilt offering'이라고 부르기도 했습니다. 죄를 범하던 당시에는 자신도 몰랐지만 조금 지나 잘못했음을 깨닫는 것이기 때문입니다. 지금 우리는 구약시대처럼 이런 제사를 드릴 필요는 없지만 '자백'해야 합니다. 이렇게 성령께서 우리의 죄를 깨닫게 해 주셨을 때 즉각적으로 자백해야 하는 것처럼 구약시대에는 속죄의 제사를 드려야 했습니다. 즉, 죄에 대한 깨달음이 오면 즉시 속죄제물을 가지고 속죄제를 드려야 하는 것입니다. 이것을 지금 우리 식으로 말하면 성령이 깨닫게 하시는 순간 즉각적으로 엎드려 자백하고 회개해야 한다고 할 수 있습니다. 성령의 깨우치심을 무시하고 계속 죄를 범하고 무시하면 나중에 양심의 가책이 일어나지 않게 됩니다. 가책이 일어나지 않으면 양심에 화인을 맞은 것이 되어 무서운 사람이 되어 버립니다. 그래서 속죄의 제물, 제사가 필요했던 것입니다.

D. 어떻게?

속죄의 제사를 드리는 다섯 가지의 중요한 단계가 있습니다.

1. 흠 없는 동물을 선택 (3절)

물론 동물은 여러 가지가 사용됐습니다. 경제적 형편에 따라 하나님이 배려해 주신 것입니다. 아주 가난할 경우에는 고운 가루를 드려도 괜찮았습니다.

레위기 4장 3절
"만일 기름 부음을 받은 제사장이 범죄하여 백성의 허물이 되었으면 그가 범한 죄로 말미암아 흠 없는 수송아지로 속죄제물을 삼아 여호와께 드릴지니"

2. 회막 입구에서 안수한 후 잡음(죽음) (4절)

동물에게 안수하는 의미는 '제 죄 때문에 제가 죽어야 마땅하지만 이 희생의 제물이 제 죄를 대신 짊어졌습니다.'라는 뜻으로 죄를 전가하는 것입니다. 동물의 머리에 안수하고 회막 입구에서 이 동물을 잡습니다.

레위기 4장 4절
"그 수송아지를 회막 문 여호와 앞으로 끌어다가 그 수송아지의 머리에 안수하고 그것을 여호와 앞에서 잡을 것이요"

3. 성소 휘장에 7번 피 뿌림 (6절)

레위기 4장 6절
"그 제사장이 손가락에 그 피를 찍어 여호와 앞 곧 성소의 휘장 앞에 일곱 번 뿌릴 것이며"

7은 성경에서 완전한 숫자입니다. 즉, 완전한 용서를 상징하기 위해서 일곱 번 뿌린 것입니다. 왜 하필이면 성소의 휘장에 뿌렸을까요? 옛날 회막이나 성전 안에는 성소와 지성소를 막는 휘장이 있는데, 이 휘장을 열면 지성소로 들어가는 것입니다. 성소 가운데의 성소, 하나님의 임재가 있는 곳이 지성소입니다. 그러므로 휘장에 피를 뿌린다는 것은 그 휘장을 열고 하나님 앞에 서기 위해서, 다시 말하면 피 뿌리지 않고는 하나님 앞에 나아갈 수 없음을 말했습니다. 죄인은 죄지은 모습 그대로는 하나님 앞에 나설 수 없었습니다. 그분은 거룩한 분이시기 때문입니다. 그래서 피 뿌림을 입고서야 비로소 우리가 하나님 앞에 나아간다는 것을 형상화하기 위해 휘장에 일곱 번 피를 뿌렸던 것입니다. 이 구약의 진리가 신약에 와서는 어떻게 성취되고 실현될까요?

히브리서 10장 20절
"그 길은 우리를 위하여 휘장 가운데로 열어 놓으신 새로운 살 길이요 휘장은 곧 그의 육체니라"

히브리서 10장 19절
"그러므로 형제들아 우리가 예수의 피를 힘입어 성소에 들어갈 담력을 얻었나니"

하나님 앞에 서는 것은 두려운 일입니다. 그러나 우리는 예수의 피로 담력을 얻었습니다. 하나님 앞에 설 수 없는 부족하고 더렵혀진 죄인이지만 예수의 보혈을 입고 하나님 앞에 설 수 있었습니다. 그 길은 우리를 위하여 휘장 가운데로 열어 놓으신 새롭고도 산길이 되었습니다. 휘장은 예수님의 육체를 상징합니다. 십자가에서 예수님이 운명하시는 순간 예루살렘 성전 안의 지성소와 성소를 가로막았던 휘장이 위에서부터 아래로 찢어져 지성소로 나아갈 길이 열렸습니다. 예수님의 죽음이, 예수님의 피흘림이 우리를 하나님 앞으로 인도하는 산길이 되신 것입니다.

또한 휘장에만 뿌린 것이 아니라 향단의 뿔에 그 피를 발랐습니다. 제단에는 뿔이 있는데 그 뿔의 끝에 피를 발랐던 것입니다.

레위기 4장 7절

"제사장은 또 그 피를 여호와 앞 곧 회막 안 향단 뿔에 바르고 그 송아지의 피 전부를 회막 문 앞 번제단 밑에 쏟을 것이며"

향단은 분향단을 의미합니다. 향을 피워 올리는 단 옆에는 뿔이 있었습니다. 향단에서 올라가는 연기는 하나님 앞에 올려드리는 우리의 기도를 상징합니다. 그런데 여기에 피를 발랐다는 것은 우리의 기도가 원래는 하나님 앞에 응답될 수 없지만 예수님의 보혈을 힘입었을 때 우리의 기도가 주님 앞에 열납된다는 것을 말해주고 있습니다.

4. 남은 피를 번제단 밑에 부음 (7절)

레위기 4장 7절

"제사장은 또 그 피를 여호와 앞 곧 회막 안 향단 뿔에 바르고 그 송아지의 피 전부를 회막 문 앞 번제단 밑에 쏟을 것이며"

제단 아래 피를 부었습니다. 이는 십자가 아래 흘려진 보혈을 상징합니다. 예수께서 십자가에 달리시고 그의 피가 십자가 아래에 떨어졌을 때 그 흘려진 피, 보혈을 드리고 우리 인생이 다시 일어나는 새로운 삶의 기초가 된 것입니다. '피흘림이 없은 즉 사함이 없느니라.'라는 말씀처럼 예수님의 피로 우리의 발을 적시고, 우리의 존재를 적시고 그 피로 말미암아 새로운 인생을 살게 된 것을 찬양합시다.

5. 내장과 똥을 진 밖에 갖다 재와 함께 태움 (11-12절)

레위기 4장 11-12절

"그 수송아지의 가죽과 그 모든 고기와 그것의 머리와 정강이와 내장과 똥 곧 그 송아지의 전체를 진영 바깥 재 버리는 곳인 정결한 곳으로 가져다가 불로 나무 위에서 사르되 곧 재 버리는 곳에서 불사를지니라."

나머지는 가져다 태웠습니다. 다 불에 태워서 올려드렸습니다. 이것은 마지막으로 우리가 생각할 중요한 교훈과 접목이 됩니다. 우리가 속죄 제사를 공부하며 물어야 할 중요한 마지막 질문이 있습니다.

E. 어디에서 마치는가?

바로 재를 태웠던 곳, '진영 바깥'입니다. 본래 진 밖, 성 밖은 깨끗한 곳이 아니라 사람들이 쓰레기를 버리곤 하는 더러운 곳입니다. 그곳은 정죄 받은 곳입니다. 그런데 그 곳에 불을 피워서 태워버리면 정결해집니다. 거기에 나머지를 가져다 불태워 바침으로써 정결하게 만들라는 것입니다. 진 밖에 있었던 태워 정결하게 만드는 곳, 이곳은 우리 예수님이 십자가에 달려 돌아가실 때 그분이 십자가를 지시고 슬픔의 길을 걸어가신 후에 성 바깥으로 가신 것을 상징합니다.

성지순례를 가면 예수님이 십자가를 지고 올라가셨던 그 길을 걷게 됩니다. 예수께서 걸어가는 동안 일어났던 사건에 대한 14개의 지점이 표시돼 있습니다. 지금은 크게 차이가 나지 않지만 거의 끝부분에 가면 언덕으로 올라서게 됩니다. 그런데 언덕으로 올라가는 그 부분이 지금은 마치 성 안에 들어와 있는 것처럼 느껴지지만 옛날에는 성문 밖이었다고 합니다. 바로 그 언덕 위에 한 교회가 있습니다. 그 교회를 '거룩한 무덤(성묘) 교회'라고 부르는데 이 교회가 세워진 장소는 예수님 당시에는 성문 바깥이었습니다. 이 성문 밖에서 예수께서 십자가에 달려 돌아가시고 피를 흘리신 것입니다. 성문 밖에서 피흘리심으로 인해 우리가 깨끗함을 얻고 새로운 인생을 시작하게 되었습니다. 마치 더러운 것을 가지고 진 밖에서 불살라 버린 것처럼 예수님의 보혈이 우리 인생의 과거를 불태우고, 새로운 인생을 시작하게 만든 놀라운 은혜와 기적의 시작이 되었습니다. 바로 2000년 전 고난 주간에 이 사건이 일어났습니다. 이 사건을 구약의 레위기와 연관시켜 인상 깊게 기록한 성경구절이 있습니다.

히브리서 13장 11-13절
"이는 죄를 위한 짐승의 피는 대제사장이 가지고 성소에 들어가고 그 육체는 영문 밖에서 불사름이라 그러므로 예수도 자기 피로써 백성을 거룩하게 하려고 성문 밖에서 고난을 받으셨느니라 그런즉 우리도 그의 치욕을 짊어지고 영문 밖으로 그에게 나아가자"

이 짤막한 구절에서 히브리서 기자가 강조하고 있는 메시지는 '밖으로'입니다. 마치 구약시대 제사장이 피를 빼놓고 이 피는 우리에게 적용돼야 할 것이라 하고, 나머지 부분을 성문 밖으로 갖고 나가 불사른 것처럼 우리의 죄를 불사르고 그리스도의 깨끗한 보혈로 사함 받고 새로운 인생으로 살기 위해서 예수님이 성문 바깥으로 나아가셨습니다. 구약의 대제사장이 영문 바깥으로 나아갔던 것처럼 오늘 우리의 대제사장인 예수님께서 영문 바깥으로 나가서 당신의 육체를 죽음의 자리에 내어 주셨습니다. 우리의 모든 죄가 거기서 파묻히고 불살라지도록 하기 위해서 말입니다. 우리가 그분의 피를 받고 그 피를 취해 새로운 삶을 살도록 하기 위해서 예수님은 영문 밖으로 나가셨습니다. 고난 받으시고 고통 받으시고, 가시면류관을 쓰시고 사람들에게 박해를 받으시며 예수님이 영문 밖으로 나가신 것처럼 우리도 그분을 따라 영문 밖에서 새로운 인생을 시작해야 합니다.

바울사도는 고린도후서 5장 21절에서 죄를 알지도 못하는 그분을 하나님께서 우리를 대신해 죄의 자리에 심으셨다고 말합니다. 우리는 예수 그리스도로 피뿌림을 얻었고 그 피뿌림을 통해 새로운 인생을 시작하게 됐다고 증언합니다. 대제사장들이 죄문제를 해결하기 위해 제사 의식을 감행했지만 구약의 제사는 불완전한 제사였습니다. 우리 예수님은 우리의 죄를 완벽하게 파묻고 새로운 인생을 향해 출발하도록 우리의 죄와 허물을 지고 영문 밖으로 나가서서 채찍 맞으시고 당신의 거룩한 희생을 우리에게 선물로 주셨습니다. 그 예수 그리스도가 우리의 구세주와 주님 되신 사실을 마음속에 기억하고 그분 앞에 새로운 인생으로 출발해야 합니다.

Part 6

속건제

。

너 희 는 거 룩 하 라

贖愆祭

속건제를 히브리어로 아샴이라고 하는데, 정확하게 번역하면 죄책을 말합니다. 그래서 어떤 사람들은 이 제사를 죄책의 제사(guilt offering), 배상·보상의 제사(trespass offering)라고 부르기도 합니다. 이 속건제는 형식상으로 보면 속죄제와 유사합니다. 실제로 속죄제와 속건제는 공통점을 많이 가지고 있습니다. 함께 사용하는 규례들도 많습니다. 실제로 7장 7절에는 두 제사에 대한 유사성을 언급하고 있습니다.

06 LEVITICUS
속건제

레위기 5장과 6장에는 속건제에 대한 기록이 나옵니다. 본문을 정확히 말하면 5장 16절부터 6장 7절까지입니다.

※레위기 5대 제사
1) 번제 2) 소제 3) 화목제 4) 속죄제 5) 속건제

번제는 하나님 자신의 희생을 우리에게 가르치는 제사이고 소제는 하나님을 향한 우리의 헌신을 나타내는 제사이며 화목제는 하나님과 화목·화평을 가르치는 제사이고, 속죄제는 하나님과의 바른 관계를 가르치는 제사입니다. 속건제는 한 걸음 더 나아가서 우리가 이웃들과 어떻게 바른 관계를 맺을 것인가를 가르치고 있습니다.

- 속건제 → '아샴'(asam) / (히브리어)
  → 보상, 배상, 죄책

속건제를 히브리어로 아샴이라고 하는데, 정확하게 번역하면 죄책을 말합니다. 그래서 어떤 사람들은 이 제사를 죄책의 제사(guilt offering), 배상·보상의 제사(trespass offering)라고 부르기도 합니다. 이 속건제는 형식상으로 보면 속죄제와 유사합니다. 실제로 속죄제와 속건제는 공통점을 많이 가지고 있습니다. 함께 사용하는 규례들도 많습니다. 실제로 7장 7절에는 두 제사에 대한 유사성을 언급하고 있습니다.

레위기 7장 7절
"속죄제와 속건제는 규례가 같음이니"

그래서 어떤 학자들은 이 두 제사를 분리하지 않고 하나의 제사처럼 다루기도 합니다. 그러나 좀 더 자세히 내용을 들여다보면 속죄제와 속건제는 차이점이 있습니다. 바로 제물이 다르다는 것입니다. 속건제는 아무것이나 제물을 드릴 수 없고 한 가지 종류로만 제물이 국한돼 있습니다. 바로 숫양입니다. 이 속건제는 우리들의 범죄가 고의적인 범죄이든 비고의적인 범죄이든 하나님이나 사람에게, 이웃에게 가시적 손실을 입혔을 경우 드리는 제사입니다. 여기서 하나님께 손실을 입혔다는 것은 다시 말하면 하나님의 공동체, 성전을 향해 손실을 입힌 것이고,

이웃들에게도 가시적 손실을 입혔을 때를 말합니다. 그리고 그때 제물이 드려졌던 것을 볼 수 있습니다. 레위기서에 나타난 모든 제물이 그랬던 것처럼 궁극적으로 이 속건제물도 예수님의 희생을 나타내고 있는 것이 사실입니다. 이사야 53장 10절에는 속건제를 뜻하는 '아삼'이라는 단어가 예수님에게 적용되고 있습니다.

이사야 53장 10절
"여호와께서 그에게 상함을 받게 하시기를 원하사 질고를 당하게 하셨은즉 그의 영혼을 속건제물로 드리기에 이르면"

장차 오실 메시야가 자신의 영혼을 속건제물로 드리셨다고 나옵니다. 바로 예수님이 속건제물이 되실 것을 보여주고 있는 것입니다. 우리가 알게 모르게 짓는 죄, 우리 공동체에 피해를 입히며 범하는 모든 죄도 예수께서 짊어지시고 우리의 속건제물이 되셨다는 것을 염두에 두어야 합니다.

A. 언제 드리는가?

1. 부주의로 성물을 범하는 경우 (5장 14-16절)

레위기 5장 14-15절
"여호와께서 모세에게 말씀하여 이르시되 누구든지 여호와의 성물에 대하여 부지중에 범죄하였으면 여호와께 속건제를 드리되 네가 지정한 가치를 따

라 성소의 세겔로 몇 세겔 은에 상당한 흠 없는 숫양을 양 떼 중에서 끌어다
가 속건제로 드려서"

성물은 거룩하게 구별된 물건입니다. 성경에서 성(거룩하다 聖)이란
단어는 대부분 예외 없이 '구별되다'라는 뜻을 가지고 있습니다. 구별
됐다는 것이 다르다는 의미는 아닙니다. 예를 들어 가지고 있는 옷 가
운데서 특별히 예배를 드리기 위해 한 옷을 뽑아 놓은 것을 구별됐다고
말할 수 있습니다. 하나님의 일을 수행할 목적, 하나님께 드려질 목적
으로 어떤 물건을 따로 분리해 놓을 때 영어로는 'set apart', 즉 '구별한
다'고 말합니다. 그 구별된 것을 거룩한 것이라고 말할 수 있습니다.

성전도 마찬가지입니다. 다른 건물보다 좋기 때문에 성전이 아니라
성전 안에서 이뤄지는 일들이 하나님을 찬양하고 하나님을 높이는 일
에 쓰이기 때문에 성전이라고 부르는 것입니다. 우리도 성도라고 일컫
어지지만 우리가 다른 사람보다 뛰어나서가 아니라 주님이 우리를 구
원해 주셨고 주님의 영광을 위해 우리의 인생이 쓰이고 있기 때문에 성
도라 불립니다. 구별된 존재라는 뜻입니다. 따라서 여기서 말하는 성
물은 구별된 일체의 예물을 뜻합니다. 우리가 예물을 드리면 그것은 더
이상 내 것이 아니라 하나님의 것입니다. 그것을 내 것처럼 사용하는
것이 범죄입니다.

그럼 어떤 경우에 속건제를 드렸을까요? 먹지 말아야 할 사람이 이

거룩한 물건을 먹었을 때, 드렸어야 할 것을 드리지 못했을 때 성물을 범한 것이라고 말합니다. 우선 사용되지 말아야 할 것을 사람들이 잘못 사용하는 사례들을 들어봅시다. 쉽게 예를 들면 교회 안에서 사용되는 여러 물건도 거룩하게 구별된 물건이라고 할 수 있는데, 성도들 가운데는 옛날에 전화기가 없었을 때 교회 전화를 개인의 목적을 위해 사용하는 사람이 있었습니다. 또 개인적인 용도로 복사기를 사용하는 경우도 있습니다. 이런 사람들이 속건제를 드려야 하는 것입니다. 하나님을 위해서 쓰여야 할 것을 자신의 사사로운 목적을 위해 썼을 때 하나님은 그것도 범죄로 간주하십니다. 그것을 해결하기 위한 제사가 속건제입니다. 또 드려야 할 것을 마땅히 드리지 못했을 때도 마찬가지입니다.

예를 들어 성경에 십일조에 대한 언급이 나올 때, 하나님은 항상 이것은 내 것이라고 말씀하십니다. 또 첫 열매를 가리켜서 구약시대에는 항상 성도들이 하나님께 드렸고 하나님도 내 것이라고 말씀하셨습니다. 물론 모든 것이 주님의 것이지만 그 중에 첫째 것을 드림으로 이것이 주님의 것이라고 하나님께 고백하는 행위가 하나님 앞에 드려지는 봉헌의 행위입니다. 그런데 마땅히 드려야 할 십일조를 드리지 못한다면 어떨까요? 구약의 십일조와 신약의 십일조는 정확하게 동일하지는 않지만 구약의 십일조의 정신만은 신약시대에도 여전히 살아 있습니다. 모든 것이 주님의 것인데 십분의 일을 구체적으로 주님 앞에 드림으로 모든 것이 주님의 것이라 고백하는 것입니다. 그런 것을 드리지 않고 적당히 신앙생활 하는 것, 하나님은 그것도 범죄라고 말씀하십니다. 이런 경우 구약시대 성도들은 속건제사를 드렸고 이 때 쓰이는 제물이 속건제물이었습니다. 여기에는 자기가 잘못한 것에 대한 보상의 의미가 있습니다.

레위기 5장 15절
"성소의 세겔로 몇 세겔 은에 상당한 흠 없는 숫양을 양 떼 중에서 끌어다가 속건제로 드려서"

세겔은 당시 이스라엘 백성들의 화폐의 가치입니다. 정확하게 말하진 않았지만 숫양의 가치가 두 세겔 이상인 것은 확실합니다. 그런데 당시 성전에서 사용되던 세겔은 일반 시장에서 사용된 세겔보다 가치가 4~5배 높았습니다. 이에 해당한다는 것은 상당히 많은 양을 바쳤다는 것을 의미합니다. 이는 그가 행한 행위가 이렇게 심각한 것이라고 말하고 있는 것이며, 그렇게 해야 하나님과의 올바른 관계가 회복될 수 있다는 중요한 전제를 갖고 있습니다.

2. 여호와의 계명을 범하는 경우 (5장 16-19절)

레위기 5장 17절
"만일 누구든지 여호와의 계명 중 하나를 부지중에 범하여도 허물이라 벌을 당할 것이니"

하나님의 계명들이 많은데 그 중에 하나를 범할 때, 즉 하라는 것은 안 하고 하지 말라는 것을 하는 경우에도 이 제사를 드려야 했습니다. 율법이라는 것은 결코 우리가 구원받기 위해 지키는 것이 아닙니다. 이 것을 지키면 구원 받는다는 것은 기독교가 아닌 잘못된 율법주의입니다. 그러나 구원 받은 사람은 하나님의 계명을 지키고자 해야 합니다. 구원받은 성도들이 하나님의 계명을 지키지 않을 경우 구원을 잃지는 않지만 축복을 잃게 됩니다. 잃어버린 축복을 회복하기 위한 것이 바로 속건제사인 것입니다.

3. 이웃의 재산에 손해를 입히는 경우 (6장 1-7절)

어떤 사람은 기독교를 마치 공산주의처럼 설명하기도 합니다. 초대 교회에서는 재산을 유무상통했다는 것을 "네 것도 내 것, 내 것도 내 것 이라 여겼다."는 뜻입니다. 그러나 이것은 사실이 아닙니다. 자발적으로 이웃들과 나눔을 실천했을 뿐 자신의 소유권이나 한 가정의 재산을 귀히 여기고 그것을 인정하도록 가르쳐왔습니다. 그래서 남의 재산을 탐낸다든지 남의 것을 탈취하는 것을 범죄로 인정했습니다. 이웃들의 재산에 손해를 입히는 명백한 범죄를 행했을 경우에 드리는 제사가 속 건제입니다.

2-3절에는 어떻게 피해를 입히는지 다섯 가지의 경우가 나옵니다.

레위기 6장 2절

"누구든지 여호와께 신실하지 못하여 범죄하되 곧 이웃이 맡긴 물건이나 전당물을 속이거나 도둑질하거나 착취하고도 사실을 부인하거나"

1) 이웃의 물건을 위탁받고 나중에 모른다고 거짓말을 하는 것

2) 서약이나 맹세의 증거로 준 담보물을 횡령하는 것

3) 이웃의 물건을 강도질한 것

4) 이웃의 물건을 사기친 것

5) 타인이 상실한 물건을 획득한 것 (3절)

이렇듯 이웃들에게 재산상의 명백한 피해를 입혔을 때 속건제를 드립니다. 타인이 상실한 물건을 돌려주지 않고 획득하는 것도 범죄입니다. 줍고 나서 수지맞았다고 집으로 돌아가는 것은 옳지 않습니다.

레위기 6장 3절

"남의 잃은 물건을 줍고도 사실을 부인하여 거짓 맹세하는 등 사람이 이 모든 일 중의 하나라도 행하여 범죄하면"

이들이 정말 잘못했다는 진지한 성령의 깨달음이 생겼을 때 속건제를 드리고, 속건제물을 드려야만 했습니다. 이런 사람들이 어떻게, 무엇으로 보상을 했을까요?

레위기 6장 5절

"그 거짓 맹세한 모든 물건을 돌려보내되 곧 그 본래 물건에 오분의 일을 더하여 돌려보낼 것이니 그 죄가 드러나는 날에 그 임자에게 줄 것이요"

물건을 돌려줄 뿐만 아니라 그 값의 5분의 1을 더해 돌려주라고 말합니다. 그동안 자기가 하나님 앞에 잘못했던 것에 대한 분명한 처리와 회복을 위해 5분의 1을 더하라고 했습니다. 이를 통해 하나님이 얼마나 진지하게 우리의 삶에서 정결함을 요구하셨는지 확인할 수 있습니다.

B. 왜 드리는가?

속건제사의 진정한 목적을 두 가지로 요약할 수 있습니다.

1. 하나님과의 바른 관계
2. 이웃과의 바른 관계

하나님과 바른 관계를 맺고 살고, 이웃과의 바른 관계 속에서 사는 것이 속건제사의 밑바탕에 흐르고 있는 하나님의 우리를 향한 기대이자 명령입니다.

1. 하나님과의 바른 관계

속죄제와 속건제를 설명하며 계속 나오는 단어는 '부지중'입니다. 우리도 모르게 죄를 범할 수 있습니다. 그러나 우리가 그리스도인, 하나님의 백성이라면 언젠가는 깨달음이 오게 됩니다. 이때가 중요합니다. 그랬을 때 그대로 지나가는 사람은 성령의 감동을 소멸하게 됩니다. 성령이 나에게 그런 깨달음을 주셨을 때는 잘못했다고 고백하며 원 상태로 회복하고 바른 관계를 맺어야 합니다.

시편 19편 12절
"자기 허물을 능히 깨달을 자 누구리요 나를 숨은 허물에서 벗어나게 하소서"

숨은 허물은 그동안 덮어놓고 있던, 그대로 지나갔던 나의 허물을 뜻합니다. 그런 허물에서 벗어나게 하기 위한 장치로 구약시대에는 이런 제사가 필요했습니다. 지금은 우리가 하나님 앞에 우리의 죄를 자백하면 됩니다. '만일 우리가 우리의 죄를 자백하면 저는 미쁘시고 의로우사 우리의 죄를 사하시며 모든 불의에서 우리를 깨끗케 하신다.'는 성경구절이 있습니다.

그러나 신약시대에 와서 우리가 자백하면 하나님은 우리를 용서하시지만 때때로 하나님과의 보다 정당한 관계를 회복했다는 증거를 위해 우리에게 잘못됐던 관계에 대한 보상을 하라는 성령의 부담을 주실 수도 있습니다.

중요한 것은 이것입니다. 모든 죄는 궁극적으로 하나님을 향한 범죄라는 것입니다. 그리고 그 죄를 깨닫게 하실 때 그 죄에 대한 조치는 신속적이고 즉각적일수록 좋습니다. 우리가 성령의 감화 감동을 오랫동안 소멸하면 나중에 우리의 양심이 화인을 맞기 때문입니다. 더 이상 죄에 대해 민감하지 못하게 되는 것입니다. 죄에 대해 민감하다는 것은 성령이 내 안에 역사하고 있다는 증거이므로 축복입니다. 그래서 바로 처리해야 합니다. 하나님과의 바른 관계를 맺으라는 것입니다.

2. 이웃과의 바른 관계

신앙생활은 하나님과의 바른 관계, 그리고 이웃과의 바른 관계입니다. 그런 관계를 위해서 때때로 보상이 필요합니다. 이는 어떤 용서의 조건은 아니지만 회개의 합당한 열매일 것입니다. '너희가 회개에 합당한 열매를 맺으라.'고 주님도 말씀하셨습니다. 그것이 바로 보상입니다.

마태복음 5장 23-24절
"그러므로 예물을 제단에 드리려다가 거기서 네 형제에게 원망들을 만한 일이 있는 것이 생각나거든 예물을 제단 앞에 두고 먼저 가서 형제와 화목하고 그 후에 와서 예물을 드리라"

'예물을 제단에 드리려다가 거기서 네 형제에게 원망들을 만한 일이 있는 것이 생각나거든'은 성령님이 깨닫게 해 주시는 것입니다. 그 이후 '먼저 가서 형제와 화목하고' 오라는 보상의 행위가 나옵니다. 그래야 하나님도 기뻐하시고 이웃들과의 올바른 관계 속에서 삶을 살 수 있기 때문입니다.

누가복음 19장에는 예수님을 만난 세리장 삭개오의 이야기가 기록돼 있습니다. 삭개오가 예수님을 자기의 집에 모시자마자 자기의 잘못한 일을 고백합니다. 그 고백에서 끝나지 않고 자신이 고백한 모든 일에 대해 4배나 갚겠다고 말합니다. 예수님이 갚으라고 하신 것은 아니지만 구약시대 전통에 의해 이스라엘 백성들은 이것을 알고 있었던 것으로 보입니다. 8절에서 본인이 잘못한 것에 대해서 4배로 갚고 과거를 청산하겠다고 고백하는 삭개오의 모습을 볼 수 있습니다.

누가복음 19장 8절
"만일 누구의 것을 속여 빼앗은 일이 있으면 네 갑절이나 갚겠나이다"

왜 이런 보상의 문제, 배상의 문제에 대해 성령님이 우리에게 부담을 주실까요? 여기에는 세 가지의 중요한 이유가 있습니다.

첫째는 바른 관계를 위해서입니다. 그래야 바른 관계 속에서 살 수 있습니다. 누군가에게 잘못했을 때 하나님은 용서하실지 모르지만 그 사람과 새로운 관계에서 살 수가 없습니다. 그래서 이웃과의 바른 관계의 삶이 시작되기 위해 부담을 주시는 것입니다.

둘째는 양심의 해방을 위해서입니다. 때때로 우리가 정말 보상까지 했을 때 양심이 진정한 해방을 누릴 때가 있습니다. 어떤 참회의 기도만으로 마음이 깨끗해지지 못하고 부담을 갖고 있다면 주님께서 내게 구체적인 보상의 행동을 요구하는 것이 있진 않을지 생각해봐야 합니다. 누군가에게 보상하고 싶은데 그 사람이 죽었을 때는 구약에 보면 친척을 찾아가고 친척도 없으면 제사장에게 찾아가 보상하는 사례를 볼 수 있습니다.

셋째는 나눔의 삶을 시작하기 위해서입니다. 우리가 이웃들의 재산에 민감하도록 성령께서 제사를 통해 교훈을 주시는 이유는 하나님의 백성들은 남의 것을 빼앗고 살아야 하는 존재가 아니라 이웃들과 나누며 살아야 하기 때문입니다. 주님은 혼자 쥐고 사는 인생이 아니라 더불어 나눌 수 있는 삶을 우리에게 기대하고 계십니다. 이것이 속건제사의 밑바탕에 흐르고 있는 하나님의 기대입니다.

2차 대전 중 독일 군대가 미국 사람을 포로로 잡았는데 이 포로들을 처치하려 했습니다. 무조건 죽이면 국제적인 문제가 있을 것을 대비해 죄수들을 감방에 잔뜩 모아놓고 빵 한 덩어리만을 던졌습니다. 며칠 굶겨놓고 빵을 던지면 빵을 차지하고자 서로 죽일 것이라는 생각에서였습니다. 그런데 이 빵이 던져지는 순간 그들의 리더였던 군목이 '여러분, 이것은 적들의 간교한 속임수입니다. 이것을 우리가 뜯어먹다가 서로를 죽이는 모습을 보고 싶어 하는 것입니다. 속지 마십시오. 이왕 우리가 넉넉히 한 개의 떡으로 나눌 수 없다면 제가 목사이니 성찬식을 하십시다. 이때까지 우리를 살려주신 그분의 은혜에 감사합시다.'라고 말하자 분위기는 숙연해졌습니다. 그리고 성찬식이 진행됐습니다. 찬양이 드려지고 기도를 했습니다. 빵을 조금씩 떼며 그들은 그들을 위해 십자가에서 죽으신 그리스도의 희생을 기념했습니다. 그리고 작은 한 조각의 빵에서 감격과 감사를 나누며 하나님 앞에 찬양을 올렸습니다. 얼마 후 독일 군대가 그들이 죽은 줄 알고 문을 열어보니 죄수들의 얼굴이 빛나며 찬양하고 있었다고 합니다. 결국 간수들조차도 감방 안에 가득했던 하나님의 영광과 임재를 보고 주님 앞에 무릎을 꿇었다는 놀라운 이야기입니다.

주의 말씀을 순종하는 것은 언제나 축복이며 나눔은 언제나 하나님의 감동입니다. 이런 하나님의 은혜 속에서 우리에게 주어진 나머지 인생을 살아가야 합니다.

Part 7

제사장의
위임식

○

너희는   거룩하라

委任式

레위기 8장은 제사장의 위임식에 관해서 다루고 있습니다. 레위기 1장부터 7장까지는 구약시대 이뤄졌던 가장 중요한 다섯 가지의 제사에 대해 말합니다. 제사 제도를 1장부터 7장까지 다루고 있다면, 8장부터 10장까지는 제사를 주관하는 제사장이 어떻게 취임하는지를 보여주고 있습니다. 8장부터 10장을 나누면 8장은 취임식·위임식, 9장은 제사장이 드리는 첫 번째 제사의 장면, 10장은 제사장직을 잘못 수행함에 대한 경고를 다룹니다.

07 제사장의 위임식

레위기 8장은 제사장의 위임식에 관해서 다루고 있습니다. 레위기 1 장부터 7장까지는 구약시대 이뤄졌던 가장 중요한 다섯 가지의 제사에 대해 말합니다.

'제사 제도'(1-7장)

'제사장 제도'(8-10장)

제사 제도를 1장부터 7장까지 다루고 있다면, 8장부터 10장까지는 제사를 주관하는 제사장이 어떻게 취임하는지를 보여주고 있습니다. 8 장부터 10장을 나누면 8장은 취임식·위임식, 9장은 제사장이 드리는 첫 번째 제사의 장면, 10장은 제사장직을 잘못 수행함에 대한 경고를 다릅니다. 구약시대에서 가장 고위한 직분, 명예로운 직분은 제사장입니다. 먼 훗날 신약시대에 신약의 성도들은 구약시대 제사장을 어떻게 생각했는지 살펴봅시다.

히브리서 5장 4절
"이 존귀는 아무도 스스로 취하지 못하고 오직 아론과 같이 하나님의 부르심을 받은 자라야 할 것이니라"

아론은 첫 번째 대제사장이었고 아론의 아들들도 이어 제사장이 되었습니다. 아론같이 부르심을 받아 제사장의 자리에 취임하는 것을 '이 존귀는 아무도 스스로 취하지 못한다.'고 했습니다. 즉, 아주 명예롭다고 한 것입니다. 이는 하나님과 사람 사이의 중보자 역할을 하는 리더가 제사장임을 뜻합니다. 그런데 이 고귀하고 명예로운 제사장의 직분이 신약시대에 오면 아론의 가문과 같은 특수한 지파에만 전해오는 것이 아니라 예수님을 믿는 모든 이에게 제사장의 특권이 주어지게 됩니다. 성경에 오래전부터 기록돼있었으나 오랫동안 발견하지 못하다가 종교개혁 시대에 마틴 루터나 칼빈 등이 성경을 통해 발견했습니다. 그래서 종교개혁은 제사장 직에 대한 성서적 발견과 함께 시작됐다고 해도 과언이 아닙니다. 이것을 가리켜 '만인제사장설' 혹은 '전 신자의 제사장직'으로 부릅니다. 이 중요한 근거가 되었던, 성서적 토대가 됐던 말씀을 살펴봅시다.

베드로전서 2장 5절
"너희도 산 돌 같이 신령한 집으로 세워지고 예수 그리스도로 말미암아 하나님이 기쁘게 받으실 신령한 제사를 드릴 거룩한 제사장이 될지니라"

여기서의 '너희'는 제사장을 뜻하는 것이 아니라 모든 성도를 뜻합니다. 베드로전서 1장 1절을 보면 베드로전서가 당시 흩어진 모든 그리스도인에게 보내는 편지임을 알 수 있습니다. '너희는 예수 그리스도로 말미암아 하나님 앞에 거룩한 제사를 드릴 제사장이 될지니라'라고 말하고 있기 때문입니다.

베드로전서 2장 9절
"그러나 너희는 택하신 족속이요 왕 같은 제사장들이요 거룩한 나라요 그의 소유가 된 백성이니"

하나님의 모든 백성들이 거룩한 나라의 한 부분이고, 하나님의 백성들이고, 왕 같은 제사장이라고 말하고 있습니다. 특별한 사람, 특별한 지도자만이 제사장이 아니라 모든 하나님의 소유된 백성들이 거룩한 제사장 혹은 왕 같은 제사장의 사역을 감당할 수 있다는 것입니다. 베드로전서의 말씀과 함께 만인제사장직 발견의 토대가 된 말씀이 있습니다.

요한계시록 1장 5-6절

"또 충성된 증인으로 죽은 자들 가운데에서 먼저 나시고 땅의 임금들의 머리가 되신 예수 그리스도로 말미암아 은혜와 평강이 너희에게 있기를 원하노라 우리를 사랑하사 그의 피로 우리 죄에서 우리를 해방하시고 그의 아버지 하나님을 위하여 우리를 나라와 제사장으로 삼으신 그에게 영광과 능력이 세세토록 있기를 원하노라 아멘"

우리를 죄에서 해방하시고 용서해주시는 것에서 끝나는 것이 아닙니다. 죄에서 해방되고 사함 받고 용서받은 것으로만 하나님은 우리를 향한 사역을 끝내길 원치 않으셨습니다. 우리를 죄에서 해방하신 것은 이제부터 우리가 용서받았다는 출발에 불과합니다. 우리는 새로운 인생을 살기 위해 용서받았습니다. 새로운 인생의 토대가 바로 우리를 나라와 제사장 즉 하나님 나라의 백성으로, 하나님이 쓰실 제사장으로 삼아주시는 것입니다. 우리를 제사장으로 사용하시기 위해 우리를 죄에서부터 구원하시고 우리를 용서하셨습니다.

제사장을 영어로 priest라고 합니다. 이는 '사제'라는 뜻입니다. 이 사제는 가톨릭에서 신부님을 가리키는 단어로 사용합니다. 아직도 가톨릭에서는 신부님과 같은 지도자만이 제사장입니다. 물론 깨어 있는 가톨릭의 일부에서는 평신도의 사제직을 최근에 말하기 시작했습니다. 성경에 의하면 우리는 다 제사장, priest이라고 했기에 우리도 그런 역할을 할 수 있어야 합니다. 특별한 사람만이 아닌 우리 모두가 그런 일을 할 수 있어야 하는 것입니다. 제사장은 명예로운 직분이고 존귀한 직분인데 신약시대에 와서는 우리 모두에게 이 특권을 주셨습니다. 우리가 그것을 깨닫고 오늘 이 시대를 살아가는 그리스도인들이 제사장다운 제사장이 되고, 성도다운 성도가 되어야 한다는 뜻입니다. 우리가 성도다운 성도, 그리스도인다운 그리스도인이 되기 위해서는 구약의 제사장들이 취임할 때 하나님이 어떻게 그들을 취임시켰고 무엇을 요구하셨는지 살펴보고, 그들을 향한 하나님의 기대와 요구에서 오늘을 살아가는 우리에 대한 하나님의 기대를 읽을 수 있어야 합니다.

제사장의 취임의 조건을 레위기 8장에서 다루고 있습니다.

1. 물로 씻어야 한다.
2. 옷을 입어야 한다.
3. 기름 부음을 받아야 한다.

이것이 제사장에 취임하는 데 필요한 세 가지의 절대적인 조건입니다.

1. 물로 씻어야 한다.

레위기 8장 6절
"모세가 아론과 그의 아들들을 데려다가 물로 그들을 씻기고"

모세가 아론과 그 아들을 데려다가 물로 그들을 씻겼습니다. 그리고 그들은 제사장이 되었습니다. 즉, 물로 씻김을 받지 않고는 제사장이 될 수 없었음을 말합니다. 이는 출애굽기의 기록과도 정확히 일치합니다.

출애굽기 29장 4절
"너는 아론과 그의 아들들을 회막 문으로 데려다가 물로 씻기고"

회막 문에서 씻겼다고 나와 있습니다. 더 정확하게 말하면 회막 입구에 물두멍이 있었는데 이 물두멍에서 씻었음을 말합니다. 구약의 의식 규례들을 연구하는 학자들에 의하면 제사장이 되기 위해서는 일단 한 번 전신목욕을 해야 했다고 합니다. 한 부분이 아닌 온 몸이 물속에 들어갔다가 나온 것을 의미합니다. 그 다음부터는 제사장이 제사를 드릴 때마다 혹은 제사장이 불결함을 느꼈을 때 제사를 드리기에 앞서 손과 발만 씻었습니다. 전신목욕에 의한 씻음은 한 번만 받았습니다. 마치 세례(침례)가 일생에 한 번만 받는 것처럼 말입니다. 이 세례(침례)는 우리가 죄사함을 받고 하나님의 자녀가 됨을 상징합니다. 그러나 죄사함과 구원을 받고 하나님의 자녀가 된 우리도 세상에 살다보면 또 범죄할 수 있습니다. 그 때 구원을 다시 받거나 세례(침례)를 다시 받는 것은 아닙니다.

이런 배경 속에 나온 것이 바로 요한복음 13장에서 예수께서 십자가 지시기 직전 다락방에서 제자들의 발을 씻기시는 부분입니다. 베드로가 놀라 '선생님께서 어찌하여 제 발을 씻기십니까.'라고 하자 예수께서 '내가 너를 씻기지 않으면 너는 나와 상관이 없다'고 말하셨습니다. 그러자 베드로는 '그러면 제 몸을 다 씻겨주십시오.'라고 말했고, 예수께서 이 때 '이미 목욕한 자는 발만 씻으면 된다.'고 하셨습니다. 구약적 배경, 특별히 제사장의 자리에 취임하던 배경을 생각하면 이를 잘 이해할 수 있습니다. 일단 전신을 씻고 제사가 있을 때마다 손과 발을 씻는 부분적 씻음이 있으면 됩니다.

요한1서 1장 9절
"만일 우리가 우리 죄를 자백하면 그는 미쁘시고 의로우사 우리 죄를 사하시며 우리를 모든 불의에서 깨끗하게 하실 것이요"

성도들이 죄를 범하면 구원을 다시 받는 것이 아니라 죄를 고백하면 됩니다. 이 고백이 구약에서는 손 씻음, 발 씻음의 정결규례에 해당하는 것입니다. 중요한 것은 제사장으로 일하는 사람들에게 정결의 규례가 요구되는 이유는 마땅히 하나님의 일을 하는 제사장은 정결해야 하기 때문입니다. 즉 정결의 의식을 갖고 살아야 하는 것입니다. 마음속에서 정결의 의식이 떠나면 더 이상 하나님은 그를 쓰시기 어렵습니다. 실제로 마귀는 우리를 불결하다고 정죄하며 하나님의 일을 할 수 없다고 말합니다. 그래서 우리가 진지한 자백을 통해 주님이 나를 용서하셨다는 확신을 갖고 정결의 의식을 회복할 때, 하나님 앞에 쓰임을 받는 제사장적 사역을 감당하는 그리스도인으로 살 수 있는 것입니다. 그래서 제사장 취임에 요구됐던 첫 번째 조건인 '물로 씻음 받아야 한다.'는 하나님의 일을 하는 모든 사람에게 중요한 의식인 '정결의식'을 요구합니다. 이처럼 정결한 의식을 갖고 우리는 한 평생을 살 수 있어야 합니다.

2. 옷을 입어야 한다.

이 옷은 특별히 준비된 다른 옷입니다. 제사장에게만 입혀지는 특별한 옷이 있었음을 의미합니다.

레위기 8장 7-9절
"아론에게 속옷을 입히며 띠를 띠우고 겉옷을 입히며 에봇을 걸쳐 입히고 에봇의 장식 띠를 띠워서 에봇을 몸에 매고 흉패를 붙이고 흉패에 우림과 둠밈을 넣고 그의 머리에 관을 씌우고 그 관 위 전면에 금 패를 붙이니 곧 거룩한 관이라 여호와께서 모세에게 명령하신 것과 같았더라"

제사장만이 입는 특별한 옷을 입히는 것입니다. 속옷, 겉옷, 허리띠, 흉패, 12개의 보석 장식, 머리 관 등 특별한 옷을 입었습니다. 이 옷을 보면 그 사람이 제사장임을 알 수 있습니다. 이는 제사장의 고귀하고 거룩한 신분을 나타냅니다. 또한 이것은 아론뿐만 아니라 아론의 뒤를 이을 아론의 자손들에게도 동일한 것이 요구됐습니다.

레위기 8장 13절

"모세가 또 아론의 아들들을 데려다가 그들에게 속옷을 입히고 띠를 띠우며 관을 씌웠으니 여호와께서 모세에게 명령하신 것과 같았더라"

출애굽기를 읽어보면 이 옷의 특성을 규정하는 몇 가지 중요한 단어를 발견할 수 있습니다.

출애굽기 28장 2절

"네 형 아론을 위하여 거룩한 옷을 지어 영화롭고 아름답게 할지니"

제사장의 제복, 이 옷을 설명하는 수사적인 세 개의 형용사를 발견할 수 있는데 1) 거룩한 2) 영화로운 3) 아름다운 입니다. 제사장의 옷은 거룩하고 영광스러우며 아름다운 옷입니다. 신약시대에 와서는 우리 모두를 다 제사장이라 하는데 그렇다면 우리도 이 옷을 입어야 할까요? 구약시대에는 외면적인 것을 통해 하나님이 요구하시는 내면적인 것을 설명하는 시대였습니다. 하지만 지금은 이 옷을 입지 않아도 괜찮습니다. 중요한 것은 여전히 이 옷이 신분을 나타낸다는 것입니다. 마치 경찰관이 경찰제복을 입으면 경찰이라는 신분의식이 생기는 것과 같습니다. 또 군대에 입대해서 군복을 입으면 군인이 됐다는 군인의식이 생기고 군인다운 행동이 시작되는 것과 같습니다. 그래서 옷은 그러한 신분의식을 나타내는 것입니다. 제사장의 옷의 특징인 거룩하고 영광스럽고 아름답다는 것은 하나님의 자녀들, 일꾼들, 그리스도인들이 마땅히 거룩하고 영광스럽고 아름다운 삶을 살아야 한다는 것을 의미합니다. 우리가 이런 신분의식을 갖고 살아야 한다는 것입니다. 즉 그리스도인인 것을 숨기지 말고 우리의 삶을 통해 우리가 예수를 믿었기 때문에 거룩한 사람이 되었고, 영광스러운 사람이 되었고, 아름다운 사람이 되었음을 드러낼 수 있어야 합니다. 신약에 오면 이런 옷을 입으라고 말하지 않고 이렇게 되어있습니다.

로마서 13장 13-14절
"낮에와 같이 단정히 행하고 방탕하거나 술 취하지 말며 음란하거나 호색하지 말며 다투거나 시기하지 말고 오직 주 예수 그리스도로 옷 입고 정욕을 위하여 육신의 일을 도모하지 말라"

예수 그리스도의 옷을 입으라고 말합니다. 이전 구절에서는 어둠을 벗고 빛의 옷을 입으라고 말하기도 했습니다. 즉 예수님을 믿는 사람다운 모습이 나타나야 한다는 뜻입니다. 로마서 13장 14절의 예수의 옷을 입고 더 이상 정욕을 위해 살지 말라는 말씀 앞에 찔림을 받고 인생이 새로워진 사람이 있습니다. 바로 성 어거스틴입니다. 방탕했던 어거스틴이 밀라노의 정원에서 어느 날 창밖으로 아이들이 놀며 떠드는 소리가 들려왔습니다. '들어서 읽어라 들어서 읽어라'라는 이 소리에 성경을 읽어야겠다는 생각이 들었고 성경을 펴자 로마서 13장 13절, 14절의 말씀이 나왔습니다. "빛의 옷을 입어라, 예수 그리스도로 옷 입고 정욕을 도모하지 말라"는 말씀에 자신의 방탕과 정욕 속에 살아왔던 삶이 무너지고 아파지면서 예수님을 믿는 새로운 인생이 시작됐습니다. 그의 어머니의 기도가 응답된 것입니다.

3. 기름 부음을 받아야 한다.

레위기 8장 10-12절
"모세가 관유를 가져다가 성막과 그 안에 있는 모든 것에 발라 거룩하게 하고 또 제단에 일곱 번 뿌리고 또 그 제단과 그 모든 기구와 물두멍과 그 받침에 발라 거룩하게 하고 또 관유를 아론의 머리에 붓고 그에게 발라 거룩하게 하고"

관유는 특별히 좋은 향을 가진 여러 가지 식물재료를 섞은 것입니다. 그래서 이것을 붓거나 바르게 되면 여러 가지 좋은 향이 납니다. 하나님의 거룩한 기름부음을 받고 그렇게 향이 나는 새로운 인생을 살 것에 대한 하나님의 기대를 나타내는 사건으로 볼 수 있습니다.

레위기 8장 30절
"모세가 관유와 제단 위의 피를 가져다가 아론과 그의 옷과 그의 아들들과 그의 아들들의 옷에 뿌려서 아론과 그의 옷과 그의 아들들과 그의 아들들의 옷을 거룩하게 하고"

이것은 아주 특별한 기름입니다. 출애굽기서에서 증거를 찾아봅시다.

출애굽기 30장 30절

"너는 아론과 그의 아들들에게 기름을 발라 그들을 거룩하게 하고 그들이 내게 제사장 직분을 행하게 하고"

이 기름을 바른 다음에 비로소 제사장 직분을 행할 수 있었습니다. 기름 부음이 없이는 제사장 직분을 감당할 수 없다고 말하고 있습니다. 그만큼 기름부음은 중요했습니다. 여기에는 여러 가지 의미가 있습니다. 하나님이 기대하시는 향기로운 삶에 대한 도전일 수도 있고, 이 기름부음은 성령의 능력에 대한 거룩한 상징일 수도 있습니다. 신약으로 넘어와서 신약의 기자들은 이 기름부음을 어떻게 이해했을까요?

고린도후서 1장 21-22절

"우리를 너희와 함께 그리스도 안에서 굳건하게 하시고 우리에게 기름을 부으신 이는 하나님이시니 그가 또한 우리에게 인치시고 보증으로 우리 마음에 성령을 주셨느니라"

구약시대 뿐 아니라 신약에서도 기름을 부어주셨습니다. 기름을 부어주신 증거는 바로 우리 안에 계신 성령입니다. 우리가 예수 그리스도를 인격적으로 구주와 주님으로 영접하고 모셨을 때 우리 안에 성령이 거하시기 시작합니다. 이거하시는 성령이 바로 하나님의 기름부으심입니다. 우리가 제사장의 직분을 감당하기 위해서는 내 힘이 아닌 성령의 능력을 의존하고 성령의 인도하심을 따라서 하나님의 일을 감당할 수 있어야 합니다. 이것을 사도요한은 이렇게 말합니다.

요한1서 2장 20절
"너희는 거룩하신 자에게서 기름 부음을 받고 모든 것을 아느니라"

요한1서 2장 27절
"너희는 주께 받은 바 기름 부음이 너희 안에 거하나니 아무도 너희를 가르칠 필요가 없고"

다시 말하면 우리가 하나님에 관한 것들을 이해할 수 있는 것은 우리 안에 성령이 거하시기 때문입니다. 그가 우리의 생각을 밝게 하시는 것입니다. 마치 등잔의 기름이 들어가 불을 밝히듯 우리 안에 거하시는 성령이 우리를 비추십니다. 그래서 우리는 하나님께 속한 것들을 깨닫게 되고, 하나님을 잘 알게 되고, 하나님을 섬기게 됩니다. 그러므로 우리가 이 시대의 제사장으로서 하나님이 우리에게 맡겨주신 사역을 감당하기 위해서는 우리 안에 역사하시는 성령님을 쫓아 늘 하나님의 것을 이해하고, 하나님의 인도를 쫓아 주께서 기뻐하시는 일을 하고자 해야 합니다. 그러기 위해서는 성령의 은사를 사모하고 성령의 충만을 구하며, 성령의 비추심을 날마다 구할 필요가 있습니다.

예수원 아처 토레이(Archer Torrey) 성공회 신부의 할아버지 루벤 토레이(Reuben Torrey) 목사가 하루도 빼놓지 않은 기도가 있습니다. '성령님 저를 충만하게 해주세요. 성령이 충만하지 않으면 하루 길을 걸어갈 수가 없어요. 제가 성령이 충만하지 않거든 차라리 말하지 않게 도와주세요. 내가 성령이 충만하지 않으면 내가 하는 말이 불신자들의 말과 조금도 다를 것이 없고 실수를 일으킬 말이기 때문입니다. 제가 성령 충만하지 않거든 중요한 결정을 하지 않게 도와주세요. 제가 성령 충만하지 않고 결정하면 제 결정은 육신적인 결정이 될 수밖에 없습니다. 그러므로 구합니다. 성령 충만을. 그러므로 구합니다. 성령의 인도를. 그러므로 구합니다. 성령의 깨닫게 하심을. 성령님 도와주십시오.'

이 시대 하나님의 제사장, 이 시대 하나님의 일꾼으로 주께서 우리를 부르셔서 맡기신 그 사역을 감당하기 위해서는 날마다 성령의 비추심과 성령의 충만을 구해야 합니다. 기름 부으심을 사모합시다.

구약의 제사장이 그 자리에 있기 위해서는 세 가지의 조건이 요구됐습니다. **1) 물로 씻김을 받아야 한다. 2) 거룩한 옷을 입어야 한다. 3) 기름 부으심을 받아야 한다.** 그들에게 필요했던 이 세 가지는 오늘 이 시대에서도 필요한 성도로서의 세 가지 의식을 뜻하고 있습니다. 바로 **1) 정결의식 2) 그리스도인다운 신분의식 3) 성령님을 통하지 않고는 아무것도 할 수 없다는 성령의식**입니다. 우리는 이 세 가지 의식을 붙들고 믿음의 길, 섬김의 길을 걸어가야 합니다.

Part 8

제사장의
위임제사

○

너희는 거룩하라

委任祭祀

레위기 8장 14절부터 36절까지를 살펴봅시다. 제사장의 취임식과 유사한 사건을 현대 속에서 찾아보자면 목사님의 취임예배, 위임예배라 할 수 있습니다. 이 의식은 제사장에게 있어서 제사장의 사역에 임하는 자신의 각오와 태도를 다짐하는 기회가 될 수 있고, 공식적으로는 제사장으로서의 공적인 자격과 특권을 행사하는 출발점이 되는 사건입니다. 마치 대통령이 선거에서 당선 된 뒤 취임식을 해야 공식적으로 대통령으로서의 자격과 권한을 행사하는 것과 같습니다.

08 LEVITICUS
제사장의 위임 제사

레위기 8장 14절부터 36절까지를 살펴봅시다. 제사장의 취임식과 유사한 사건을 현대 속에서 찾아보자면 목사님의 취임예배, 위임예배 라 할 수 있습니다. 이 의식은 제사장에게 있어서 제사장의 사역에 임 하는 자신의 각오와 태도를 다짐하는 기회가 될 수 있고, 공식적으로는 제사장으로서의 공적인 자격과 특권을 행사하는 출발점이 되는 사건입 니다. 마치 대통령이 선거에서 당선된 뒤 취임식을 해야 공식적으로 대 통령으로서의 자격과 권한을 행사하는 것과 같습니다.

이전 내용에서 제사장에게 요구되는 자격 가운데 물로 씻는다든지, 거룩한 옷을 입는다든지 혹은 기름부음을 받는 사건을 생각해 보았습 니다. 그러나 이것이 끝난다고 다 되는 것이 아니라 세 가지 제사를 더 드려야 했습니다. 이것이 공식적인 제사장의 취임식, 위임식입니다.

구약에서는 이런 특별한 사람들에게만 제사장이라는 명예가 주어졌지만 신약성경에서는 모든 그리스도인을 가리켜 제사장이라고 부릅니다. 따라서 우리는 제사장 취임식의 자리에 우리가 있다고 생각하면 됩니다. 그리고 나다운 내 인생을 살기 위해 하나님이 나에게 기대하시는 제사장적 인생, 혹은 왕 같은 제사장의 인생을 살기 위해 이 세 가지 제사가 요구하는 바가 무엇인지 생각해 볼 필요가 있습니다. 제사장이 제사장으로 취임하면서 드렸던 세 가지 제사 속에서 하나님이 제사장에게 기대하는 바가 무엇인지 살펴봅시다.

1. 속죄제
2. 번제
3. 위임제(위임 화목제)

1. 속죄제

레위기 8장 14절
"모세가 또 속죄제의 수송아지를 끌어오니 아론과 그의 아들들이 그 속죄제의 수송아지 머리에 안수하매"

모세가 속죄라는 제사 의식을 집행하면서 제사장이 될 아론과 아론의 자손들을 위해 속죄제 수송아지를 데려 오고, 아론과 그 아들들로 하여금 수송아지 머리에 안수하게 했습니다. 그리고 15절에 보면 이

제물을 잡았다고 나옵니다.

이 제사 형식이 보여주는 독특한 그림 가운데 하나는 아론과 그 아들들이 모세가 제물로 가져온 수송아지의 머리에 안수했다는 것입니다. 이것은 '하나님, 제가 범한 죄 때문에 하나님 앞에 심판과 저주를 받아야 마땅한데 이 속죄제물이 저를 대신하고 있습니다.'라며 죄를 전가하는 것입니다. 이 제물은 제사장이 될 아론과 그 아들들을 위해 희생의 제물이 됩니다.

왜 속죄제를 드려야 했을까요? 제사장은 앞으로 수많은 사람을 위해 속죄제사를 집행하는 일을 해야 합니다. 그러나 그보다 앞서 제사장도 죄를 범하기 때문에 다른 사람들의 죄를 해결하고 그들이 하나님 앞에 떳떳하게 설 수 있도록 돕는 역할을 하기 위해서는 제사장 스스로가 먼저 깨끗함을 받아야 할 필요가 있었습니다. 우리도 우리 주변의 믿지 않는 불신앙의 이웃들을 돕고 하나님 앞으로 그들을 인도하기 위해서는 우리가 먼저 주님 앞에 나와야 합니다. 우리가 먼저 예수님을 믿고 예수님이 십자가에 흘린 피로 씻음을 받은 다음에야 비로소 이웃들을 섬길 수 있는 것입니다. 그래서 아론과 그 아들들이 모세 앞에 서서 속죄제물인 수송아지의 머리에 안수 했을 때 모세가 그것을 잡았습니다. 제물이 죽는 순간 아론과 그 아들들은 '저 제물이 나를 위해 죽는구나. 그 피로 내가 용서를 받는구나. 따라서 나는 용서 받은 자로 하나님 앞에 정결한 인생을 살아야겠구나.'라는 결심을 했을 것입니다. 흥미로운 사실은 아론 뿐 아니라 앞으로 제사장이 될 아론의 아들들도 와서 동참한 사실입니다. 먼 훗날 제사장으로 쓰임을 받기 위한 준비가 그들에게 필요했던 것입니다. 아론과 아론의 아들들이 하나님 앞에 서면서 그들에게 요구됐던 중요한 제사 가운데 하나가 이 속죄제사였습니다. 깨끗함을 얻은 자로 한 평생을 준비할 수 있도록 말입니다.

라브리 운동을 했던 기독교 철학자이자 전도자인 프란시스 쉐이퍼 박사는 말년에 암을 선고받고 얼마 안 있으면 세상을 떠난다는 것을 안 채로 미국 신학교를 돌며 강의를 했습니다. 그는 마치 유언적인 메시지 처럼 "여러분, 지금 이 시대의 사람들이 구하는 최고의 덕목은 행복입니다. 누구나 행복을 구하고 있습니다. 여러분도 행복을 구하십니까? 나는 여러분에게 행복을 구하지 말라고는 말하지 않겠습니다. 그러나 하나님께서 여러분이 행복을 구하는 것 이상으로 구할 것이 있다면 거룩함입니다. 거룩함을 구하십시오. 거룩함을 구하면 행복할 것입니다. 그러나 거룩함을 망각한 채 행복만을 구한다면 여러분은 행복하지도 못하고 거룩하지도 못할 것입니다."라는 말을 남겼습니다. 제사장이 제 사장의 자리에 취임하면서 드렸던 속죄의 제사 속에서 우리가 먼저 구해야 할 것은 바로 이 거룩함입니다.

2. 번제

속죄제 제사가 깨끗함을 얻는, 성결을 얻는 제사였다면 번제는 문자 그대로 태워서 바치는 제사입니다. 하나님 앞에 온전히 자신을 헌신하는 헌신을 다짐하는 제사인 것입니다.

레위기 8장 18절
"또 번제의 숫양을 드릴새 아론과 그의 아들들이 그 숫양의 머리에 안수하매"

레위기 8장 20-21절
"그 숫양의 각을 뜨고 모세가 그 머리와 각 뜬 것과 기름을 불사르고 물로 내장과 정강이들을 씻고 모세가 그 숫양의 전부를 제단 위에서 불사르니 이는 향기로운 냄새를 위하여 드리는 번제로 여호와께 드리는 화제라 여호와께서 모세에게 명령하심과 같았더라."

제물의 각을 뜨고 창자를 다 꺼낸 뒤 불을 피우고 바칩니다. 이것이 번제입니다. 모든 것을 하나님께 바치는 것입니다. 하나님은 제사장에게 이런 온전한 헌신을 요구하십니다. 머리를 불태워 바치듯 내 머릿속의 생각하는 것, 계획하는 것도 하나님께 바쳐야 합니다. 내 속에 있는 모든 것도 하나님께 드려지지 않으면 하나님의 일을 할 수 없습니다. 이것이 하나님의 메시지입니다.

우리가 온전한 헌신을 하기 위한 헌신의 초점은 바로 죽는 것입니다. 번제를 위해 제물이 각 떠지고 죽는 것처럼 말입니다. 죽지 않고는 바쳐질 수 없기 때문입니다. 이처럼 온전한 헌신은 우리 모두에게 죽음을 요구합니다.

'죽으면 죽으리라'는 책으로 한국교회 성도들에게 큰 은혜를 끼쳤던 고 안이숙 여사는 일제시대에 순교자가 될 뻔했지만 되지 못했다고 합니다. 그분은 주기철 목사 등과 같이 감옥생활을 했는데도 왜 순교의 기회를 주시지 않는지 하나님께 자주 기도했습니다. 나중이 되어서야 순교 하는 것 보다 사는 것이 더 어려움을 깨닫고 "하나님 왜 나를 데려 가지 않으시고 날마다 순교하게 하십니까."라는 기도를 드렸다고 간증 했습니다.

우리가 하루하루 산다는 것은 순교 이상으로 어려운 것입니다. 바울은 진정한 그리스도인의 삶에 대한 중요한 고백을 남겼습니다. 고린도전서 15장에 보면 바울이 "나는 날마다 죽는다."고 말하는 것을 볼 수 있습니다. 죽지 않고는 헌신할 수 없기 때문입니다. 바울은 하나님을 위한 온전한 헌신의 삶을 살기 위해 오늘도 죽겠다는 각오를 한 것입니다. 영적으로 날마다 죽어야 헌신된 삶을 살 수 있습니다. 내가 죽지 않고 살아있기 때문에 모든 그리스도인답지 못한 우리의 모습, 말, 언행이 나타나는 것입니다.

신학생들 사이에서는 목사가 될 세 가지 준비에 대한 이야기가 있습니다. 첫째는 설교 준비, 둘째는 이사 준비, 셋째는 죽을 준비라고 말합니다. 이 세 가지 준비가 되어 있는지 늘 이야기하곤 합니다. 죽을 준비가 되어 있을까 생각하다가도 '에라 죽어버리자'라고 결심을 크게 하면 순교할 수 있을 것 같다는 생각이 들 때가 있습니다. 그러나 순교 못한 것을 안타깝게 여겼던 안이숙 여사의 고백처럼 날마다 죽는 것이 더 힘든 것입니다.

죽지 않으면 헌신은 없습니다. 번제를 통해 제사장이 제사장다운 사역을 감당하고, 참으로 헌신하게 하기 위해서 제사장 앞에서 제물의 각을 떠서 태워버립니다. 여기에는 "너도 이렇게 살아야 한다."는 메시지가 담겨 있습니다.

3. 위임제 (위임 화목제)

제사장에 위임되기 위한 마지막 제사입니다. 제사의 내용은 제사장에게 구체적인 성별, 구체적 헌신을 보여주는 것입니다. 번제는 단호한 헌신, 일생일대의 헌신, 나를 하나님 앞에 포기하고 바치는 헌신이지만 위임제는 조금 더 구체적인 헌신을 요구하는 제사였습니다. 구체적인 성별의 헌신의 상징으로 이 제사에는 신기하고 흥미로운 의식이 집행되었습니다.

레위기 8장 22절
"또 다른 숫양 곧 위임식의 숫양을 드릴새 아론과 그의 아들들이 그 숫양의 머리에 안수하고 모세가 잡고 그 피를 가져다가 아론의 오른쪽 귓부리와 그의 오른쪽 엄지손가락과 그의 오른쪽 엄지발가락에 바르고"

속죄의 제물의 피를 취한 다음 오른쪽 귓불에 피를 바르고 오른쪽 엄지손가락과 오른쪽 엄지발가락에 피를 발랐습니다. 오른쪽은 활동을 상징합니다. 제사장으로서 앞으로 활동하고 사역하고 봉사할 때 구체적인 헌신을 교훈하기 위해서 그렇게 한 것입니다.

오른쪽 귓불에 피를 바른 것은 이제부터 귀가 달라져야 함을 말합니다. 쓸데없는 것이 아닌 정말 들어야 할 하나님의 음성부터 들어야 한다는 것입니다. 영적 지도자가 하나님의 음성을 듣지 않는다면 공동체를 어디로 인도해 가겠습니까? 날마다의 인생에서 승리하는 삶을 살기 위해서는 하루하루 하나님의 음성을 들어야 합니다. 오늘도 들려오는 하나님의 음성, 주의 음성을 들읍시다. 그래야 귀를 주신 하나님의 목적을 알 수 있을 것입니다. 하나님의 음성과 함께 이웃의 아픔의 소리도 들어야 사역을 할 수 있습니다. 들어야 할 것을 듣는 귀가 되어야 합니다.

오른쪽 엄지손가락은 손 전체를 말합니다. 여기에 피를 바른 것은 손도 성별되어 이 손이 하나님의 일을 위해 드려지는 손이 되어야 한다는 것입니다. 손에 피를 바르며 그 손이 정말 거룩하게 구별되어 하나님의 일을 돕고 주님의 거룩한 역사에 쓰이도록 해야 함을 뜻합니다.

마지막으로 오른쪽 엄지발가락은 발전체를 상징합니다. 이 발로 다니며 하나님의 백성들을 위로하고 격려하고 복음을 전해야 한다는 것입니다. 복음을 전하는 자들의 발은 아름답습니다. 아파하는 이웃들을 찾아가는 발, 그들을 격려하는 발이 아름다운 발입니다.

들어야 할 것을 듣고 해야 할 일을 하고 가야할 곳을 가는 성별된 인생, 이 인생이 왕 같은 제사장의 인생이 돼야 합니다. 이 모든 목적, 제사장의 취임제사가 상징하는 메시지는 28절에 나옵니다.

레위기 8장 28절

"모세가 그것을 그들의 손에서 가져다가 제단 위에 있는 번제물 위에 불사르니 이는 향기로운 냄새를 위하여 드리는 위임식 제사로 여호와께 드리는 화제라"

여기 향기로운 냄새라는 단어가 나옵니다. 레위기와 민수기에 보면 가장 많이 나오는 단어 중 하나가 '향기로운 냄새'일 것입니다. 하나님은 향기 나는 냄새를 맡고 싶어 하십니다. 이 모든 것을 바칠 때 나는 향기로운 냄새를 하나님은 좋아하십니다. 이 제물을 통해 바쳐지는 헌신의 고백, 신앙의 고백, 그 냄새를 맡으시고 하나님은 빙그레 웃으실 것입니다. 번제의 제물을 바치며 제사장의 '하나님 제 인생을 바치겠습니다. 제 인생이 하나님 앞에 향기가 되길 소망합니다.' 라는 이 고백을 좋아하시는 것입니다. 향기라는 단어는 레위기, 민수기 합쳐 65번이나 나옵니다. 이처럼 하나님은 향기를 좋아하십니다.

신약성경 기자들은 이 향기로운 인생을 어떻게 가르치고 있을까요?

고린도후서 2장 14절

"항상 우리를 그리스도 안에서 이기게 하시고 우리로 말미암아 각처에서 그리스도를 아는 냄새를 나타내시는 하나님께 감사하노라 우리는 구원 받는 자들에게나 많은 자들에게나 하나님 앞에서 그리스도의 향기니"

예수님을 믿지 않는 사람이 나를 만났을 때 내게서 예수님 냄새,

예수님의 향기로운 냄새가 나야 합니다. 내가 예수님과 함께 있었던 사람이라면, 또 예수님에 대한 사랑으로 가득 차있다면, 예수님의 영이 나를 지배하고 있다면 나를 만나는 사람들은 예수님의 냄새를 맡을 수 있을 것입니다. 예수님의 향기를 나타내는 인생, 이 냄새가 나면 이웃들에게 전도가 되고 복음의 빛이 나겠지만 결과적으로 가장 좋아하는 분은 하나님입니다.

그래서 제사장의 위임식은 구약시대 무려 7일간 계속됩니다. 그 일주일 동안 성막 안에 머물면서 그들은 제사 드렸던 고기를 먹기도 하고 떡을 먹기도 하고 친교하기도 합니다. 7일이 지나기 전까지 성막에서 나갈 수는 없었습니다. 성막 안에 머물러 있는 것은 하나님과 교제하고 다른 제사장과 교제하면서 그 은혜의 향기에 흠뻑 취해야 했기 때문입니다. 그 다음에 비로소 사역이 가능했습니다.

우리가 먼저 하나님과 함께 하지 않고 하나님의 사람들과 함께하지 않으면 세상에 나가서 사역할 수 없습니다. 세상을 이기기 위해 우리는 먼저 하나님과 함께하고 하나님의 백성들과 함께하는 교제의 삶을 살아야 합니다. 내가 예수님의 냄새로, 예수님의 은혜로 무장됐을 때 성막 바깥에 나가 세상을 변화시키는 하나님의 제사장으로 쓰임을 받는 놀라운 인생을 살게 될 것입니다.

우리 모두 이 시대를 살아가는 제사장이 되어 하나님께 기쁨을 올려 드리고 그분의 향기로 하나님 앞에 영광을 돌려 드리며, 이 생명의 향기가 필요한 우리의 수많은 이웃들에게 복음을 전하고 하나님의 사랑을 나누며 증거 하는 복된 인생을 살아가야 합니다.

Part 9
제사장사역의
시작

°

너 희 는   거 룩 하 라

使役

제사장 취임의 축제. 위임의 축제는 일주일 간 계속됩니다. 그리고 이 축제 기간이 끝나면 비로소 제사장의 공식적인 공적 사역이 시작되는 것입니다. 물론 구약에는 특별한 종류의 구별된 사람들, 하나님이 택하신 사람들만 제사장이 될 수 있었지만 신약적 관점에서 관찰한다면 모든 성도가 제사장의 사역을 감당할 수 있게 됩니다. 우리는 이것을 가리켜 '만인제사장직' 혹은 '전 신자 제사장직'이라고 말하기도 합니다.

09

제사장 사역의 시작

너 희 는　거 룩 하 라

레위기 9장은 제사장의 사역이 어떻게 시작되는지를 보여주고 있습니다. 레위기 8장에서는 제사장의 취임식, 위임식 광경을 볼 수 있었습니다. 제사장 취임의 축제, 위임의 축제는 일주일 간 계속됩니다. 그리고 이 축제 기간이 끝나면 비로소 제사장의 공식적인 공적 사역이 시작되는 것입니다. 물론 구약에는 특별한 종류의 구별된 사람들, 하나님이 택하신 사람들만 제사장이 될 수 있었지만 신약적 관점에서 관찰한다면 모든 성도가 제사장의 사역을 감당할 수 있게 됩니다. 우리는 이것을 가리켜 '만인제사장직' 혹은 '전 신자 제사장직'이라고 말하기도 합니다. 즉 모든 신자가 제사장의 부름을 받았고 제사장의 사역을 감당할 수 있다는 것이 신약의 가르침입니다.

그렇다고 모든 신자가 제사장의 역할을 하는 것은 아닙니다. 제사장이 제사장다울 때 그 사역을 감당할 수 있기 때문입니다. 그러기 위해서는 무엇보다 제사장다움의 성숙이 필요합니다. 제사장이면 제사장답게 자신을 갖추고 있을 때 비로소 제사장의 사역이 열매를 나타낼 수 있는 것입니다. 그래서 신약성경에 가장 중요한 교리적 강조점은 첫째가 구원이라면 둘째는 성숙입니다. 사실상 신약성경의 교훈을 살펴보면 구원 이상으로 성숙의 교훈에도 초점이 있습니다. 바울의 많은 편지들 혹은 바울외의 다른 사도들이 기록한 일반서신, 공동서신을 보면 대부분이 이미 예수 믿은 사람들이 어떻게 성숙할 수 있는가를 기록하고 있습니다. 예수님을 믿고 구원 받고 교회의 지체가 된 사람들이 어떻게 신앙생활을 할 것인가를 말하고 있는 것입니다. 그래서 구원 다음으로, 구원 이상으로 중요한 것이 바로 성숙입니다. 우리가 성숙했다는 것은 사역에 동참하는 것에서 볼 수 있습니다.

우리가 어리다는 증거는 자기밖에 모른다는 것입니다. 예를 들면 유치원에 다니는 아이들이 이와 같습니다. 자기밖에 모르는 이기적인 관점에서 벗어나지 못하는 유치한 인생인 것입니다. 유치원을 졸업하고 초등학생이 되고 좀 더 자라기 시작하면 자기 외의 사람들이 눈에 들어옵니다. 그리고 친구들을 돕기 시작합니다. 이것이 성숙입니다. 이기적인 관점에서 벗어나 다른 사람들의 필요를 보기 시작하고 이웃들을 향한 관심과 돌아봄을 시작하는 것, 이것이 구체적인 성숙입니다. 성숙은 성경에 대한 지식이 늘어나 머리만 커지는 것이 아니라 이웃들을 향한 구체적인 필요를 발견하고 그들을 섬기는 것입니다. 그래서 성숙하게 되면 사역하게 됩니다. 사역한다는 것은 바로 이웃을 돌아보고 섬기는 것을 뜻합니다.

그렇다면 오늘 우리는 어떻게 사역을 시작할 것인가?

1. 자신을 위한 제사를 먼저 드려야 합니다.

레위기 9장 8절
"이에 아론이 제단에 나아가 자기를 위한 속죄제 송아지를 잡으매"

여기서 중요한 것은 '자기를 위한'입니다. 아론이 먼저 자기를 위해 송아지를 잡고 제사를 드렸습니다. 자신의 문제가 해결되지 않고는 이웃들을 섬기기 어렵기 때문입니다. 자신이 준비가 되지 않았을 때 이웃을 섬기는 것은 어렵습니다. 즉 모든 사역의 출발점은 자기 자신입니다. 자신과 함께 사역이 출발하는 것입니다. 사역자가 스스로 준비되어 있지 못하거나 스스로가 깨끗함이 준비되지 않았다면 쓰임받기 어렵습니다. 자신이 먼저 은혜 받지 못한다면 은혜를 나눌 수가 없습니다. 자신이 먼저 성령으로 충만하지 못하다면 다른 사람들을 도울 수 없는 것입니다. 내 잔이 채워지지 않으면 다른 사람의 잔에 나눠 수 없는 것과 같습니다. 내 잔에서 넘쳐나는 것을 가지고 이웃들을 돌보고 섬길 수가 있는 것인데 자신이 부족하면 남을 돕기가 힘들기 때문입니다. 그래서 제사장도 다른 사람을 위한 제사에 앞서 자신을 위한 제사를 드리는 것입니다. 내가 먼저 하나님을 만나고 하나님의 영광을 체험하면 비로소 내가 경험한 하나님의 영광, 하나님의 은혜를 다른 사람들과 나눌수 있습니다. 오늘 이 시대에 왕 같은 제사장으로서 우리가 하나님 앞에 쓰임을 받고 우리의 이웃들을 돌아보고 섬기는 이 사역을 감당하려면 가장 중요한 것은 내가 하나님과 만나는 시간이 있어야 한다는 것입니다. 자기 자신이 하나님을 만나고 음성을 듣고 도전과 은혜를 받아야만 다른 사람들에게 은혜를 끼칠 수 있습니다. 이는 QT와 기도를 통해서 가능합니다.

구약의 아론과 같은 대제사장과 제사장들은 제사를 드릴 때 먼저 자기 자신을 위한 제사를 드렸는데, 이는 두 가지로 말할 수 있습니다.

레위기 9장 2절
"아론에게 이르되 속죄제를 위하여 흠 없는 송아지를 가져오고 번제를 위하여 흠 없는 숫양을 여호와 앞에 가져다 드리고"

이 두 가지는 속죄제와 번제입니다. 속죄제는 속죄함을 받는 것입니다. 깨끗함을 얻어 스스로가 먼저 정결해져야 한다는 의미입니다. 번제는 태워서 바치는 것입니다. 그래서 하나님이 제사를 받았다는 용납의 확증을 받고, 자신을 온전히 드리는 것입니다. 먼저 깨끗함을 받고 헌신하지 않으면 우리의 사역은 열매도 없고 영향을 끼칠 수도 없게 되어버립니다. 우리 자신이 먼저 깨끗함을 받지 않고 어떻게 다른 사람을 깨끗함의 자리로 인도할 수 있으며 우리가 헌신하지 않고 어떻게 다른 사람을 헌신의 자리, 순종의 자리로 인도할 수 있겠습니까. 그래서 사역자는 먼저 자신의 정결함과 헌신을 하나님 앞에서 스스로 돌아보지 않으면 안 됩니다.

시편 기자는 늘 자신을 돌아보는 기도를 합니다. "주님 나를 시험하사 내게 무슨 악한 행위가 있나 보시고 나를 영원한 길로 인도해 주세요."라고 말입니다. 우리에게는 이런 성찰의 시간이 필요합니다. 거창한 일을 하겠다, 사람들 앞에 눈에 띠는 굉장한 일을 하겠다고 다짐하기에 앞서 자기 자신을 돌아보는 것이 진정한 사역의 시작입니다. 스스로를 깊이 돌아볼수록 우리 사역은 깊어지며 그만큼 영향력을 끼칠 수 있는 것입니다.

2. 백성을 위한 제사를 다음으로 드려야 합니다.

제사장이 자신을 위해서 할 때는 속죄제와 번제, 이 두 가지만 드렸지만 백성을 위해서는 네 가지 제사를 드렸습니다.

레위기 9장 15절
"그가 또 백성의 예물을 드리되 곧 백성을 위한 속죄제의 염소를 가져다가 잡아 전과 같이 죄를 위하여 드리고"

레위기 9장 16절
"또 번제물을 드리되 규례대로 드리고"

레위기 9장 17절
"또 소제를 드리되 그 중에서 그의 손에 한 움큼을 채워서 아침 번제물에
더하여 제단 위에서 불사르고"

레위기 9장 18절
"또 백성을 위하는 화목제물의 수소와 숫양을 잡으매"

이렇게 속죄제, 번제, 소제, 화목제의 네 가지 제사를 드렸지만 속건
제는 드리지 않았습니다. 이는 개인적으로 할 수 있는 제사였기 때문으
로 보입니다. 제사장은 속죄제·번제·소제·화목제 이 네 가지 제사
를 백성들을 위해 다양하게 드렸습니다.

제사장에게는 자신을 정결케 하고 헌신한 다음 백성을 하나님 앞에
드리는 사명이 있었습니다. 지금으로 치면 중보기도사역이라 말할 수
있습니다. 자신을 위한 점검 다음으로 우리가 섬겨야 할 사람을 위해
기도하는 것이 중요합니다. 이런 제사의 정신이 바로 우리 중보기도 속
에 다 농축돼 있습니다. 그렇다면 무엇을 위해 중보해야 할까요?

제사장은 속죄제를 드리며 백성들이 깨끗해지도록, 정결해지도록 기
도합니다. 번제는 백성들이 하나님 앞에 열납되고 바쳐지도록 기도하
는 것이며, 소제는 그들이 감사하고 헌신하게 되도록, 화목제는 하나님
과 올바른 관계 속에 살아가도록 기도하는 것입니다. 이렇게 이웃들을
기도 가운데 하나님 앞에 드릴 수 있어야 합니다. 그런데 이렇게 백성
들을 위해 기도하고 사역할 때 결코 잊지 말아야 할 한 가지 원칙이 있

습니다.

레위기 9장 7절
"모세가 또 아론에게 이르되 너는 제단에 나아가 네 속죄제와 네 번제를 드려서 너를 위하여, 백성을 위해서 속죄하고 또 백성을 예물을 드려서 그들을 위하여 속죄하되 여호와의 명령대로 하라"

바로 '여호와의 명령대로'가 중요합니다. 사역자들은 사역의 시작뿐만 아니라 사역을 진행할 때 그들 자신이 하나님의 사역자이기에 하나님의 명령대로 해야 한다는 사실을 잊어서는 안 됩니다. 종종 사람들이 하나님의 음성에 귀 기울이지 않고 하나님의 명령과 말씀을 따르는 것이 아니라 자기 고집과 주장을 내세울 때가 있습니다. 여호와의 명령대로라는 말은 하나님의 명령만 듣지 아무 말도 듣지 않는다는 뜻은 아닙니다. 아론은 제사장이 되었지만 그 이후에도 모세의 명령 앞에 순종합니다. 하나님의 리더십을 존중하며 공동체 앞에 순종하는 것입니다.

레위기 9장 21절
"가슴들과 오른쪽 뒷다리를 그가 여호와 앞에 요제로 흔드니 모세가 명령한 것과 같았더라."

아론은 하나님의 명령에 순종했을 뿐 아니라 모세가 명령한 것처럼 구체적인 제사의 방법에도 순종했습니다. 하나님께 순종하고 공동체에 순종하며 사역하는 것이 중요함을 보여줍니다. 우리가 이런 규범을 순종하는 것은 옛날 수도원 시절부터 지켜져 왔습니다. 수도원의 수도사들은 세 가지를 약속하지 않으면 수도사가 될 수 없었습니다. 순종, 기도, 노동 이 세 가지입니다. 순종을 서약하지 않으면 수도사가 될 수 없었던 것입니다. 여기에는 하나님에 대한 순종 뿐 아니라 공동체의 규범 앞에 순종하는 것도 의미합니다. 더러는 평신도 선교사가 되겠다고 다짐했지만 교회가 무엇인가를 지도하려 할 때 전혀 따르지 않는 사람들이 있습니다. 이는 좋은 사역자의 모습이 아닙니다. 하나님과 하나님이 공동체에 주신 명령에 얼마나 따라갈 수 있는가가 순종을 테스트 할 수 있는 척도가 됩니다. 순종하는 사람이 진정한 사역자로 쓰임 받는 것입니다.

3. 백성을 축복하는 것이 가장 중요한 사역입니다.

레위기 9장 22절
"아론이 백성을 향하여 손을 들어 축복함으로 속죄제와 번제와 화목제를 마치고 내려오니라"

요즘 목사 안수식을 보면 목사가 안수를 받고 제일 먼저 하는 일이 축도입니다. 구약시대에도 그랬습니다. 지금도 예배의 규범과 질서를 위해 목사님이 예배 끝에 축도를 하기도 합니다. 그러나 축복하는 사역은 신약시대에 와서는 모든 그리스도인에게 주어진 특권이 될 수도 있습니다. 만인제사장설을 적용해 이웃들을 축복할 수 있는 것입니다. 하나님은 우리 모두가 축복을 할 수 있도록 맡겨 주셨기 때문입니다.

목사님이 하는 축도문을 보면 주로 신약성경에 나오는 구절을 인용해 이런 축복을 합니다. '예수 그리스도의 은혜와 성부 하나님의 사랑과 성령님의 교통이 함께 있을지어다.' 그런데 구약에서 축복하는 축복의 기원, 근원은 제사장의 습관에서부터 나왔다고 볼 수 있습니다. 하나님이 우리에게 가르쳐 주신 오리지널 축복기도문을 살펴봅시다.

민수기 6장 23-26절
"아론과 그의 아들들에게 말하여 이르기를 너희는 이스라엘 자손을 위하여 이렇게 축복하여 이르되 여호와는 네게 복을 주시고 너를 지키시기를 원하며 여호와는 그의 얼굴을 네게 비추사 은혜 베푸시기를 원하며 여호와는 그 얼굴을 네게로 향하여 드사 평강 주시기를 원하노라 할지니라 하라"

아론의 축복의 기도문은 '여호와는 네게 복을 주시고 너를 지키시기를 원하며 여호와는 그의 얼굴을 네게 비추사 은혜 베푸시기를 원하며 여호와는 그 얼굴을 네게로 향하여 드사 평강 주시기를 원하노라'라고 말하고 있습니다. 여기서 은혜와 평강이 핵심입니다. 이 정신이 신약에 와서 바울도 편지에 '은혜와 평강이 있을지어다.'라고 씁니다. 그래서 그리스도인이 우리 이웃을 축복할 때의 두 가지 핵심이 바로 은혜와 평강인 것입니다. 우리가 가는 곳 마다, 우리가 만나는 모든 사람에게 이런 축복을 나눌 수 있어야 합니다. 왜냐하면 우리가 은혜를 받았기 때문입니다. 예수님을 믿고 하나님의 놀라운 평안을 가질 수 있었기 때문입니다. 동일한 은혜와 평화가 내가 만나는 모든 사람과 이웃에게 나눠지기를 소원하면서 사는 삶, 이것이 사역자의 인생인 것입니다.

창세기 12장에서 하나님이 믿음의 조상 아브라함을 부르시며 '내가 너를 축복한다. 너의 이름은 창대하고 위대하게 될 것이고 너는 복의 근원이 되리라.'고 말씀하십니다. 여기서 '너는 복의 근원이 되리라'는 '네가 복이 되어 주리라'는 뜻이기도 합니다. 우리가 다른 사람에게 복이 되고 축복이 되어주는 인생이 되려면 다른 사람에게 축복을 나눠주어야 한다는 것입니다. 그래서 우리는 자신이 살다간 인생의 자리에 축복을 남기는 삶을 살아야 합니다.

오래 전에 신문을 보다가 일본 비행기 하나가 일본 상공에서 추락해 대부분이 죽은 사건을 본 적이 있습니다. 처음에는 그냥 안 됐다고만 생각했는데 얼마 지나지 않아서 비행기 사고에 대한 기사가 다시 났습니다. 비행기 승객들의 유품을 수거하는데 거기서 메모지가 발견됐다는 내용이었습니다. 당시 흔들리는 비행기와 긴급한 안내방송을 듣고 이게 마지막일 수도 있겠다고 생각한 승객 하나가 주머니에서 수첩을 꺼내 자기 가족과 아내에게 마지막 메시지를 쓴 것이었습니다. 이 40대 중년 신사는 "나의 사랑하는 아내 기요코, 당신은 나에게 정말 축복이었소. 당신 때문에 나는 인생을 살만한 용기와 의욕을 날마다 얻었고 당신이 비행기를 타기 전에 차려 준 식탁의 아름다움도 잊지 못 할 것이오. 당신은 언제나 나를 섬겨주었으니 나는 당신의 사랑을 잊지 않을 것이오. 그리고 나의 아들 쇼오시, 아들아 너를 볼 때마다 아빠는 삶에 대한 힘을 얻었단다. 아빠가 없어도 너는 여전히 아빠가 자랑스러워하는 사람으로 살아갈 것을 믿는단다. 내 아내여, 내 아들이여, 신이 당신들을 축복해 주시기를."이라는 짤막한 메모를 남겼습니다. 이 사람이 그리스도인인지 아닌지는 모릅니다. 하지만 이 편지를 받은 사람은 '내 남편이, 내 아버지가 나를 축복이라고 불러주었으며 나를 끝까지 축복했다'고 생각할 것입니다. 또한 이들은 끝까지 외롭지 않은 인생을 살았을 것입니다. 축복을 나누는 사람들, 이것이 그리스도 사역자의 모습입니다. 우리가 살다간 인생의 빈 공간에 무엇을 남기고 가시겠습니까?

Part 10

바른예배
바른섬김의 레슨

◦

너 희 는   거 룩 하 라

LESSON

레위기 9장은 한 마디로 말하면 제사장이 취임식을 갖고 사역을 시작하는 모습을 보여주고 있습니다. 제사장 취임식과 함께 사역의 시작을 말해주는 것입니다. 10장은 제사장이 취임하고 나서 사역을 시작하자마자 사고가 발생했고, 이 사고를 어떻게 다루는가를 보여줍니다. 본문에서는 제사장이 사역을 시작하자마자 일련의 사고가 발생합니다. 이 사고의 내용을 레위기 10장 1절과 2절에서 볼 수 있습니다.

10
LEVITICUS
바른 예배,
바른 섬김의 레슨

레위기 9장은 한 마디로 말하면 제사장이 취임식을 갖고 사역을 시작하는 모습을 보여주고 있습니다. 제사장 취임식과 함께 사역의 시작을 말해주는 것입니다. 10장은 제사장이 취임하고 나서 사역을 시작하자마자 사고가 발생했고, 이 사고를 어떻게 다루는가를 보여줍니다.

본문에서는 제사장이 사역을 시작하자마자 일련의 사고가 발생합니다. 이 사고의 내용을 레위기 10장 1절과 2절에서 볼 수 있습니다.

레위기 10장 1-2절
"아론의 아들 나답과 아비후가 각기 향로를 가져다가 여호와께서 명령하시지 아니하신 다른 불을 담아 여호와 앞에 분향하였더니 불이 여호와 앞에서 나와 그들을 삼키매 그들이 여호와 앞에서 죽은지라"

제사장의 자리에 취임하자마자 이런 사고가 발생하고 어려움을 겪게 됩니다. 이것은 제사장이 앞으로 제사 사역을 얼마나 신중하게 다뤄야 하는가를 교훈하고 있습니다. 그리고 예배에 대한 신중한 접근을 우리에게 가르치고 있기도 합니다. 동시에 바른 예배가 얼마나 중요한 것인가를 보여줍니다. 당시 아론 대제사장에게는 4명의 아들이 있었습니다. 그런데 첫째와 둘째가 바로 오늘 1절에 나타난 나답과 아비후입니다. 그들은 제사를 잘못 드려서 결국 죽음을 맞게 됩니다. 이것은 한 마디로 잘못된 예배를 통해 우리가 어떻게 바른 예배를 드려야 할 것인가를 역설적으로 교훈하고 있는 것입니다. 무엇이 잘못 되었을까요? 당시에 아론 대제사장의 아들들이 드린 제사 속에서 잘못된 것 세 가지를 통해 우리가 어떻게 바른 제사, 예배를 드릴 수 있을지 알 수 있습니다.

1. 잘못된 불을 사용하지 말 것
2. (제사의 과정에 있어) 포도주나 독주를 마시지 말 것
3. 누룩을 넣지 말고 먹을 것

이 세 가지 교훈이 레위기 10장을 통해 나타나 있습니다.

1. 잘못된 불을 사용하지 말 것

레위기 10장 1절

"아론의 아들 나답과 아비후가 각기 향로를 가져다가 여호와께서 명령하시지 아니하신 다른 불을 담아 여호와 앞에 분향하였더니"

이들은 다른 불을 하나님께 바쳤습니다. 대부분의 영어 번역에 보면 '다른 불'이라는 말은 'strange fire'라고 나옵니다. 사용될 수 없는 이상한 불이라는 뜻입니다. 어떤 번역에는 'unauthorized fire', 즉 '인정될 수 없는 불'을 사용했다는 것입니다. 일반적으로 제사장들이 제사에서 불을 쓸 때는 번제단 안에서 사용되고 있는 불을 또한 하나님 앞에 바치도록 되어 있습니다. 그러나 아론의 두 아들들은 번제단 안에서 가져오지 않은 불을 가져다가 사용했던 것입니다. 이것을 새로운 언약의 시대에 적용한다면 바로 십자가를 뜻합니다.

제단 위에서는 제물을 놓고 각을 뜨는 일을 했습니다. 거기서 희생의 제물이 바쳐졌던 것입니다. 그것 때문에 제사를 드리는 사람은 자기 죄를 용서 받고, 용서받은 자로서 다른 제물을 통한 하나님의 용납하심으로 인해 하나님 앞으로 나아갈 수 있었습니다. 즉 번제단의 핵심적 내용은 십자가인 것입니다. 번제단과 상관없는 불을 썼다는 것은 오늘날 우리가 하나님의 일을 할 때 하나님 일의 핵심 십자가 복음의 사역이 아닌 다른 것을 가지고 하나님의 일을 시도했다는 것을 뜻합니다. 예수께서 우리를 위해 죽으시고 사흘 만에 다시 사신 사건, 그가 죽으심으로 우리가 죄 사함을 받았고 그가 다시 사심으로 우리가 하나님 앞에 용납되어 새로운 삶을 살 수 있었다는 것이 복음의 본질입니다. 십자가의 복음은 예수께서 우리를 위해 죽으시고 다시 사신 것이 핵심적인 내용입니다. 우리는 이 복음을 가지고 사역을 감당합니다. 그런데 종종 기독교의 역사 속에서는 이런 십자가의 복음이 아닌 다른 것을 가지고 하나님의 일을 시도하는 일들이 있었습니다. 이것에 관해서 마음속에서 가장 거룩한 분노를 가지고 경고했던 사람이 바울인데, 갈라디아서 1장 7절에 나와 있습니다. 갈라디아서에는 갈라디아 성도들이 복음을 받아들이고 새로운 삶을 체험한 뒤 하나님의 공동체를 세웠고 하나님의 일을 시작했는데, 잘 하다가 중간에 다른 복음을 수용함에 따라 갈라디아 교회가 잘못되어 가는 모습이 나옵니다. 이런 갈라디아 교회를 향해 바울은 갈라디아서 1장 7절에서 교훈을 주고 있습니다.

갈라디아서 1장 7절
"다른 복음은 없나니 다만 어떤 사람들이 너희를 교란하여 그리스도의 복음을 변하게 하려 함이라"

바울은 '다른 복음이란 있을 수 없다. 복음은 하나다. 다만 너희를 혼란시키려고 다른 잘못된 교훈을 가지고 왔다.'고 말하고 있습니다. 당시에는 복음, 즉 예수님을 믿는 것도 중요했지만 그 못지않게 유대인들이 지금까지 가지고 있었던 율법주의적인 전통도 중요하다고 말하는 사람이 있었습니다. 이에 바울은 그것을 다른 복음으로 일축합니다. 그는 심지어 이어지는 말씀에서 '만일 너희가 다른 복음을 전한다면 천사라도 저주를 받아 마땅하다.'고 말합니다. 우리의 모든 것이 변할 수 있습니다. 예배가 변할 수 있고 교회 행정의 양식도 변할 수 있습니다. 그러나 시대가 바뀌어도 복음은 변할 수 없습니다. 복음을 잃어버렸을 때 우리는 모든 것을 잃어버리게 됩니다. 복음은 교회가 세상에 던질 수 있는 유일한 것입니다. 도덕은 기독교가 아닌 다른 곳에서도 얼마든지 이야기 할 수 있습니다. 그러나 우리에게 주어진 유일한 것은 바로 복음의 메시지입니다. 그것 외의 다른 것을 전하는 것을 성경은 우리에게 엄격히 경고하고 있습니다.

복음적 기독교 신앙은 역사를 통해서 언제나 두 가지 위협을 받아 왔습니다.

- **기독교 신앙의 2가지 위협**
  1) **배타적 독선주의 (극우적)**
  2) **혼합적 자유주의 (극좌적)**

배타적 독선주의는 우리 외에 다른 사람들은 진리를 가지고 있지 않다는 생각 때문에 지나치게 독선주의에 빠지려고 하는 것입니다. 대부분 극우적인 경향을 가진 사람들이 빠지기 쉬웠습니다. 또 하나는 혼합적인 자유주의입니다. 세상의 모든 것을 취해서 기독교의 복음을 변질시키려는 것입니다. 바울은 이러한 혼합적인 자유주의에 대해서도 경고하고 있습니다. 그리고 이런 정신은 구약시대 제사의 정신에서도 나타나고 있습니다. 레위기 9장에서 성경의 기자가 매우 중요하게 강조했던 단어가 있습니다.

레위기 9장 6절

"모세가 이르되 이는 여호와께서 너희에게 하라고 명령하신 것이니 여호와의 영광이 너희에게 나타나리라"

여기서 중요한 것은 '너희에게 하라고 명령하신 것'입니다. 제사에 있어서 가장 중요한 것은 하나님의 명하심을 따라 제사를 드려야 한다는 것입니다.

레위기 9장 10절

"그 속죄제물의 기름과 콩팥과 간 꺼풀을 제단 위에서 불사르니 여호와께서 모세에게 명령하심과 같았고"

레위기 9장 21절

"가슴들과 오른쪽 뒷다리를 그가 여호와 앞에 요제로 흔드니 모세가 명령한 것과 같았더라."

제사를 드리는 자세한 방식, 하나하나의 과정에 있어서도 레위기서의 제사장은 하나님이 명하시고 말씀하신 것 같이 했습니다. 바로 제사의 가장 중요한 규정이 바로 '하나님이 명하신대로, 주님이 말씀하신대로'이기 때문입니다. 그 말씀을 떠나기 시작하면 잘못된 것입니다.

기독교를 흔히 계시종교라고 말합니다. 하나님이 우리에게 주신 말씀, 이 특별계시가 아니면 우리가 구원받을 수 없었고 이 말씀이 아니면 인류가 하나님 앞에 나올 수 없었기 때문입니다. 말씀을 떠나면 기독교는 존재할 수가 없습니다. 말씀과 함께할 때 기독교는 비로소 성립하는 것입니다. 우리의 신앙, 심지어 우리의 체험도 말씀을 벗어나서는 안 됩니다. 바울은 누구보다도 신앙의 소중하고 깊은 체험을 많이 가지고 있었습니다. 체험은 물론 귀한 것입니다. 체험을 하면 열정이 생기고 하나님 앞에 가까이 나온 모습을 볼 수 있습니다. 그러나 우리의 체험조차도 말씀을 넘어가서는 안 됩니다. 우리가 어떤 것을 체험했을 때 그것이 말씀이 승인한 것인지, 하나님의 말씀의 테두리 안에 머무를 수 있는, 말씀으로 정당화 될 수 있는 체험인가를 다시 살펴야 합니다. 고린도전서 4장 6절에서 바울은 고린도 교인들에게 이렇게 경고하고 있습니다. 고린도 성도들은 굉장히 많은 은사 체험, 신앙 체험을 했지만 체험을 많이 한 사람들이 빠지기 쉬운 것이 말씀을 벗어나는 것이기도 했습니다.

고린도전서 4장 6절
"형제들아 내가 너희를 위하여 이 일에 나와 아볼로를 들어서 본을 보였으니 이는 너희로 하여금 기록된 말씀 밖으로 넘어가지 말라 한 것을 우리에게서 배워"

바울과 아볼로, 이런 사도들이 가르친 하나님의 말씀 바깥으로 넘어가지 말라고 말하고 있습니다. 우리의 어떤 체험도 다시 말씀 앞에 비춰보아야 합니다. 그리고 말씀에 승인될 수 있는 자리에 머물러 있어야 합니다. 다른 데서 다른 방법을 가지고 하나님을 섬기려고 하면 안 됩니다. 이렇게 여호와께서 명하시는 대로 하는 한 하나님은 언제나 우리를 축복하십니다. 9장에서는 하나님이 명하신 대로, 가르치신 대로 합당한 제사를 드릴 때 어떤 결과가 나오는지 보여줍니다.

레위기 9장 24절
"불이 여호와 앞에서 나와 제단 위의 번제물과 기름을 사른지라 온 백성이 이를 보고 소리 지르며 엎드렸더라."

하나님이 말씀하신 그대로, 명하신 그대로 제사를 드렸을 때 불이 떨어졌습니다. 그래서 제단 위의 제물을 다 불살랐습니다. 그 불은 하나님이 그 제사를 받으셨다는 응답의 불입니다. 축복의 불인 것입니다. 그런데 10장에 오면 불이 달라집니다. 9장의 마지막 절에 나타나는 불은 영광스러운 응답의 불이었지만 10장에서 나답과 아비후가 다른 불을 가져와 제사를 잘못 드리는 순간 2절과 같은 일이 일어났습니다.

레위기 10장 2절
"불이 여호와 앞에서 나와 그들을 삼키매 그들이 여호와 앞에서 죽은지라"

10장 2절의 불은 나쁜 불입니다. 심판의 불, 재앙의 불이며 바람직하지 못한 불입니다. 우리가 축복의 불, 응답의 불을 경험하고 주님이 우리를 용납하시는 놀라운 불을 경험하려면 여호와의 명하심을 따라 하나님의 말씀 안에서 주님 앞에 나아갈 수 있어야 합니다. 잘못된 방법으로 섬기려 해서는 안 됩니다. 하나님의 말씀대로 예배하고 하나님의 말씀대로 섬겨야 합니다. 예배의 자리, 섬김의 자리에 나갈 때마다 하나님을 예배하는 방식과 봉사하는 방식이 하나님의 말씀을 따른 방식이어야 합니다. 그러면 좋은 불을 받을 것입니다.

2. 포도주나 독주를 마시지 말 것

레위기 10장 9절
"너와 네 자손들이 회막에 들어갈 때에는 포도주나 독주를 마시지 말라 그리하여 너희 죽음을 면하라 이는 너희 대대로 지킬 영영한 규례라"

성경은 예외적으로 건강을 위해 포도주를 사용하는 경우를 가르치기도 합니다. 하지만 본문에서는 특별히 제사장들이 제사를 드리는 행위에 있어서 포도주를 쓰는 것, 취한 채로 제사를 드리는 잘못된 배경 속에서 일어난 일들을 경고하기 위해 주신 말씀으로 보는 것이 합당합니다. 그렇다면 제사를 드린 제사장들이 왜 독주를 마셨을까요? 아마 이들은 제 정신으로 이 일을 하기 어렵다고 생각해 알코올의 힘을 빌리려 했을지도 모릅니다. 술 취해서 예배한다고 생각해봅시다. 하나님은 그런 예배는 받으시지 않습니다. 에베소서 5장 18절에서 바울은 성령충만의 교훈을 가르치며 먼저 술 취하지 말라고 가르치고 있습니다.

에베소서 5장 18절
"술 취하지 말라 이는 방탕한 것이니 오직 성령으로 충만함을 받으라"

이 말씀에서 '충만'은 '지배'와 흡사한 뜻입니다. 성령의 충만함을 받는 것은 성령의 지배를 받는 것입니다. 술 취하면 술의 지배를 받게 됩니다. 술기운으로 하는 것은 어떤 봉사일지라도 제대로 된 봉사일 수 없습니다. 하나님이 받으실 수 있는 예배를 드리려면 맨 정신으로 해야 합니다. 성령충만하면 우리가 가져야 할, 깨어야 할 진정한 정신과 의식을 가지고 하나님을 제대로 섬길 수 있습니다. 그래서 성경은 하나님을 섬기는 자리에 나오는 사람, 예배의 자리에 나오는 사람은 포도주나 독주를 멀리해야한다는 것을 가르치고 있는 것입니다. 술은 우리의 정상적인 지혜와 판단력을 마비시킵니다. 성경에도 이를 실감 있게 묘사하는 구절이 있습니다.

잠언 23장 29-35절
"재앙이 뉘게 있느뇨 근심이 뉘게 있느뇨 분쟁이 뉘게 있느뇨 원망이 뉘게 있느뇨 까닭 없는 상처가 뉘게 있느뇨 붉은 눈이 뉘게 있느뇨 술에 잠긴 자에게 있고 혼합한 술을 구하러 다니는 자에게 있느니라 포도주는 붉고 잔에서 번쩍이며 순하게 내려가나니 너는 그것을 보지도 말지어다 그것이 마침내 뱀 같이 물 것이요 독사 같이 쏠 것이며 또 네 눈에는 괴이한 것이 보일 것이요 네 마음은 구부러진 말을 할 것이며 너는 바다 가운데에 누운 자 같을 것이요 돛대 위에 누운 자 같을 것이며 네가 스스로 말하기를 사람이 나를 때려도 나는 아프지 아니하고 나를 상하게 하여도 내게 감각이 없도다 내가 언제나 깰까 다시 술을 찾겠다 하리라"

이것이 알코올 중독에 대한 묘사입니다. 사람들은 술기운에 나오는 좋은 감정을 누리기 위해 술을 찾습니다. 하지만 이러한 상태 속에서 드려지는 예배는 주님이 받지 않으십니다. 성령은 우리의 판단력을 맑게 하고 건강하게 하며 깨어나게 합니다.

사도행전에서 성령 충만을 가르칠 때마다 따라다니는 단어가 있는데 바로 '지혜'입니다. 성령충만하면 동시에 놀라운 지혜도 부어 주신다는 것입니다. 술 취하는 것은 정상적 지혜가 아니어서 우리를 파멸시키게 됩니다. 그래서 하나님의 사람, 전적으로 헌신해서 주를 섬기고자 하는 사람들에게 성경은 오랜 옛날부터 독주나 포도주를 멀리하도록 가르쳐 왔습니다.

3. 누룩을 넣지 말고 먹을 것
레위기 10장 12절
"모세가 아론과 그 남은 아들 엘르아살에게와 이다말에게 이르되 여호와께 드린 화제물 중 소제의 남은 것은 지극히 거룩하니 너희는 그것을 취하여 누룩을 넣지 말고 제단 곁에서 먹되"

소제 이후 제사를 드린 음식은 먹을 수 있었습니다. 그러나 누룩은 넣지 말고 먹도록 했습니다. 성경이 누룩에 대해서 일관성 있게 가르치고 있는 말씀을 살펴봅시다.

고린도전서 5장 7-8절

"너희는 누룩 없는 자인데 새 덩어리가 되기 위하여 묵은 누룩을 내버리라 우리의 유월절 양 곧 그리스도께서 희생되셨느니라 이러므로 우리가 명절을 지키되 묵은 누룩으로도 말고 악하고 악의에 찬 누룩으로도 말고 누룩이 없이 오직 순전함과 진실함의 떡으로 하자"

그리스도 안에서 복음을 듣고 새 인생을 사는 사람들에게 바울은 누룩이 없는 사람이라고 말했습니다. 누룩은 악한 것, 죄 된 것을 상징했기 때문입니다. 그래서 누룩을 빼고 먹으라는 것은 우리가 계속해서 거룩한 삶을 하나님께 드릴 수 있어야 한다는 것을 말합니다. 우리는 제사를 드릴 때 제물뿐 아니라 우리의 삶도 드립니다. 거룩한 삶을 드려야 합니다. 예배를 드릴 때, 우리의 인생을 담아 드리고 존재를 담아 드리고 거룩한 헌신의 마음을 담아 드려야 한다는 것입니다. 그래서 우리는 예배의 시간을 자기 성찰의 시간이라고도 할 수 있습니다. 우리는 자신이 하나님께 드릴 수 없는 삶의 부분은 없는지, 찬양과 예배는 드리지만 내 삶 속에 죄는 없는지 살펴봐야 합니다.

시편 139편 마지막 구절을 보며 이는 예배의 상황 속에서 드려진 시편 기자의 기도가 아닐까합니다.

시편 139편 23-24절

"하나님이여 나를 살피사 내 마음을 아시며 나를 시험하사 내 뜻을 아옵소서 내게 무슨 악한 행위가 있나 보시고 나를 영원한 길로 인도하소서"

여기에는 세 가지 동사가 나옵니다. '저를 살펴주옵소서' '저를 아시옵소서' '저를 시험해주십시오' 영어로는 search me, know me, try me입니다. '혹시 무슨 악한 행위가 있나 보시고 그 악을 포기하고 하나님이 기뻐하시는 영원한 길로 올 수 있도록 도와주십시오.' 이것이 바로 예배의 핵심인 것입니다. 악을 포기하고 내 존재를 거룩함으로 주님 앞에 드릴 때 그 예배는 비로소 거룩하고 정결하며 주님이 받으실 수 있는 예배가 됩니다. 레위기 10장을 통해 기억해야 할 중요한 구절이 있다면 바로 3절입니다.

레위기 10장 3절
"모세가 아론에게 이르되 이는 여호와의 말씀이라 이르시기를 나는 나를 가까이 하는 자 중에서 내 거룩함을 나타내겠고 온 백성 앞에서 내 영광을 나타내리라 하셨느니라 아론이 잠잠하니"

제사를 잘못 드린 두 아들의 생명을 하나님이 거둬가는 심판을 하시면서 바로 그 직후에 주신 말씀입니다. 우리가 제대로 된 예배를 드리면 1) 내 거룩함을 나타내겠다. 2) 내 영광을 나타내겠다. 라고 선언하셨습니다. 예배의 자리는 하나님의 영광과 거룩함을 나타내는 자리입니다. 봉사의 자리에서도 그분의 거룩함을 나타내기 위해, 영광을 드러내기 위해 섬겨야 합니다. 이런 엄숙한 심판 이후에 이 메시지를 선포하자 대제사장 아론은 비록 두 아들이 죽어 상심했지만 하나님의 이 말씀을 듣고 깨닫습니다. 그리고 3절 마지막에 아론은 잠잠합니다. 자신의 영광과 거룩을 계시하시는 하나님 앞에 잠잠히 엎드린 것입니다.

이런 찬양이 있습니다.

주의 임재 앞에 잠잠해 주 여기 계시네
와서 모두 굽혀 경배해 신령과 진리로
순결하신 주님 거룩한 존전에
주의 임재 앞에 잠잠해 주 여기 계시네

주의 영광 앞에 잠잠해 주의 빛 비치네
거룩한 불 태우시며 영광의 관 쓰네
그 영광 찬란해 빛 되신 우리 왕
주의 영광 앞에 잠잠해 주의 빛 비치네

거룩하신 그분을 거룩하게 하기 위해 언제나 자신을 살피고 주 앞에 엎드려 잠잠함으로 하나님의 영광을 사모하고 주목함으로써 우리의 인생과 존재가 주 앞에 드려지는 거룩한 예배가 되도록 노력해야 합니다.

Part 11

성별되어야할 인생

○

너 희 는   거 룩 하 라

聖別

이 두 구절은 레위기 11장의 열쇠구절이고 레위기 전체를 이해하는 가장 중요한 구절이 될 수 있습니다. 44절에 중요한 두 가지 단어가 나오는데 하나는 거룩, 하나는 구별입니다. 이 두 단어를 합하면 '성별'이라는 단어가 됩니다. 레위기 11장은 거룩하게 구별돼야 하는 인생의 모습을 가르치고 있습니다.

11
LEVITICUS
성별되어야 할 인생

너 희 는   거 룩 하 라

레위기 11장 44-45절

"나는 여호와 너희의 하나님이라 내가 거룩하니 너희도 몸을 구별하여 거룩하게 하고 땅에 기는 길짐승으로 말미암아 스스로 더럽히지 말라 나는 너희의 하나님이 되려고 너희를 애굽 땅에서 인도하여 낸 여호와라 내가 거룩하니 너희도 거룩할지어다"

이 두 구절은 레위기 11장의 열쇠구절이고 레위기 전체를 이해하는 가장 중요한 구절이 될 수 있습니다. 44절에 중요한 두 가지 단어가 나오는데 하나는 거룩, 하나는 구별입니다. 이 두 단어를 합하면 '성별'이라는 단어가 됩니다. 레위기 11장은 거룩하게 구별돼야 하는 인생의 모습을 가르치고 있습니다.

우리는 흔히 구약을 가리켜서 옛 언약, 신약은 새 언약이라고 합니다. 구약은 예수님이 이 땅에 오시기 전에 하나님과 백성들의 언약을 기초로 한 책입니다. 신약은 예수님이 이 땅에 오신 후에 하나님과 하나님의 새로운 백성인 그리스도인의 언약입니다. 구약과 신약에 차이가 있다면 구약은 예수님 오시기 전에 예수님을 바라보는 것, 신약은 예수님 오신 후에 그분을 증거하는 것입니다. 이 외에 구약은 성경의 진리를 우리에게 풀어줌으로써 외적인 것을 많이 강조하는 데 신약은 보다 내적인 것을 강조합니다. 예를 들어 축복의 개념을 구약에서 보면 상당히 물질적입니다. 요즘 사람들이 말하는 기복적인 축복관이 구약에 많이 전개됩니다. 이렇듯 구약성경은 물질적 축복을 강조하고 있습니다.

그러나 신약에 오면 축복의 관점이 많이 달라집니다. 예수님의 산상수훈에서도 '심령이 가난한 자가 복이 있다.'고 말하거나 에베소서 1장에서 보듯이 '신령한 복' 등의 영적인 축복을 강조하고 있습니다. 또한 하나님의 백성들의 표지였던 할례를 생각해볼 때, 구약에서는 이스라엘 남자들의 육체적인 할례를 상당히 중요하게 강조합니다. 반면 신약은 육체적인 할례가 아니라 마음의 할례를 가르치고 있습니다. 육체에 표시하는 것보다도 마음의 할례가 훨씬 중요하다고 가르치는 것입니다. 어느 것이 맞느냐 틀리냐의 문제 보다는 구약의 진리를 신약이 완성하고 있다고 보는 것이 맞습니다. 성경의 진리는 계시의 전개에 있어서 상당히 점진적인 성격을 갖기 때문입니다. 그래서 신학자들은 성경에 나타난 계시의 특징을 '점진적 계시'라고 하기도 합니다. 하나님이 한꺼번에 모든 진리를 보여주지 않으시고 점진적으로 보여주신다는 뜻입니다. 구약에서 보여주기 시작하신 진리가 신약에 와서 완성된다는 의미이기도 합니다. 구약의 물질적 축복을 통해 하나님의 축복이 중요하다는 것을 깨닫고 기도하며, 그러한 물질적인 축복이 주어짐을 경험하면서 축복의 중요함을 알게 되는 백성들에게 신약에 와서는 물질적인 축복도 중요하지만 그보다 훨씬 더 중요한 것은 영적인 축복임을 가르치고 있습니다. 할례도 마찬가지입니다. 하나님의 백성이 아닌 사람과 다르다는 표시지만 진정한 하나님 백성의 표지는 육체적으로 남기는 것보다 마음이 달라야 한다고 말하고 있습니다. 사고와 마음 자체가 달라야 한다는 것이 하나님의 진정한 백성의 표지라고 신약은 가르칩니다. 그래서 구약을 신약이 완성한다는 것입니다.

레위기 11장은 상당히 이해하기 난해한 장입니다. 11장을 보면 우리가 먹어야 할 것과 먹지 말아야 할 것, 정결한 짐승과 부정한 짐승이 구별됩니다. 이것은 단순히 우리의 식사에 대한 메시지가 아닙니다. 육체의 할례를 통해 마음의 할례의 중요성을 가르치신 하나님은 이제 먹을 것과 먹지 못할 것의 구별을 통해 우리가 인생을 살며 취할 것과 취하지 말아야 할 것을 가르치고자 하신 것입니다. 바로 구별된 삶의 중요성을 가르치시고자 하셨습니다.

레위기 11장을 보면 처음 부분에 몇 마리 짐승에 대한 정함과 부정함의 구별을 가르치고 있습니다.

1. 땅의 짐승 중(1-8절)
정결한 것과 부정한 것 / 먹을 것과 먹지 말 것

2. 물고기 중 (9-12절)
정결한 것과 부정한 것 / 먹을 것과 먹지 말 것

3. 새 중(13-19절)
먹지 말 것

4. 날개 달린 곤충 중(20-23절)
먹을 것과 먹지 말 것

이것을 보며 과연 이 동물의 정함과 부정함의 근거가 확실한 것인가에 대한 의문을 품을 수 있습니다. 과학적으로, 생물학적으로 정말 부정한 것인지 그렇지 않은지 궁금할 수 있다는 것입니다. 많은 성경학자들은 지나간 역사를 통해 하나님이 먹지 말라고 하시는 것은 위생적으로 우리에게 해롭기 때문에 먹지 말라고 하신 것이고, 먹으라 하신 것은 의학적으로 또 위생적으로 우리에게 유익한 것이기 때문에 먹으라 하신 것이라고 생각했습니다. 이런 관점을 가리켜 '위생적 관점'이라고 합니다. 일반적으로 부정한 동물은 질병을 일으키고 건강에 해를 끼치기 때문이라는 것입니다. 이는 부분적으로 타당성이 있습니다. 그런데 예를 들어 돼지고기가 쇠고기보다 나쁜 것인가, 이것이 과학적으로 타당한 것인가에 대한 의문은 아직 남아 있습니다.

이러한 위생적 관점과 다른 관점을 복음주의 학자들도 최근 제시하기 시작했습니다. 바로 '상징적 관점'입니다. 다시 말하면 하나님은 하나님의 백성들이 어떻게 행동해야 할 것인가, 습관을 가져야 할 것인가를 가르치기 위해 그 동물의 행동이나 습관을 상징적으로 구별해서 우리에게 말씀하신 것이지 이것은 그 동물 자체가 정하거나 부정한 것을 의미하지는 않는다는 관점입니다. 예를 들어 되새김질을 하는 짐승은 성경에서 거룩하고 정결한 짐승으로 여겨졌습니다. 왜냐하면 그들의 되새김질을 통해 하나님은 그분의 백성들도 하나님의 말씀과 교훈, 율법을 마음속에 계속 곱씹어 묵상하는 습관을 가지기를 바라셨기 때문입니다. 이는 하나님의 백성들이 받아야 할 소중한 습관이기 때문에 되새김질하는 짐승을 통해서 배워야 할 교훈을 주시고자 이런 짐승을 거룩한 짐승으로 분류해 놓은 것입니다. 다시 말하면 하나님께서는 고대 동물의 세계를 인간 세계의 거울로 삼아 자기 백성들이 거룩하게 구별된 삶을 살도록 가르치고자 의도하셨습니다. 그리고 그것은 이 장의 마지막 궁극적인 결론과도 부합합니다.

레위기 11장을 묵상하면서 44-45절을 읽으며 시작했습니다. 이것은 레위기 11장의 결론일 뿐 아니라 레위기서 전체의 결론이기도 합니다. 하나님이 궁극적으로 말씀하고자 하시는 것은 동물 그 자체의 정함과 부정함이 아닙니다. 바로 하나님 백성 자신의 거룩함입니다. '나는 여호와 너희의 하나님이다. 내가 거룩하니 너희도 거룩하라. 그리고 이방인과 구별되는 거룩한 삶을 살아야 한다. 그것을 동물을 보며 배워라.' 이런 관점은 신약의 예수님의 관점과도 일치합니다. 예수님은 동물의 정함과 부정함의 경계선을 깨뜨리셨습니다. 그리고 어느 날 이렇게 선포하십니다.

마가복음 7장 19절
"이는 마음으로 들어가지 아니하고 배로 들어가 뒤로 나감이라 이러므로 모든 음식물을 깨끗하다 하시니라"

마지막 부분에 '이러므로 모든 음식물을 깨끗하다'고 말씀하십니다. 모든 음식물은 본래 깨끗하다고 말씀하시는 것입니다. 이것은 이스라엘 사람들이 갖고 있던 통념을 깨뜨린 혁명적인 선언이었습니다. 이는 마태복음 15장 11절에서 좀 더 풀어서 설명하고 있습니다.

마태복음 15장 11절
"입으로 들어가는 것이 사람을 더럽게 하는 것이 아니라 입에서 나오는 그것이 사람을 더럽게 하는 것이니라."

예수님은 거룩의 출처, 부정함의 출처가 동물 그 자체에 있는 것이 아니라고 말씀하십니다. 입으로 들어가는 그 동물의 고기가 더럽히는 것이 아니라고 하셨습니다. 우리가 부정한 삶을 사는 이유는 우리의 내면에 있기에 안에서 나오는 것이 우리를 더럽히고 있다는 것입니다. 우리 속에 존재하는 부패성, 타락한 성품이 우리를 더럽히는 원천이지 어떤 음식 자체에 있는 것이 아니라고 선언하셨습니다. 그렇다면 구약 성경에 나타난 동물의 결례법의 교훈은 무엇일까요? 유대인들이 하나님의 기대에 못 미치는 실패를 했던 가장 중요한 원인은 성경이 가르치고자 했던 궁극적이고 상징적인 교훈을 배우지 못하고 어떤 동물이 정하고 부정한지 그 표면성에 집착해 버린 의식 때문일 것입니다. 중요한 것은 이 동물을 통해 주님이 가르치시는 상징적인 교훈입니다.

먹지 말라고 경계된 짐승들과 그들의 습관들은?

1. 새김질을 하지 못하는 것 (3절)

주님이 우리에게 강조하고자 하신 것은 새김질의 습관이 좋다는 것입니다. 우리는 말씀을 받고 그 말씀을 되새김질해야 합니다. 계속해서 그 말씀을 붙들고 씹는 것, 이것이 중요합니다. 우리는 이런 좋은 습관을 가진 동물을 통해 그것을 배울 수 있어야 합니다. 어떤 사람은 한 귀로 듣고 한 귀로 흘려버립니다. 예배가 끝나고 예배당을 나가는 순간 방금 들었던 하나님의 말씀과 상관없는 삶을 살아간다면 그들은 부정한 짐승과 다를 것이 없습니다.

2. 굽이 갈라지지 않은 것 (3절)

레위기 11장 3-4절

"모든 짐승 중 굽이 갈라져 쪽발이 되고 새김질하는 것은 너희가 먹되 새김질하는 것이나 굽이 갈라진 짐승 중에도 너희가 먹지 못할 것은 이러하니 낙타는 새김질은 하되 굽이 갈라지지 아니하였으므로 너희에게 부정하고"

'갈라짐', '분리됨'을 통해 성경이 말하고자 하는 것은 '구별'입니다. 세상에서 분리된 삶의 모습, 세상의 죄와 악에 나 자신을 거룩하게 구별시킨 삶의 흔적과 모습이 있느냐는 것입니다. 또한 굽이 갈라져 있지 않으면 제대로 걷지 못합니다. 이를 우리에게 적용하면 인생의 행보가 하나님이 우리에게 기대하시는 그 모습 그대로 의의 길을 활기차게 행보하지 못하고 삶의 균형을 갖지 못함을 뜻합니다. 하루는 주님께, 하루는 세상에 발을 디디고 어쩔 줄 몰라 하며 흔들리는 모습으로 인생을 살게 된다는 것입니다. 좋은 의미의 갈라짐, 좋은 의미의 분리됨, 악에서의 구별된 삶의 모습을 '갈라진 굽'을 가진 정결한 짐승에 비유하고 있습니다.

3. 지느러미와 비늘 없는 것 (9절)

레위기 11장 9절
"물에 있는 모든 것 중에서 너희가 먹을 만한 것은 이것이니 강과 바다와 다른 물에 있는 모든 것 중에서 지느러미와 비늘 있는 것은 너희가 먹되"

지느러미가 있고 비늘이 있는 물고기는 헤엄을 잘 칩니다. 물을 거슬러 올라갈 수 있는, 전진할 수 있는, 보호할 수 있는 능력이 있습니다. 그러나 그것들이 없으면 앞으로 나갈 수도 없고 자신을 지킬 수도 없습니다. 우리 가운데에는 이 세상을 거스르고 살아가는 당당한 저항의 능력과 세상에서 자신을 지키는 영적인 능력을 가진 사람이 있는가 하면, 교회만 다닐 뿐이지 일방적으로 세상을 따라가는 성도들도 있습니다. 먹을 수 없는 물고기, 즉 지느러미와 비늘이 없는 것은 성경에는 자세히 기록되지 않았지만 어패류, 오징어와 낙지 등이 있을 수 있습니다. 지금도 중동지방에는 이것들을 싫어한다고 합니다. 우리는 세상을 거슬러 올라갈 수 있는, 세상에서 자신을 지킬 수 있는 거룩한 능력이 있는 인생을 살아야 합니다.

4. 닥치는 대로 먹는 새들 (13-19절)

'새 중에 너희가 가증히 여길 것은 이것들이다. 이것들은 먹지 말아라. 독수리, 솔개, 물수리, 말똥가리, 까마귀, 타흐마스, 갈매기, 새매, 올빼미, 가마우지, 부엉이, 흰 올빼미, 사다새, 너새, 황새, 오디새, 박쥐…' 학자들은 이 모든 새의 공통점을 닥치는 대로 먹는 새라고 말합니다. 그것을 경계해야 합니다. 우리 가운데는 인생의 모든 것을 닥치는 대로 취하는 사람이 있습니다. 그리스도인으로서 이 일을 해도 합당한지 질문이 없이 인생을 사는 사람들입니다. 아무거나 취하고 아무거나 받아들이는 것입니다. 교회에 나온다는 사실 외에는 세상에서 살아가는 삶의 모습이 하나도 다르지 않은 인생, 이것이 바로 닥치는 대로 먹고 사는 인생입니다.

5. 날개가 있어도 날지 못하고 기는 곤충 (20절)

레위기 11장 20-21절

"날개가 있고 네 발로 기어다니는 곤충은 너희가 혐오할 것이로되 다만 날개가 있고 네 발로 기어다니는 모든 곤충 중에 그 발에 뛰는 다리가 있어서 땅에서 뛰는 것은 너희가 먹을지니"

레위기 11장 23절

"오직 날개가 있고 기어다니는 곤충은 다 너희가 혐오할 것이니라."

날개가 있어도 날지 못하고 기어만 다니는 곤충은 먹지 말아야 한다고 나와 있습니다. 뛰기라도 하면 먹어도 괜찮습니다. 그러나 뛰지도 못하고 날지도 못하는, 즉 뛸 수도 있고 날 수도 있는 모든 기능이 갖춰져 있음에도 불구하고 뛰지도 못하고 날지도 못하는 것은 부정하다고 말합니다. 우리가 그리스도인이 된 순간, 하나님께서는 우리에게 이 세상을 날아갈 수 있는 모든 능력을 주셨습니다. 기도의 능력, 말씀의 능력, 성령 충만의 능력, 성령의 기름 부으심을 공급하셨습니다. 그럼에도 불구하고 세상에서 날지도 뛰지도 못하고 사탄의 포로가 되는 인생을 살아서는 안 됩니다.

아프리카에 많은 새 가운데 Secretary Bird, 즉 비서새라고 불리는 새가 있습니다. 얼마 전 하와이에서 동물원을 갔다가 이 새를 보게 되었습니다. 다리가 상당히 길고 날개도 있습니다. 이 새는 분명 잘 날 수 있는 새입니다. 그럼에도 날지도 않고 기어 다니다가 붙잡히는 새이기도 합니다.

주님은 우리에게 날개를 달아주셨습니다. 세상을 날아다닐 수 있는, 세상을 초월할 수 있는 능력을 우리에게 주셨음에도 불구하고 날지도 뛰지도 못하고 기어 다니다가 사탄의 먹이가 되고 포로가 되는 인생을 살아서는 안 됩니다. 동물에게서 배워야 합니다. 하나님이 기대하는 거룩을 향해서 비상할 수 있는 인생이 됩시다.

Part 12

여인의출산에
따른규례

○

너희는 거룩하라

出産

레위기 12장에 제목을 붙일 수 있다면 여인의 출산에 따른 규례입니다. 산모의 출산에 따라오는 규례인 정결예식을 가르치고 있는 교훈입니다. 여인의 출산은 우리가 인생을 살아가며 경험하는 가장 신성한 생명의 사건입니다. 그런데 레위기 본문에서는 출산을 둘러싸고 정함과 부정함이라는 단어가 번갈아가며 등장하는 것을 볼 수 있습니다.

12

LEVITICUS

여인의 출산에 따른 규례

너 희 는   거 룩 하 라

레위기 12장 1-8절

"여호와께서 모세에게 말씀하여 이르시되 이스라엘 자손에게 말하여 이르라 여인이 임신하여 남자를 낳으면 그는 이레 동안 부정하리니 곧 월경할 때와 같이 부정할 것이며 여덟째 날에는 그 아이의 포피를 벨 것이요 그 여인은 아직도 삼십삼 일을 지내야 산혈이 깨끗하리니 정결하게 되는 기한이 차기 전에는 성물을 만지지도 말며 성소에 들어가지도 말 것이며 여자를 낳으면 그는 두 이레 동안 부정하리니 월경할 때와 같을 것이며 산혈이 깨끗하게 됨은 육십육 일을 지내야 하리라 아들이나 딸이나 정결하게 되는 기한이 차면 그 여인은 번제를 위하여 일 년 된 어린 양을 가져가고 속죄제를 위하여 집비둘기 새끼나 산비둘기를 회막 문 제사장에게로 가져갈 것이요 제사장은 그것을 여호와 앞에 드려서 그 여인을 위하여 속죄할지니 그리하면 산혈이 깨끗하리라 이는 아들이나 딸을 생산한 여인에게 대한 규례니라 그 여인이 어린 양을 바치기에 힘이 미치지 못하면 산비둘기 두 마리나 집비둘기 새끼 두 마리를 가져다가 하나는 번제물로, 하나는 속죄제물로 삼을 것이요 제사장은 그를 위하여 속죄할지니 그가 정결하리라."

레위기 12장에 제목을 붙일 수 있다면 여인의 출산에 따른 규례입니다. 산모의 출산에 따라오는 규례인 정결예식을 가르치고 있는 교훈입니다. 여인의 출산은 우리가 인생을 살아가며 경험하는 가장 신성한 생명의 사건입니다. 그런데 레위기 본문에서는 출산을 둘러싸고 정함과 부정함이라는 단어가 번갈아가며 등장하는 것을 볼 수 있습니다. 만약 오늘 본문을 피상적으로만 읽는다면 마치 여인의 출산이 부정한 사건인 것처럼 곡해될 수도 있기에 조금 더 신중하게 본문에 접근해 묵상하는 것이 필요합니다. 그래서 본문이 의미하지 않은 것과 의미하는 것, 이 두 가지로 나눠서 살펴보고자 합니다.

1. 본문이 의미하지 않은 것

1) 아이의 출산 자체가 부정하다고 말하지 않았다는 것

성경은 본문뿐만 아니라 창세기부터 시작해 인간의 출생은 하나님의 계획이며 하나님의 축복의 사건이라고 가르치고 있습니다.

창세기 1장 28절
"하나님이 그들에게 복을 주시며 하나님이 그들에게 이르시되 생육하고 번성하여 땅에 충만하라. 땅을 정복하라. 바다의 물고기와 하늘의 새와 땅에 움직이는 모든 생물을 다스리라 하시니라."

하나님은 아담과 하와를 지으신 뒤 그들에게 하신 말씀입니다. 생육하고 번성하는 사건은 하나님의 축복인 것입니다. 그래서 한 생명이 출생한다는 것은 축복의 사건입니다.

시편 127편 3-5절
"보라 자식들은 여호와의 기업이요 태의 열매는 그의 상급이로다 젊은 자의 자식은 장사의 수중의 화살 같으니 이것이 그의 화살통에 가득한 자는 복되도다 그들이 성문에서 그들의 원수와 담판할 때에 수치를 당하지 아니하리니"

여기서도 태어나는 생명은 하나님의 선물이며 상급이라고 말하고 있습니다. 또한 화살통에 가득하듯이 옛날에는 자녀를 많이 얻는 것이 진정한 축복이라고 이해했음을 보여줍니다. 자녀가 태어나는 순간이 성도의 가정에 있어서는 축복의 사건인 것입니다. 아브라함의 경사를 생각해봅시다. 하나님이 아브라함에게 자녀를 약속했지만 그 자녀는 계속 오지 않다가 드디어 사라를 통해 이삭이 태어났습니다. 이삭이 태어나는 순간 아브라함은 매우 기뻐서 행복한 웃음을 터뜨렸을 것입니다. 아브라함은 아들을 얻자마자 이름을 '이삭'이라고 지었습니다. 이삭은 '웃었다'는 뜻입니다. 이렇게 기뻐하며 자식을 받았던 고대의 신앙 가정의 전통을 통해서도 출산은 분명한 하나님의 축복임을 알 수 있습니다.

본문에도 결코 아이의 출생 그 자체를 부정하다고 말하지 않았습니다.

2) 여자나 출산을 부정하게 보는 편견에서 비롯된 것이 아니라는 것

왜 인간에게 출산이 시작되었을까요? 창세기를 피상적으로 읽을 때 출산을 '첫 사람 아담과 하와가 죄를 지었고 그 원죄의 결과로 인해 남자들에게는 노동이, 여자들에게는 출산이 주어졌다.'고 이해하는 사람이 있습니다만 이것은 사실이 아닙니다.

창세기 3장 16절
"또 여자에게 이르시되 내가 네게 임신하는 고통을 크게 더하리니 네가 수고하고 자식을 낳을 것이며 너는 남편을 원하고 남편은 너를 다스릴 것이니라 하시고"

범죄한 하와에게 하나님께서 이렇게 말씀하시면서 임신 그 자체가 타락의 결과나 형벌이라고 하지는 않으셨습니다. 여기서는 '고통'이 강조됩니다. 출산 그 자체는 하나님의 계획입니다. 출산이 없으면 인류의 생육과 번성에 대한 하나님의 계획은 어떻게 되겠습니까. 인생이 타락하지 않았다면 여자들이 아이를 낳을 때 고통스럽지 않았을 것입니다. 노동도 마찬가지입니다. 노동 자체는 형벌이 아닙니다. 노동은 타락 전에도 있었습니다. 창세기 2장에 '에덴동산을 경작하는 책임'을 첫 사람이 가졌다고 나옵니다. 일을 할 수 있다는 것은 인생의 특권입니다. 타락이 가져온 형벌은 즐거워야 할 이 노동이 고통스러운 것이 되는 것입니다. 바로 '고통'에 핵심이 있습니다. 고통이 형벌이지 일 자체는 형벌이 아닙니다. 그렇기 때문에 예수님을 믿고 인생이 새로워지면 어떤 일을 고통스럽게 하는 것이 아니라 일을 할 때 즐겁게 됩니다. 일 할 수 있다는 것을 감격적이고 보람 있다고 생각하는 것이 구원 받은 사람들의 모습입니다. 여자들도 마찬가지입니다. 아이를 낳을 때 물론 고통스럽겠지만 기쁨으로 낳아야 합니다. 그래서 성경은 결코 출산 그 자체를 부정적으로 보지 않습니다. 출산은 인간의 번식과 번영을 위한 하나님의 창조의 계획이기 때문입니다.

2. 본문이 의미하는 것

1) 출산에 따른 산혈의 관점

출산이 부정한 것이 아니라 출산하면서 피를 쏟는 그 자체에 대해 '부정'이라는 단어를 쓴 것입니다. 이것이 얼마나 조심스럽게 강조되었는지 본문을 주목할 필요가 있습니다.

레위기 12장 4절
"그 여인은 아직도 삼십삼 일을 지내야 산혈이 깨끗하리니 정결하게 되는 기한이 차기 전에는 성물을 만지지도 말며 성소에 들어가지도 말 것이며"

출산 후에 며칠이 지나면 산혈은 깨끗해집니다. 그 전에는 성물을 만지지도 말고, 성소에 들어가지도 말라고 나옵니다. 강조점은 '산혈'에 있음을 5절을 통해서도 볼 수 있습니다.

레위기 12장 5절
"여자를 낳으면 그는 두 이레 동안 부정하리니 월경할 때와 같을 것이며 산혈이 깨끗하게 됨은 육십육 일을 지내야 하리라"

레위기 12장 7절
"제사장은 그것을 여호와 앞에 드려서 그 여인을 위하여 속죄할지니 그리하면 산혈이 깨끗하리라 이는 아들이나 딸을 생산한 여인에게 대한 규례니라"

계속해서 '산혈'을 강조하고 있습니다. 피를 쏟는 그 과정입니다. 피를 쏟는다는 것은 건강을 잃음을 의미합니다. 이 피의 유출은 많은 경우 죽음과 관련돼 이해되기도 합니다. 고대 세계에서는 특별히 출산할 때 많은 피를 쏟고 의학적으로도 잘 갖춰지지 않았기 때문에 고통이 더 심했을 것입니다. 또한 딸을 출산했을 때는 산혈의 유출이 더 오래갔다고 합니다. 딸도 다시 월경 같은 것들을 겪어야 했기에 아들을 낳았을 때보다 정결기간이 갑절이나 길었던 것입니다. 여기서 말하는 정함이나 부정은 도덕적인 이유에서가 아니라 의식적인 관점을 강조하고 있을 뿐입니다. 바로 산혈의 관점에서 봐야 한다는 것입니다.

2) 실용적이고 의학적인 보호의 관점

위생이 좋지 않은 고대의 환경 속에서 출산한 여인들을 보호하기 위한 하나님의 특단의 조치라 할 수 있습니다. 누구도 접촉하지 않게 함으로써 충분한 시간을 두고 여인들이 휴식하고 보호를 받으며 전염도 예방할 수 있었던 것입니다. 외부와의 접촉을 차단함으로써 감염이나 질병을 피하게 하려는 하나님의 조처였다고 볼 수 있습니다. 실용적이고 의학적인 보호의 관점인 것입니다.

3) 영적인 관점

이런 일련의 과정을 통해서 우리 인생이 하나님 앞에 속죄의 인생으로 드려지고 헌신된 인생으로 드려지기 위한 영적인 사건임을 보여줍니다. 우리가 인간의 출발에 있어서 어느 정도 원죄성을 이해해야 한다는 것은 성경의 가르침입니다. 본인의 죄와 상관이 없더라도 인간의 출발 그 자체에서 원죄를 물려받을 수밖에 없는 것이 사실입니다.

따라서 우리의 인생이 복되기 위해서는 속죄를 경험하고 출발해야 합니다. 그렇기 때문에 접촉을 차단한 시간이 지난 다음에 그들은 먼저 속죄의 제사를 드렸고 이어서 번제도 드려야 했습니다. 사람들과 격리시키는 과정을 지난 다음 산모는 자기 자신과 아기를 함께 하나님께 드리면서 속죄제와 번제를 드린 것입니다.

레위기 12장 6절

"아들이나 딸이나 정결하게 되는 기한이 차면 그 여인은 번제를 위하여 일년 된 어린 양을 가져가고 속죄제를 위하여 집비둘기 새끼나 산비둘기를 회막문 제사장에게로 가져갈 것이요"

레위기 12장 8절

"그 여인이 어린 양을 바치기에 힘이 미치지 못하면 산비둘기 두 마리나 집비둘기 새끼 두 마리를 가져다가 하나는 번제물로, 하나는 속죄제물로 삼을 것이요 제사장은 그를 위하여 속죄할지니 그가 정결하리라."

속죄의 제사는 속죄함을 받는 제사입니다. 인간이 태어났을 때 처음부터 속죄함을 받은 사람으로 살아가게 하기 위해 속죄제를 드리는 것입니다. 번제는 다 태우는 것입니다. 인생이 처음부터 하나님 앞에 드려진 존재로 삶을 출발하게 하기 위해서입니다. 여기에도 하나님의 배려를 볼 수 있습니다. 8절에 '그 여인이 어린 양을 바치기에 힘이 미치지 못하면'이라는 말이 나옵니다. 이 당시 양을 사려면 상당한 값을 지불해야 했습니다. 양을 제물로 바쳐서 속죄제나 번제를 드리지 못하는 이들을 위해 하나님은 집비둘기나 산비둘기를 두 마리만 바치도록 허락하셨습니다. 이는 누구나 속죄제에 참여하도록 하기 위해서입니다. 제사의 은총, 속죄제의 은총이 필요하지 않은 사람은 아무도 없습니다. 왜냐하면 모든 사람이 죄를 범했기 때문입니다.

속죄가 필요 없는 인생, 용서가 필요 없는 인생은 없습니다. 우리 모두는 속죄가 필요합니다. 그래서 하나님께서는 이렇게 비둘기 새끼도 제물로 바칠 수 있도록 허락하심으로 누구나 속죄의 은총 속에 들어가도록 배려해 주신 것입니다. 가난한 집안일수록 양을 바치지 못했기에 비둘기를 바쳤습니다. 중동지방에서는 비둘기가 매우 흔하기 때문입니다. 또한 누가복음 2장을 통해 우리는 예수님의 가정형편을 짐작할 수 있습니다.

누가복음 2장 21-24절
"할례할 팔 일이 되매 그 이름을 예수라 하니 곧 잉태하기 전에 천사가 일컬은 바러라 모세의 법대로 정결예식의 날이 차매 아기를 데리고 예루살렘에 올라가니 이는 주의 율법에 쓴 바 첫 태에 처음 난 남자마다 주의 거룩한 자라 하리라 한 대로 아기를 주께 드리고 또 주의 율법에 말씀하신 대로 산비둘기 한쌍이나 혹은 어린 집비둘기 둘로 제사하려 함이더라"

여기서는 예수님도 유대인 남자로서 규례를 다 지키고 따르셨음을 볼 수 있습니다. 또한 제물로 산비둘기, 집비둘기 둘로 제사를 하려 한 것을 통해 예수님의 집안도 가난했음을 알 수 있습니다. 이 누가복음 2장의 상황은 아기에게 할례를 행하는 사건입니다. 오늘 본문에서는 여인이 출산한 이후의 의식적 규례와 함께 태어난 아이에 대한 할례가 함께 기록돼있습니다.

레위기 12장 3절
"여덟째 날에는 그 아이의 포피를 벨 것이요"

이것이 할례의식입니다. 남자아기의 성기 표면 가죽의 끝을 자르는 것입니다. 흔히 포경수술이라고 하는 것이 바로 할례입니다. 이것도 유대인들의 종교의식이었습니다. 왜 하필이면 8일째 했을까요? 흥미로운 사실은 유대인들은 '사람은 태어난 지 8일째 됐을 때 출혈이 가장 적고 회복이 가장 빠르다.'고 굳게 믿었다는 것입니다. 이것은 의학적으로도 어느 정도 뒷받침된 사실입니다. 그래서 유대인 아기들은 태어난 지 8일째 되는 날 꼭 할례를 했습니다.

또한 유대인 사람들은 이 할례가 여인들에게도 좋다고 믿었습니다. 여기에도 성경적이고 의학적인 근거가 있습니다. 통계적으로 보면 세계 여성 가운데 유대 여성들의 자궁암 발병이 가장 적다고 나와 있기 때문입니다. 아직도 할례가 좋은가 나쁜가에 대한 토론은 계속되지만 많은 의학자들은 할례의 유용성을 증거하고 있습니다.

이 할례는 단순히 피부의 한 껍질을 벗겨낼 뿐 아니라 거룩한 하나의 상징이기도 했습니다. 유대인들은 그것을 통해 유대인이 아닌 사람과 유대인을 구별했습니다. 자신들만 그렇게 한다, 하나님의 백성만 그렇게 한다고 생각했습니다. 하나님의 백성이 되는 거룩한 언약의 표시가 바로 할례인 것입니다. 지금 시대에 와서 교리적으로 할례를 해야 하느냐 말아야 하느냐는 다른 문제입니다. 신약성경은 육체적인 할례보다 마음의 할례를 더 강조하고 있기 때문입니다. 이는 골로새서 2장에 잘 나타나 있습니다.

골로새서 2장 11절
"또 그 안에서 너희가 손으로 하지 아니한 할례를 받았으니 곧 육의 몸을 벗는 것이요 그리스도의 할례니라"

바울은 골로새 교인들에게 '너희는 손으로 하지 아니한 할례를 받았으니 곧 그것은 육의 몸을 벗는 것이요 그리스도의 할례다'라고 말하고 있습니다. 우리가 예수님을 믿고 그리스도인에게 속하는 순간 마음의 할례를 받고 하나님께 속한 자가 되었다는 것입니다. 중요한 것은 이 모든 예식(할례, 여인의 출산 직후 정결례)을 통해 낳은 자인 산모와 그 산모를 통해 태어난 아이들이 하나님 앞에 구별된 존재로 살아야 한다는 점입니다.

오늘 이 시대를 살아가는 크리스천들의 가장 큰 문제는 교회 나오는 사람은 많지만 교회 나오는 사람과 안 나오는 사람간의 구별됨이 없다는 것입니다. 교회 나온다는 것, 찬송을 안다는 것, 기도를 할 수 있다는 것 등 겉으로 들어나는 의식에 참여하고 공동체에 참여한다는 점을 빼고 우리 삶의 전반에 있어서 안 믿는 사람과 다른 점이 무엇입니까. 우리는 정말 구별된 존재입니까?

레위기서가 계속 강조하는 점은 바로 성별된 삶을 살라는 것입니다. 우리는 달라야 한다는 것입니다. 구별된 존재로 인생을 살아야 한다는 것입니다. 우리가 믿지 않는 사람과 똑같은 삶을 살고 있다면 그들에게 하나님을 믿고 예수님을 믿으라고 전도할 당위성이 어디 있겠습니까. 우리에게는 다른 것이 있어야 합니다. 안 믿는 사람과 다르다는 것이 바로 우리의 매력입니다. 안 믿는 사람처럼 돈에 미치고 권력에 미친다면 우리가 가진 매력은 없습니다. 우리 자신을 세상의 소금이라고, 세상의 빛이라고 증명할 수도 없습니다. 우리는 믿는 순간 하나님 앞에 '성도'로 부름 받습니다. 성도는 거룩하게 구별된 자입니다. 우리가 예수님을 믿는 순간 우리는 세상이 아닌 하나님께 속한 자가 되는 것입니다. 세상 안에 살고 있지만 세상에 속한 자가 아니라 하나님에 속한 자가 되어야 합니다. 이것이 할례입니다. 그렇다면 우리에게 성도다움의 모습이 보이고 있을까요? 우리 일상적인 삶의 모습에 믿지 않는 사람과는 다른 가치관, 다른 세계관을 가지고 살아가는 진지한 모습이 보입니까? 성자에는 못 미치지만 돈, 재산, 인기, 명예, 권력에 있어서 안 믿는 사람들과는 조금은 다른 모습, 조금은 덜 연연하는 구별된 삶의 모습을 보여야 합니다. '역시 믿는 사람은 다르다'는 흔적을 남겨야 합니다. 그래서 하나님은 정결 예식을 통해 과거 자신의 백성을 가르치고 훈련하신 것입니다.

오늘 이 말씀을 통해 가장 중요한 도전은 이것입니다.

'나는 믿지 않는 사람들과 다른 모습으로 인생을 살고 있는가.'

Part 13

피부병에대한
결례

。

너희는 거룩하라

皮膚病

오늘 레위기 13장과 14장에서는 이 나병에 걸린 환자를 치료할 것인가 혹은 어떻게 이들을 격리시킬 것인가에 대한 성경적 규례를 다루고 있습니다. 특별히 이런 규례가 중요한 까닭은 이스라엘이 과거 출애굽 할 시기에 200만에 가까운 사람들이 집단으로 이동할 경우 이런 전염성을 가진 병들이 퍼질 확률이 높았고, 이것은 공동체 전체에 큰 재앙이 될 수밖에 없었기 때문입니다. 그래서 성경에는 이 병들과 관련한 구체적인 지침들이 주어지고 있습니다.

13

LEVITICUS

한센병을 포함한
피부병에 대한 결례

레위기 13장과 14장은 소위 한센병(나병, 과거에는 문둥병이라고 부름)을 포함한 악성 피부병에 대한 정결의식에 대해 지침을 주고 있습니다. 나병도 일종의 피부병입니다. 물론 모든 피부병이 나병은 아니지만 악성 피부병의 가장 심한 것이 이 나병입니다. 지금은 다행히 치료가 가능하고 지구상에서 나병이 점점 없어져가는 추세지만 고대 이 병은 난치병이었습니다. 그래서 나병 진단을 받는다는 것은 사형선고를 받는 것이나 다름없었습니다. 오늘날의 에이즈와 비슷했습니다. 이 나병에 걸리면 대부분 삶을 포기할 정도로 절망적이었습니다.

오늘 레위기 13장과 14정에서는 이 나병에 걸린 환자를 치료할 것인가 혹은 어떻게 이들을 격리시킬 것인가에 대한 성경적 규례를 다루

고 있습니다. 특별히 이런 규례가 중요한 까닭은 이스라엘이 과거 출애
굽 할 시기에 200만에 가까운 사람들이 집단으로 이동할 경우 이런 전
염성을 가진 병들이 퍼질 확률이 높았고, 이것은 공동체 전체에 큰 재
앙이 될 수밖에 없었기 때문입니다. 그래서 성경에는 이 병들과 관련한
구체적인 지침들이 주어지고 있습니다.

이 규례의 지침을 1차적인 의미로는 매우 의학적인 것이고 위생적인
관점에서 볼 수 있습니다. 하지만 우리는 구약시대가 아닌 신약시대를
살고 있는 하나님의 백성들로서 신약적 관점에서 이 부분을 주목해야
합니다. 종종 이 나병은 신약에 와서 죄와 구원의 모형으로 설명되고
있습니다. 이것은 장차 새로운 언약의 시대에 우리 주님께서 하시는 일
들을 가르치기 위한 하나님의 표적의식으로서 주어진 사건입니다. 특
별히 13장과 14장은 대조를 이루고 있는데, 13장은 나병의 성질에 대
한 묘사를 하고 있는 반면 14장은 이 병에서 어떻게 정결케 되는지를
다룹니다. 즉 구원의 문제를 다루는 것입니다. 이 병은 구약시대에 저
주스러운 병이었지만 절망은 아니었습니다. 종종 하나님의 은혜와 기
적을 통해 이러한 병들이 치료되는 일이 있었기 때문입니다. 병에서 깨
끗함을 얻는 의식과 규례를 14장에서 가르치고 있기에 14장은 그런 의
미에서 희망의 메시지, 구원의 메시지를 보여주는 대목이라고 할 수 있
습니다.

I. 나병의 성격

1) 부정한 것(불결성)

2) 퍼지는 것(전염성)

3) 격리되어야 하는 것

4) 불사름 되어야 하는 것

1. 부정한 것(불결성)

레위기 13장부터 시작해서 14장, 15장을 쭉 읽어 내려가다 보면 계속 반복해서 등장하는 단어가 있습니다. 바로 '부정하다'는 말로 무려 54회나 등장합니다. 이것은 모형적으로 볼 때 혹은 예표적으로 볼 때 죄의 속성을 보여주고 있습니다. 나병 자체를 뛰어넘어 우리에게 가르치는 영적 교훈은 '죄는 부정하다'이기 때문입니다. 이사야 64장 6절에서는 나병의 경험을 통해 죄의 사실성을 우리에게 가르치고 있습니다.

이사야 64장 6절
"무릇 우리는 다 부정한 자 같아서 우리의 의는 다 더러운 옷 같으며 우리는 다 잎사귀 같이 시들므로 우리의 죄악이 바람 같이 우리를 몰아가나이다."

죄 속에 있는 인생의 모습을 이사야 선지자는 '우리는 다 부정한 자 같다'고 고발하고 있습니다. 나병환자뿐만 아닙니다. 우리 모두가 다 죄악 때문에 부정한 것이라는 뜻입니다. 이 죄악이 인생을 시들게 하고 바람처럼 우리를 몰아간다고 말하고 있습니다. 죄에 묶임 받은 인생의 비참한 실존, 우리는 모두 이렇게 부정한 사람입니다. 사람들은 좀 더 깨끗한 것과 더러운 것을 나눠서 말하고 있지만 거룩하신 하나님의 관점에서 볼 때 우리 인생은 모두 부정합니다. '모든 사람이 죄를 범하였으매….'라는 말씀처럼 모두가 다 부정한 상태 속에 묶여 있는 인간의 실존에 대한 고발인 것입니다.

2. 퍼지는 것(전염성)

레위기 13장 5절
"병색이 피부에 퍼지지 아니하였으면…"

레위기 13장 6절
"…그 환부가 엷어졌고 병색이 피부에 퍼지지 아니하였으면 피부병이라."

레위기 13장 7절
"…병이 피부에 퍼지면 제사장에게 다시 보일 것이요."

여기서는 퍼졌느냐 퍼지지 않았느냐에 초점이 모아지고 있습니다. 이 병의 재앙성은 퍼진다는 것입니다. 전염성이 있고 나 하나에 그치지 않는다는 것입니다. 처음에는 아주 작은 점으로 시작하지만 결국 육체의 모든 부분에 영향을 끼치고 존재를 갉아먹습니다. 마침내 몸을 쓰러뜨려 죽음에 이르게 하는 병입니다. 이것이 옛날 구약시대 이 병이 저주였고 재앙이었던 가장 중요한 원인입니다. 가장 작은 모습으로 시작해서 한 존재 전체에 영향을 끼쳐 사망에 이르게 하는 것입니다. 이것은 바로 죄악입니다. 죄는 우리가 의식하지 못할 정도로 작은 것에서부터 시작합니다. 그리고 우리가 작은 죄에 대해 민감하지 못할 때 죄는 자랍니다.

야고보서 1장 15절
"욕심이 잉태한즉 죄를 낳고 죄가 장성한즉 사망을 낳느니라."

죄라는 것은 그대로 있지 않습니다. 죄는 자라나 결국 사망을 낳게 납니다. 작은 거짓말, 이것이 점점 더 커집니다. 그래서 나의 존재를 오염시킵니다. 또 이것은 이웃들도 오염시킵니다. 우리는 작은 죄에도 민감하게 대응할 필요가 있습니다. 아침마다 말씀을 묵상하는 중요한 이유는 자기 자신을 성찰하는 데 있는데 '내게 무슨 악한 행위가 있는지 주님 살펴주세요.'라고 말하는 것입니다. 묵상은 하나님 앞에서 나를 살피는 행위입니다. 살피지 않으면 나도 모르게 하나님 앞에서 흔들리고 잘못된 모습을 발견하게 됩니다. 이것이 죄에 긴장해야 할 이유입니다. 이런 나병의 전염성에 대해 레위기 13장을 계속 읽어보면 이것은 우리 몸 안의 영역에만 머물러 있지 않는다고 나옵니다. 레위기 13장 47-59절까지는 이것이 우리의 의복에도 영향을 끼침을 말하고 있습니다. 좀 더 나아가서 14장 33-53절까지는 우리가 살고 있는 가옥 전체에도 그것이 영향을 끼친다고 설명합니다. 이 대목을 보면 성경이 강조하는 단어가 바로 '색점'입니다. 작은 색점, 우리 식으로 말하면 곰팡이 입니다. 이것은 전염되어 우리의 옷과 집터를 오염시킵니다. 죄는 그냥 있지 않습니다. 죄는 우리의 옷, 즉 라이프스타일을 오염시키고 우리의 삶의 터전도 오염시킵니다. 이것이 죄악의 무서운 전염성입니다.

3. 격리되어야 하는 것

레위기 13장 45-46절

"나병 환자는 옷을 찢고 머리를 풀며 윗입술을 가리고 외치기를 부정하다 부정하다 할 것이요 병 있는 날 동안은 늘 부정할 것이라 그가 부정한즉 혼자 살되 진영 밖에서 살지니라."

그 시대의 나병환자들은 거리를 다니게 되면 '나는 부정하다'고 외치는 것이 규례였습니다. 물론 이것을 문자 그대로 접근하면 그렇게 해서 전염되지 않고 건강한 사람들을 보호할 수 있는 예방조치였다고 생각할 것입니다. 그런데 이 병을 앓고 있는 당사자의 입장에서는 이러한 규례 앞에 비참해집니다. 혼자 살아야 하는 병, 사람들과 접촉 할 수 없는 병으로 인해 성전에도 들어갈 수 없었고 도시 바깥으로 쫓겨나야만 했습니다. 하나님과 분리되는 고독함의 병이었습니다.

죄가 그러합니다. 죄를 범하게 되면 이웃들과 분리됩니다. 부부관계를 분리시키는 것도 그 깊은 근저에는 죄가 있습니다. 죄는 궁극적으로는 하나님으로부터 우리를 분리합니다. 사람은 누구나 고독한 인생을 삽니다. 그런데 이것은 죄와 무관하지 않습니다. 인간의 고독의 근저에는 죄의 문제가 도사리고 있습니다. 그래서 우리는 격리된 인생을 살아갈 수밖에 없는 고독한 존재가 됩니다. 이것이 바로 옛날 나병환자의 슬픈 모습이었고, 오늘날 여전히 죄 속에 살아가는 인간의 슬픈 자화상입니다.

4. 불사름 되어야 하는 것

나병은 마지막으로 불사름으로써 다뤄졌습니다.

레위기 13장 52절
"그는 그 색점 있는 의복이나 털이나 배의 날이나 씨나 모든 가죽으로 만든 것을 불사를지니 이는 악성 나병인즉 그것을 불사를지니라."

불사름을 통해 더 이상 확장되는 것을 막았던 것입니다.

레위기 13장 55절
"그 빤 곳을 볼지니 그 색점의 빛이 변하지 아니하고 그 색점이 퍼지지 아니하였으면 부정하니 너는 그것을 불사르라 이는 거죽에 있든지 속에 있든지 악성 나병이니라."

레위기 13장 57절
"그 의복의 날에나 씨에나 가죽으로 만든 모든 것에 색점이 여전히 보이면 재발하는 것이 너는 그 색점 있는 것을 불사를지니라"

나병은 그렇게 구약시대에 해결됐지만 죄는 어떻게 해결할까요? 죄도 궁극적으로는 불살라야 합니다. 죄인에 대한 하나님의 마지막 처방이 바로 심판의 불사름입니다. 신약이 이것을 가르치고 있습니다. 이것이 바로 지옥의 이미지입니다. 지옥이라는 단어는 성경에 문자 그대로 나오지 않지만 '불에 던진다.'는 표현이 많이 등장합니다.

요한계시록 20장 14-15절
"사망과 음부도 불못에 던져지니 이것은 둘째 사망 곧 불못이라 누구든지 생명책에 기록되지 못한 자는 불못에 던져지더라"

죄와 사망에 대한 하나님의 마지막 해결책은 불사름입니다. 이는 요한계시록 21장 8절에도 나옵니다. 우리가 복음을 전할 때 종종 사용하는 구절 중 하나입니다.

요한계시록 21장 8절
"그러나 두려워하는 자들과 믿지 아니하는 자들과 흉악한 자들과 살인자들과 음행하는 자들과 점술가들과 우상 숭배자들과 거짓말하는 모든 자들은 불과 유황으로 타는 못에 던져지리니 이것이 둘째 사망이라."

지옥이 존재하는 것을 원하지 않는 사람들은 '예수님은 사랑을 가르치시는 분인데 그분도 지옥을 가르쳤을까.'라고 묻기도 합니다. 이것은 사실이 아닙니다. 마가복음 9장 43절을 살펴보면 직접적으로 지옥을 가르치시지는 않았지만 예수님의 사고 속에 지옥의 실체가 있었음을 엿볼 수 있습니다.

마가복음 9장 43절
"만일 네 손이 너를 범죄하게 하거든 찍어버려라 장애인으로 영생에 들어가는 것이 두 손을 가지고 지옥 곧 꺼지지 않는 불에 들어가는 것보다 나으니라"

예수님의 지옥에 대한 묘사는 '꺼지지 않는 불'입니다. 인류의 운명은 결국 지옥의 불사름에 던져지는 것으로 끝날 수밖에 없다면 복음은 없는 것이 됩니다. 하지만 복음은 있습니다. 이렇게 죄로 말미암아 하나님의 영원한 불사름의 심판을 피할 수 없었던 운명 속에 하나님 자신이 개입하셨습니다. 레위기 14장이 바로 정결의식을 보여주고 있습니다. 13장은 어둠이고 저주이지만, 14장은 빛이고 구원입니다. 나병도 정결하게 될 수 있음을 보여줍니다. 우리는 14장을 복음의 관점에서 묵상할 필요가 있습니다.

II. 나병에서의 정결례

14장은 정결의 예식이 포함하고 있는 구속사적인 4가지의 중요한 요소를 강조하고 있습니다. 14장이 우리에게 희망이자 구원으로 다가오는 4가지 중요한 의식적 요소, 즉 정결의 예식이 가지고 있는 희망적인 요소 4가지를 살펴봅시다.

1) 제사장이 환자에게로 나아감 (3절)

나병환자는 절대 사람에게 접근할 수도 없었고, 제사장에게 나아올 수 없었지만 제사장은 그런 나병환자에게 나아갔습니다.

레위기 14장 3절
"제사장은 진영에서 나가 진찰할지니 그 환자에게 있던 나병 환부가 나았으면"

나병환자는 그 당시에 성 밖에 살았습니다. 성 밖의 나병환자를 만나려면 성 바깥으로 나가야 했습니다. 성 바깥으로 제사장이 나갔다는 사실을 신약성경의 기자들은 어떻게 사용하고 있을까요?

히브리서 13장 12-13절
"그러므로 예수도 자기 피로써 백성을 거룩하게 하려고 성문 밖에서 고난을 받으셨느니라. 그런즉 우리도 그의 치욕을 짊어지고 영문 밖으로 그에게 나아가자."

예수님은 성문 밖에서 고난을 받으셨습니다. 그분 자신이 성 바깥으로 나가신 것입니다. 나병환자같은 우리를 만나주시기 위해서입니다. 그분이 성문 바깥으로 우리를 만나기 위해 나오셨으니 우리도 그분을 만나기 위해 그곳으로 나아가야 합니다. 마치 구약시대 제사장이 아무도 가길 원치 않았던 성문 바깥의 나병환자를 만나기 위해 나갔던 것처럼 예수님도 나병환자가 득실거리는 성문 바깥 같은 이 세상에 오셨습니다. 죄인을 구원하시고 부르시기 위해서 오셨습니다. 예수님 자신의 입술을 통해 그분의 오심이 어떻게 설명되고 있는지 살펴봅시다.

마태복음 9장 12-13절
"예수께서 들으시고 이르시되 건강한 자에게는 의사가 쓸 데 없고 병든 자에게라야 쓸 데 있느니라 너희는 가서 내가 긍휼을 원하고 제사를 원하지 아니하노라 하신 뜻이 무엇인지 배우라 나는 의인을 부르러 온 것이 아니요 죄인을 부르러 왔노라 하시니라"

'병든 자에게라야 의사가 필요하니 나는 죄인을 부르기 위해 왔다'고 말씀하십니다. 구약시대에는 아무도 나병환자를 접촉하고자 하지 않았습니다. 부정한 존재였기 때문입니다. 그러나 우리는 복음서를 통해 놀라운 사실을 발견합니다. 예수님이 오신 뒤에도 여전히 구약시대의 습관이 남아있다는 점입니다. 예수님 당시에도 나병환자가 지나가면 그 누구도 접촉하기 꺼려했고 죽음 자체도 불결한 것으로 봐서 상여나 관을 접촉하지 않았습니다. 그러나 예수님은 나병환자도, 관도 만지셨습니다. 그분은 부정한 우리를 만지시며 우리에게 다가오신 것입니다.

2) 두 마리의 새를 제물로 드림 (4-7절)

레위기 14장 4절
"제사장은 그 정결함을 받을 자를 위하여 명령하여 살아있는 정결한 새 두 마리와 백향목과 홍색 실과 우슬초를 가져오게 하고"

깨끗함을 얻기 위해 드려지는 제물로 새 2마리를 가져오게 했습니다. 그리고 한 마리를 잡았습니다.

레위기 14장 5절
"제사장은 또 명령하여 그 새 하나는 흐르는 물 위 질그릇 안에서 잡게 하고"

그러나 다른 한 마리는 죽이지 않았습니다.

레위기 14장 6-7절
"다른 새는 산 채로 가져다가 백향목과 홍색 실과 우슬초와 함께 가져다가 흐르는 물 위에서 잡은 새의 피를 찍어 나병에서 정결함을 받은 자에게 일곱 번 뿌려 정하다 하고"

한 새는 죽였지만 다른 새는 산 채로 잡아다가 죽은 새의 피를 뿌렸습니다. 그리고 들로 날려 보냈습니다. 이 두 마리를 통해 속죄가 이뤄진 것입니다. 죽은 새와 산 새, 이런 훈련을 통해 구약의 사건을 알고 있는 사람들이 신약에서 예수님의 사건을 이해하기가 쉬워집니다. 예수님의 사건이 복음인 이유는 그분이 우리의 죄를 위해 죽으셨을 뿐 아니라 사흘 만에 다시 사셨습니다. 그의 피흘림이 죄사함의 근거가 되었다면 그의 부활은 우리로 하여금 새생명 가운데 살게 한 것입니다. 마치 구약시대 정결예식에 사용됐던 두 마리의 새처럼 그리스도의 죽으심과 사심을 통해 우리가 의롭다 함을 받고 그리스도 안에서 새로운 삶을 살게 됐다는 것은 놀라운 사실입니다.

3) 스스로를 씻어야 함 (8-9절)

나병환자들이 정결함으로써 선포를 받고 새로운 삶을 시작하기 위해서는 스스로를 씻는 작업이 그들에게 필요했습니다.

레위기 14장 8-9절
"정결함을 받는 자는 그의 옷을 빨고 모든 털을 밀고 물로 몸을 씻을 것이라 그리하면 정하리니 그 후에 진영에 들어올 것이나 자기 장막 밖에 이레를 머물 것이요 일곱째 날에 그는 모든 털을 밀되 머리털과 수염과 눈썹을 다 밀고 그의 옷을 빨고 몸을 물에 씻을 것이라 그리하면 정하리라."

마지막에 '몸을 물에 씻을 것이라.'고 말하고 있습니다. 이미 준비된 제물의 피흘림이 정결함을 얻는 근거가 되었지만 아직도 스스로 씻는 일이 남아있었다는 것을 뜻합니다. 이는 예수 그리스도의 십자가의 피흘리심이 우리의 용서의 근거가 되었지만 우리에게는 그리스도를 받아들이고 그의 피흘림을 통해서 정결함을 이뤄야 할 책임이 아직 남아있음을 의미합니다. 구약시대에도 이미 이런 정결의식을 통해 하나님의 백성들에게 스스로를 정결케 할 책임에 대해 강조하고 있습니다.

이사야 1장 16절

"너희는 스스로 씻으며 스스로 깨끗하게 하여 내 목전에서 너희 악한 행실을 버리며 행실을 버리며 행악을 그치고"

스스로 깨끗하게 하고 이제는 악을 포기하는 새로운 삶 속으로 나아가라고 말합니다. 스스로의 책임을 강조하는 것입니다.

4) 회막 문에서 회복의 제사를 드림 (10-20절)

당시 성전이 세워지기 전에는 회막이 성전을 대신했습니다. 나병 환자들은 줄곧 성 바깥에 있었지만 제사장이 가서 만나주고, 제사를 드리게 하고, 씻도록 도운 뒤 그를 성 안으로 데리고 들어옵니다. 나병 환자들에게도 성 바깥에 머물면서 성 안에 들어가 하고 싶은 일들이 있었을 것입니다. 가족을 만나거나 성 안에 들어가 음식을 먹는 일 등입니다. 하지만 그 나병환자들이 영적인 사람이었다면 성 안에 들어가 하나님을 예배하고 싶어 했을 것입니다. 그러기 위해서 하나의 예식이 더 필요했습니다. 바로 회막 문에서 몇 가지 제사를 드리는 것입니다. 속건제, 소제, 번제, 속죄제의 4가지 제사가 한 번 더 드려집니다. 그 다음에서야 회막 문 안으로 들어올 자격을 얻는데 이 때가 바로 여덟 번째 날입니다.

레위기 14장 10절
"여덟째 날에 그는 흠 없는 어린 숫양 두 마리와…"

한 주가 지나고 여덟 번째 날은 그 인생의 새로운 날이 됩니다. 그는 이제 하나님을 예배할 수 있고 이웃들을 만날 수 있고 새로운 인생을 펼칠 수 있습니다. 희망의 제8일인 것입니다. 희망의 날에는 모든 것이 새로워집니다. 그런데 여기에서는 나병환자들이 마지막에 놀라운 축복과 회복을 경험하고, 성전에 들어갈 수 있으며, 모든 이웃을 만나는 삶의 회복이 이뤄지기 전에 앞서 한 가지 흥미로운 행동을 한다고 나옵니다.

레위기 14장 14절
"제사장은 그 속건제물의 피를 취하여 정결함을 받을 자의 오른쪽 귓부리와 오른쪽 엄지손가락과 오른쪽 엄지발가락에 바를 것이요."

피를 취하고 기름을 취해서 발라주는 것입니다. 본격적인 회복이 선언되기에 앞서 오른쪽 귓불에 피를 바르고 오른쪽 엄지손가락과 발가락에 바릅니다. 여기서 '오른쪽'은 대표성을 상징할 뿐입니다.

귀는 중요합니다. 듣는 것이 달라져야 하기 때문입니다. 무엇을 듣느냐가 우리가 어떤 삶을 사느냐를 결정합니다. Input이 output을 결정하는 것입니다. 무엇을 받아들이느냐가 어떤 삶을 사는지를 결정하게 되는 것입니다. 이는 하나님의 말씀을 이 귀로 듣고 그 말씀 안에서 새로운 삶을 살겠다는 표시입니다. 손과 발은 우리의 행동을 상징합니다. 우리의 손으로 거룩한 일들을 섬기고 하나님의 아름다운 일들을 이뤄내야 합니다. 우리의 발로는 하나님이 기뻐하시는 복음의 거룩한 도구로 쓰임 받을 수 있습니다. 이것들을 위해 귀와 손과 발을 세우신 것입니다. 내 전 존재가 세워졌다는 표시입니다. 내가 참으로 예수님을 만났다면 내 전 존재가 하나님 앞에 새로워져야 합니다.

로마서 12장 1절
"그러므로 형제들아 내가 하나님의 모든 자비하심으로 너희를 권하노니 너희 몸을 하나님이 기뻐하시는 거룩한 산 제물로 드리라."

여기서 산 제물은 새로워진 귀와 눈, 손과 발 즉 하나님의 목적 앞에 드려진 인생을 의미합니다. 이것이 구속을 체험한 사람, 예수 그리스도를 통해서 새로운 인생을 소유하게 된 사람들에게 주님이 기대하는 바입니다. 온 몸이 새로워지고 새로운 인생 속에 들어가는 아름다운 의식, 이 정결례는 이 시대를 살아가는 우리에게 우리의 전 존재가 어떻게 새로워지는 인생을 살아야 할지를 보여주고 있습니다. 주님의 피흘리심과 주님이 우리 인생 속에 다가오심이 우리 인생을 새롭게 하셨음을 잊지 않고 응답해야 합니다.

Part 14

유출병에대한
정결례

。

너희는 거룩하라

流出病

15장의 내용은 소위 유출병에 대한 것입니다. 이 병에 대한 정결의식을 가르치고 있는 본문입니다. 다시 말해서 레위기 15장은 유출로 초래된 부정함 혹은 부정결을 다루는 정결의 규례에 대해서 다루고 있습니다. 본문을 보면 유출 혹은 유출병 혹은 몸에서 흘러나온 것으로 쓰인 표현이 24회 이상 반복해서 등장합니다. 인간의 몸에서 나오는 액체에 관한 것입니다. 피, 침, 땀, 정액 등에 관련한 교훈이 본문에 기록돼 있습니다. 이런 것들 자체가 부정하다는 것은 아닙니다. 필요한 것이고 중요한 것입니다.

14

유출병에 대한 정결례

너 희 는   거 룩 하 라

　15장의 내용은 소위 유출병에 대한 것입니다. 이 병에 대한 정결의식을 가르치고 있는 본문입니다. 다시 말해서 레위기 15장은 유출로 초래된 부정함 혹은 부정결을 다루는 정결의 규례에 대해서 다루고 있습니다. 본문을 보면 유출 혹은 유출병 혹은 몸에서 흘러나온 것으로 쓰인 표현이 24회 이상 반복해서 등장합니다. 인간의 몸에서 나오는 액체에 관한 것입니다. 피, 침, 땀, 정액 등에 관련한 교훈이 본문에 기록돼 있습니다. 이런 것들 자체가 부정하다는 것은 아닙니다. 필요한 것이고 중요한 것입니다. 그러나 이런 것들이 부정함과 불결함을 가져올 수 있습니다. 여기서 본문이 언급하지 않은 2가지가 있는데, 하나는 눈물이고 또 하나는 소변입니다. 요즘 소변을 연구하는 사람이 전 세계적으로 늘어가고 있습니다. 우리는 이 소변을 더럽게 생각하는 경향이 있지만 이 안에는 치료의 기능도 있다고 합니다.

오늘 본문은 우리 몸에서 흘러나오는 액체를 자연적인 것과 부자연스러운 것으로 나누고 있습니다. 여기서 부정하다는 것은 도덕적으로 부정하다는 것이 아니라 위생적이고 의학적으로 부정하다고 할 수 있습니다. 또 그 의미 속에는 영적으로 부정하다는 뜻을 담고 있기도 합니다. 이것이 위생적으로 부정하든 영적으로 부정하든 이 모든 것은 하나님의 법에 의해, 하나님이 제정하신 의식에 의해 정결하게 될 필요가 있다고 가르칩니다. 이 유출은 자신을 부정하게 할 수도 있고 내가 접촉한 이웃들을 부정하게 할 수도 있으며 환경을 부정하게 할 수도 있습니다. 지난 시간에 다룬 나병환자는 극단적인 케이스입니다. 그들처럼 극단적인 케이스가 아니어도 그 액체 가운데 우리가 부정한 것을 흘리며 인생을 살아가는 것이 우리의 실제적인 모습입니다. 성경은 이를 처리하는 정결의 의식을 가르치고 있다는 사실을 통해 성경의 실용적인 관점 즉 인간의 문제를 얼마나 솔직하게 다루고 있는가를 알 수 있습니다.

본문을 네 가지의 부분으로 나눌 수가 있습니다.

1. 남성의 부자연스러운 유출(1-15절)

2. 남성의 자연스러운 유출(16-18절)

3. 여성의 자연스러운 유출(19-24절)

4. 여성의 부자연스러운 유출(25-33절)

1. 남성의 부자연스러운 유출 (1-15절)

설사, 이질, 임질·매독과 같은 성병을 통한 모든 유출을 포함하고 있습니다. 성경이 이런 문제에 관해 민감한 가장 중요한 이유는 도덕적인 이유도 있지만 위생적인 이유도 있습니다. 전염성이 있기 때문입니다. 전염을 차단하기 위해 그들이 입던 옷과 쓰던 그릇을 씻는 것이 중요함을 역설하고 있는 것입니다. 유대인들은 이 말씀을 문자 그대로 순종하고자 하는 전통을 가지고 인생을 살아왔습니다. 흥미로운 사실은 통계학적으로 세상의 모든 민족 가운데 성병이 가장 적은 민족이 유대인이라고 합니다. 왜냐하면 레위기서와 같은 이런 말씀을 문자 그대로 붙들고 순종하고자 했기 때문입니다.

레위기 15장 3절
"그의 유출병으로 말미암아 부정함이 이러하니 곧 그의 몸에서 흘러나오든지 그의 몸에서 흘러나오는 것이 막혔든지 부정한즉"

여기서 몸이라는 단어가 두 번 등장하는데 사실 이 몸이란 단어를 원문에서 읽어보면 히브리어로 생식기라는 뜻을 가지고 있습니다. 그래서 이것이 성병이라는 사실을 은근히 암시하고 있는 것입니다. 그런데 인간은 이런 죄를 범하거나 병을 앓으면서 인생을 살고 있는 것이 현실입니다. 하지만 이것에 대한 대답은 있습니다. 여기에는 도덕적인 문제가 포함돼 있기 때문에 우리의 범죄가 이러한 사실을 초래했다면 속죄의 길은 분명히 있는 것입니다. 그래서 이런 도덕적인 유출병은 속죄의 제사를 통해 깨끗함을 얻을 수 있도록 되어 있습니다.

레위기 15장 13절
"유출병이 있는 자는 그의 유출이 깨끗해지거든 그가 정결하게 되기 위하여 이레를 센 후에 옷을 빨고 흐르는 물에 그의 몸을 씻을 것이라 그러면 그가 정하리니"

그러나 그것만으로는 족하지 않습니다. 몸을 씻는 것만으로 해결되는 것이 아닙니다.

레위기 15장 14-15절
"여덟째 날에 산비둘기 두 마리나 집비둘기 새끼 두 마리를 자기를 위하여 가져다가 회막 문 여호와 앞으로 가서 제사장에게 줄 것이요 제사장은 그 한 마리는 속죄제로, 다른 한 마리는 번제로 드려 그의 유출병으로 말미암아 여호와 앞에서 속죄할지니라"

이것은 죄로 말미암아 이런 병이 초래되었을 때 몸을 씻고 위생적, 의학적으로 처리하는 것만으로 충분하지 않다는 것입니다. 하나님 앞에 회개하고 제사를 드려야 한다고 말하는 것입니다. 속죄의 제사를 통해 온전히 깨끗함을 얻고 정상적으로 하나님 앞에 서서 회막 안에 들어갈 수 있고 이웃과 접촉할 수 있었습니다. 그때나 지금이나 인간의 죄성, 타락성은 마찬가지고 이러한 범죄의 가능성에서 누구도 예외일 수 없기 때문에 하나님은 길을 쉽게 열어주시기 위해 비둘기로 제물을 드릴 수 있도록 하셨습니다. 이것을 통해 제사를 드린 후 속죄함을 받고 정상적인 삶으로 복귀할 수 있는 길을 열어주신 것입니다.

성적인 부정함이라는 것은 우리의 몸에 흔적을 남기고 우리의 삶에도 오랫동안 오염의 흔적을 남깁니다. 자신과 배우자, 가정을 고통스럽게 하는 범죄입니다. 그러나 이것은 용서받을 수 없는 범죄는 아닙니다. 주님 앞에 속죄의 제사를 드림으로써 죄사함을 받고 주님 앞에 다시 설 수 있다는 것, 이것이 1-15절에서 다루는 남성의 부자연스러운 유출에 관한 내용입니다. 특히 역사적으로 남성이 이런 범죄가 많았기 때문에 이런 부자연스러운 남성의 유출을 어떻게 해결할 것인지를 다뤘습니다. 여기에는 도덕적인 죄가 관련돼 있기 때문에 속죄의 제사를 통해 하나님 앞에 나아올 수 있는 길이 열린 것입니다.

2. 남성의 자연스러운 유출 (16-18절)

여기서는 도덕적인 죄의 개념이 없는 남성의 자연스러운 유출에 관해 다루고 있습니다. 결혼의 범주 내에서의 성교는 아름다운 것입니다. 창세기 1장에서 하나님은 인간을 하나님의 형상대로 남성과 여성으로 지으시고 부부로 하나 되게 하셨는데 이것이 성교입니다. 부부가 성교를 통해 한 몸임을 경험하는 것입니다. 이것은 하나님의 선물입니다. 인간을 남성과 여성으로 지으시고 부부로 하나 되게 하시며, 인간의 창조가 완성되자 하나님은 '보시기에 심히 좋았더라.'고 말씀하고 계신 것을 통해 알 수 있습니다.

성(性)은 아름다운 것이며 하나님의 선물입니다. 그리고 성교는 부부의 특권이며 부부의 즐거움입니다. 잠언서나 성경의 많은 말씀 속에서도 이것을 즐거워하라고 가르칩니다. 그럼에도 불구하고 도덕적인 이유에서가 아닌 위생적인 이유로 부부사이의 성의 교류에 있어 성의 정결함은 여전히 필요합니다. 특별히 성교 후에 깨끗한 위생적인 조치를 잘 취하도록 주님은 우리에게 교훈하셨습니다. 그런데 흥미로운 것은 이 두 번째 대목에서는 성교를 통해 흘러나오는 액체에 대해서는 속죄의 제사가 요구되지 않는다는 점입니다. 다만 흘러나오는 이 액체를 처리할 필요가 있다고만 말하고 있습니다.

레위기 15장 16-18절
"설정한 자는 전신을 물로 씻을 것이며 저녁까지 부정하리라 정수가 묻은 모든 옷과 가죽은 물에 빨 것이며 저녁까지 부정하리라 남녀가 동침하여 설정하였거든 둘 다 물로 몸을 씻을 것이며 저녁까지 부정하리라."

여기서 부정은 도덕적인 부정함이 아닙니다. 그러나 흘러나오는 액체는 부정할 수 있으므로 처리를 잘 하라고 말씀하는 것입니다. 이것은 위생적으로 잘 처리되어야 한다고 가르치고 있습니다. 이런 부분 때문에 부정함은 위생적이라는 뜻이지 도덕적인 부정함이 아닙니다. 이것을 피상적으로 잘못 해석해서 부부의 성교를 피하려고 하면 안 됩니다. 이것은 부부에게 주신 하나님의 특권이기 때문입니다.

히브리서 13장 4절

"모든 사람은 결혼을 귀히 여기고 침소를 더럽히지 않게 하라 음행하는 자들과 간음하는 자들을 하나님이 심판하시리라."

성경은 음행과 간음은 경고하지만 침소는 귀히 여기라고 가르칩니다. 부부가 함께하는 침실의 아름다움을 거룩하게 지키라고 말하는 것입니다. 부부가 아름다운 성의 교류를 통해 부부의 관계를 아름답게 지킴으로써 음행과 간음으로부터 배우자를 지키는 것이 더 필요합니다.

3. 여성의 자연스러운 유출 (19-24절)

레위기 15장 19절

"어떤 여인이 유출을 하되"

여기서는 여성의 월경을 다루고 있습니다. 여성의 월경은 자연스러운 하나님의 섭리입니다. 따라서 이 월경이 부정하다는 것은 도덕적인 이야기가 아니라 위생적으로 부정할 수 있음을 말하는 것입니다. 특별히 월경하는 동안 부부의 동침을 삼가는 것이 좋겠다고 성경은 말하고 있습니다.

레위기 15장 24절

"누구든지 이 여인과 동침하여 그의 불결함에 전염되면 이레 동안 부정할 것이라 그가 눕는 침상은 다 부정하니라."

구약시대에는 월경기간 중 부부관계를 삼가라고 했고 유대인들은 이 것을 순종했습니다. 이 기간 동안 부부관계를 가지는 것이 의학적으로 나쁘지 않다는 의견도 있지만 여기서 하나님은 이러한 규례를 정하시 며 여성을 보호하려고 하신 것입니다. 성은 자녀를 생식하고 부부사이 의 즐거움을 주지만 거기에도 절제는 필요합니다. 지속적인 금욕은 아 니어도 일시적으로 부부 사이에 금욕의 절제는 필요하다고 성경은 보 고 있는 것입니다. 이것은 또한 공격적인 남성으로부터 여성을 쉬게 하 려는 하나님의 특별한 배려일 수 있습니다.

4. 여성의 부자연스러운 유출 (25–33절)

다시 말하면 이것은 월경기간이 아님에도 지속적으로 피가 나오는 것을 말합니다. 이는 성경에서 병으로 다루고 있습니다.

이런 병의 가장 실제적인 사례가 있다면 신약성경에 나오는 혈루병 을 앓는 어떤 여인의 사례일 것입니다. 마가복음에도 나오고 누가복음 8장에도 나옵다. 이 여인은 열두 해나 혈루병을 앓으며 고침을 받기 위 해 자신의 재산도 소진했습니다. 어느 날 예수님이 지나가신다는 소식 을 듣고 예수님께 달려와 예수님의 옷자락을 만졌습니다. 구약적인 율 법에 의하면 이 여인은 부정한 여인입니다. 지나가는 사람들을 잡으면 안 됐습니다. 그런데 예수님을 잡은 것입니다. 예수님은 이 여인 때문 에 부정함을 타셨지만 '누가 내 옷에 손을 대었느냐.'고 말씀하실 뿐 이 여인을 나무라지는 않으셨습니다. 성경은 이 대목을 '예수님 안에 있던 능력이 흘러나간 것을 보시고'라고 기록합니다. 여인은 예수님을 그냥 만진 것이 아니라 치료에 대한 마지막 희망을 걸고 예수님을 만진 것입니다. 그래서 믿음으로 예수님을 만진 순간 예수님 안에 있던 치료의 거룩한 능력이 이 여인에게로 흘러나갔습니다. '제가 그랬습니다.'라고 여인이 말하자 예수님은 '네 믿음이 너를 구원했느니라.'고 말씀하셨습니다. 결국 이 여인은 건강을 되찾고 주님의 구원을 경험했습니다.

이 사건을 다시 조명해 보면 예수님이 이 여인의 부정을 친히 감당하신 것입니다. 우리는 이 사건을 통해 십자가의 그림을 볼 수 있습니다. 구약적인 종교지도자들과 같으셨다면 예수님은 도망을 가셔야 옳았습니다. 이것이 구약의 지도자들과 예수님이 다른 이유입니다. 율법과 복음이 다른 사례입니다. 여인의 부정함과 죄, 질병을 친히 짊어지신 사건, 이것이 예수님의 십자가입니다.

부자연스러운 유출에 관해서는 성경이 이것을 병으로 다루고 있고, 이 병을 얻는 과정에서 죄의 문제가 들어갔을 가능성도 있다고 합니다. 그래서 이 부자연스러운 유출에 관해 비둘기 두 마리를 바침으로써 속죄가 필요했습니다. 자연스러운 유출에 관해서는 속죄가 필요 없지만 부자연스러운 유출, 그것이 병이거나 부도덕적인 죄로 말미암아 발생한 사건일 경우에는 반드시 속죄의 제사가 요구된 것입니다.

레위기 15장 29-30절
"그는 여덟째 날에 산비둘기 두 마리나 집비둘기 새끼 두 마리를 자기를 위

하여 가져다가 회막 문 앞 제사장에게로 가져갈 것이요 제사장은 그 한 마리
는 속죄제로, 다른 한 마리는 번제로 드려 유출로 부정한 여인을 위하여 여호
와 앞에서 속죄할지니라."

여전히 여기에는 속죄가 필요함을 말하고 있습니다. 그리고 그것을
통해 새로워졌다고 말합니다. 그 날은 여덟째 날입니다. 일주일동안 자
기를 다루는 시간이 지나고 속죄의 제사를 드림과 동시에 여덟째 날이
희망의 날, 회복의 날이 된 것입니다. 회막에 들어가 하나님을 예배하
는 자리에 동참할 수 있고 이웃과 만나는 새로움의 시간을 갖기 시작했
기 때문입니다. 우리의 인생에도 여덟째 날은 필요합니다.
　이 속죄의 그림에서 우리가 잊지 말아야 할 신약의 교훈이 있습니다.
이런 속죄가 이뤄지고 우리 인생의 여덟째 날이 다가오기 위해 속죄의
제물이 필요했다는 것입니다. 우리의 죄를 짊어지고 우리의 부정을 대
신 타시고 자기의 몸을 십자가에 드려 거룩한 피를 흘리신 예수님의 보
혈 사건이 반드시 필요했었다는 의미입니다. 예수님은 다른 구약의 제
사장들과 달리 소위 부정 탄 사람을 피하지 않으셨습니다. 이것은 구약
적으로 보면 금기사항이었지만 예수님은 부정한 여인을 만지셨고 또한
나병환자도 만지셨습니다.

마태복음 8장 2-3절
　"한 나병환자가 나아와 절하며 이르되 주여 원하시면 저를 깨끗하게 하실
수 있나이다 하거늘 예수께서 손을 내밀어 그에게 대시며 이르시되 내가 원하

노니 깨끗함을 받으라 하시니"

부정하다고 우리를 피한 것이 아니라 우리에게 다가오셔서 나병환자를 만지신 주님, 나병환자 같은 우리를 만지신 주님을 우리는 말씀 안에서 볼 수 있어야 합니다. 나병환자 뿐 아니라 누가복음 15장에 보면 바리새인들이 피하고 철저히 격리했던 세리, 창기 등 질병과 삶의 그늘 속에 있었던 사람들과도 함께 앉아서 식사를 하셨습니다.

누가복음 15장 1-2절
"모든 세리와 죄인들이 말씀을 들으러 가까이 나아오니 바리새인과 서기관들이 수군거려 이르되 이 사람이 죄인을 영접하고 음식을 같이 먹는다 하더라."

당시에는 있을 수 없는 사건이 일어난 것입니다. 뿐만 아니라 부정한 것 중의 부정한 것이 시체였는데 예수님은 이 시체도 만지셨습니다.

마가복음 5장 41절
"그 아이의 손을 잡고 이르시되 달리다굼 하시니 번역하면 곧 내가 네게 말하노니 소녀야 일어나라 하심이라."

회당장 야이로의 사건입니다. 그의 딸이 죽었는데 예수님은 죽은 소녀의 손을 잡고 시체를 만지셨습니다. 그분은 지금도 부정함 속에 살고 있는 인생, 부정한 것들을 배출하며 살고 있는 우리에게 다가오셔서 당신의 손을 대십니다. 당신의 손으로 우리의 인생을 만지십니다. 부정한 인생, 죄 속의 인생, 허물 많은 인생, 어둠 속의 인생, 불결한 인생 곁에 예수님은 계속 다가오셔서 우리를 만지십니다. 그리고 우리를 깨끗하게 하기 위해 이 모든 부정과 죄를 짊어지고 십자가에서 거룩한 피를 쏟으셨습니다. 그 피, 그 보혈이 우리를 깨끗하게 하는 주님의 능력입니다.

요한1서 1장 7절
"그 아들 예수의 피가 우리를 모든 죄에서 깨끗하게 하실 것이요."

부정한 나를 만지시고 나를 정결케 하신 보혈의 능력, 그래서 우리는 주님의 피흘리심이 능력이라고 선포하며 살아가는 사람입니다. 이 보혈 덕분에 지금도 수많은 부정한 사람들이 거룩함을 입고 새 생명을 살아가는 것입니다.

지방에서 서울로 올라와 공부하는 학생이 있었습니다. 그의 어머니는 아들이 어떻게 사는지 궁금해서 아들이 학교 간 사이 하숙집 주인에게 부탁해 방에 들어갔습니다. 그런데 아들의 방이 음란한 그림으로 도배가 되어 있었습니다. 어머니는 가슴이 아팠습니다. 그래서 아들이 학교에서 돌아오길 기다리며 기도했다고 합니다. '주님, 내 아들에게 기회를 달라'고 '내 아들이 예수님을 믿고 새 사람이 되게 해 달라'고 계속

기도했습니다. 기도하던 중 마음에 감동이 임해 어머니는 부엌에서 칼을 가져와 자신의 손에 상처를 내고 아들 방에 붙어있던 음란한 그림들 위에 혈서를 썼습니다. '이것이 어미의 피다. 이 피를 보고 새 인생을 살아다오. 예수님도 너를 위해 피를 흘리셨단다.' 그리고 어머니는 집으로 돌아왔습니다. 아들은 집에 돌아온 후 이 어머니의 혈서를 보고 마음에 큰 충격을 받았습니다. 그리고 눈물을 쏟으며 회개하고 예수님 앞으로 돌아왔습니다. 이후 그 그림들을 버리고 신앙생활을 시작했다고 합니다.

예수님의 보혈의 능력은 이렇게 우리를 정결케 하고 새로운 인생을 살게 했습니다. 이는 우리의 남편과 자녀, 식구들도 깨끗하게 할 수 있는 거룩한 능력입니다. 이 보혈의 능력이 가정 속에 역사하도록 계속해서 기도해야 할 것입니다.

Part 15

대속죄일과
대제사장의속죄규례

。

너 희 는   기 록 하 라

贖罪

이스라엘 백성들은 새해를 가리켜서 '로쉬 하사나'라고 부릅니다. 로쉬는 머리(head)란 뜻이고 샤나는 해(year)라는 뜻입니다. 즉 한 해의 머리가 되는 날이라는 의미입니다. 우리나라는 한 해가 지나가고 새로운 한 해가 밝아오는 것을 알리기 위해 보신각에서 타종식을 거행합니다. 그런데 이스라엘 백성들은 새해맞이를 위해 나팔을 붑니다. 어린 양의 뿔을 취해 나팔 형태로 만들어서 그것을 부는 것입니다.

LEVITICUS
15
대 속죄일과
대제사장의 속죄 규례

레위기 16장의 주제는 대 속죄일과 대제사장의 속죄에 대한 규례입니다. 우리는 1년 365일 날마다 죄를 짓고 사는 인생입니다. 구체적인 행위가 아니더라도 마음으로 죄를 지으며 하루하루를 살아갑니다. 그러나 이렇게 지나가는 우리의 인생 속에 한 번쯤은 진지하게 자신의 삶을 돌아보며 반성할 필요를 느끼기도 합니다.

1년 중 하루를 정해 살아온 삶을 돌아보고 회개하고, 미래를 계획할 수 있다면 언제가 가장 좋을까요? 12월 31일이나 1월 1일으로 대답하는 사람이 많을 것입니다. 우리가 한 해를 마무리하고 새로운 한 해를 맞이하는 순간이 우리의 과거를 청산하고 새 날을 맞는데 도움이 될 수도 있습니다. 이스라엘 백성들도 이런 시간을 갖습니다. 그래서 대 속죄일은 새해와 맞물려 있습니다. 이스라엘 백성들을 새해를 가리켜서

'로쉬 하샤나'라고 부릅니다. '로쉬'는 머리(head)란 뜻이고 '샤나'는 해(year)라는 뜻입니다. 즉 한 해의 머리가 되는 날이라는 의미입니다. 우리나라는 한 해가 지나가고 새로운 한 해가 밝아오는 것을 알리기 위해 보신각에서 타종식을 거행합니다. 그런데 이스라엘 백성들은 새해맞이를 위해 나팔을 붑니다. 어린 양의 뿔을 취해 나팔 형태로 만들어서 그것을 부는 것입니다.

레위기 23장 24절
"이스라엘 자손에게 말하여 이르라 일곱째 달 곧 그 달 첫 날은 너희에게 쉬는 날이 될지니 이는 나팔을 불어 기념할 날이요 성회라."

이것이 바로 새해를 알리는 것입니다. 이스라엘 백성들의 전통적인 새해는 1월 1일이 아니라 우리 달력으로 치자면 10월쯤 됩니다. 이는 이스라엘 전통달력에 의하면 7월 1일입니다. 그들 또한 음력으로 날을 세기에 대부분 9월 중순부터 10월 중순까지인 셈입니다. 그래서 10월 초가 이스라엘 백성에게는 새해의 시작인 것입니다. 그날 나팔을 불면 성회가 시작됩니다. 여기서는 대 속죄일을 살펴보겠습니다.

레위기 23장 27절
"일곱째 달 열흘날은 속죄일이니 너희는 성회를 열고 스스로 괴롭게 하며 여호와께 화제를 드리고"

7월 1일이 새해의 시작인데 그로부터 열흘 지난 7월 10일이 대 속죄일이라고 말하고 있습니다.

레위기 16장 29절
"너희는 영원히 이 규례를 지킬지니라 일곱째 달 곧 그 달 십일에 너희는 스스로 괴롭게 하고 아무 일도 하지 말되 본토인이든지 너희 중에 거류하는 거류민이든지 그리하라."

여기서도 그 달 10일, 즉 7월 10일을 가리키고 있습니다. 대 속죄일을 가리켜서 이스라엘 백성들은 '욤 키퍼'라고 부릅니다. 욤은 그날(the day), 키퍼(카파르에서 유래)는 덮는다(cover)의 뜻을 각각 가지고 있습니다. 즉 죄를 덮는다는 뜻입니다. 1년에 딱 한 번 있는 날인데 이 날이 새해와 맞물려 있다는 것을 기억할 필요가 있습니다. 이스라엘 백성들이 진정한 새해맞이를 속죄를 통해 시작한 것을 보여줍니다.

레위기 16장 31절
"이는 너희에게 안식일 중의 안식일인즉 너희는 스스로 괴롭게 할지니 영원히 지킬 규례라."

대 속죄일을 가리켜 안식일 중의 안식일이라고 말하고 있습니다. 이스라엘 백성에게 안식일은 중요한 날인데 이 안식일 중에서도 안식일이라는 것입니다. 안식일은 히브리어로는 '샤바트/샤바톤'이라고 불립니다.

이 '욤 키퍼' 즉 대 속죄일에는 세 가지 중요한 특성이 있습니다.

I. 대 속죄일의 특성

1) 시기적 중요성

시기적으로 중요한 이유는 대 속죄일이 새해와 맞물려 있기 때문입니다. 하나님의 백성들에게 새해맞이의 절정은 바로 마음을 충분히 정리한 다음에 하루를 특별히 선별해 자신을 괴롭게 하는 속죄일을 지키는 것이었습니다. 진정한 속죄를 통해 새해를 맞고자 한 것입니다. 또한 이 속죄일 다음에 중요한 절기가 또 옵니다.

레위기 23장 34절
"이스라엘 자손에게 말하여 이르라 일곱째 달 열닷샛날은 초막절이니 여호와를 위하여 이레 동안 지킬 것이라"

7월 1일 새해 다음에는 7월 10일 대 속죄일이었고, 그로부터 닷새 뒤인 7월 15일이 바로 초막절입니다. 초막절은 이스라엘 백성들이 절기 가운데 가장 즐겁고 신나하는 절기입니다. 노래도 부르고 음식도 많이 먹고, 이집 저집 돌아다니며 기뻐하는 날입니다. 지금의 추수감사절과 비슷할 것입니다. 그런데 이 새해와 초막절 사이의 7월 15일 단 하루, 이 하루를 특별한 날로 떼어 놓고 지냈다고 합니다. 진지하고 고통스럽게 그 날을 받아들였습니다. 바로 죄 때문입니다. 자기 죄를 생각하니 고통스러운 것입니다.

진정한 새해는 속죄 없이는 맞이할 수 없습니다. 그리고 속죄를 한 다음, 용서를 받은 다음 신나는 초막절을 즐깁니다. 즉 용서를 받아야 인생의 축제를 즐길 수 있다고 말하는 것입니다. 바로 이러한 신학적 고백이 들어 있는 절기가 대 속죄일입니다.

2) 자기 대면의 중요성

속죄는 자기를 대면하고 성찰하는 시간입니다. 레위기 16장 29절부터 34절을 보면 유독 반복되는 한 문구가 있습니다.

레위기 16장 29절
"너희는 영원히 이 규례를 지킬지니라 일곱째 달 곧 그 달 십일에 너희는 스스로 괴롭게 하고 아무 일도 하지 말되 본토인이든지 너희 중에 거류하는 거류민이든지 그리하라."

레위기 16장 31절
"이는 너희에게 안식일 중의 안식일인즉 너희는 스스로 괴롭게 할지니 영원히 지킬 규례라."

이 문구는 바로 '스스로 괴롭게 할지니'입니다. 이것은 고통의 날이라는 의미입니다. 그러면 여기서 괴롭게 한다는 말은 무슨 뜻일까요? 자학하라는 뜻이 아니라 구체적으로 해야 할 세 가지 일을 가리키고 있는 것입니다. 이는 이스라엘 백성 모두 그리고 나그네까지도 지켜야 합니다. 첫째는 금식입니다. 하루를 완전히 금식하는 것입니다. 둘째는 금욕입니다. 부부생활도 금하는 것입니다. 셋째는 기도입니다. 그냥 기도가 아닌 자기를 성찰하며 죄를 고백하는 기도였습니다. 자기를 살펴보면서 자신이 범한 죄에 대해, 하나님 앞에 불성실한 부분들에 대해 죄를 자백하고 기도하는 것입니다. 이것이 바로 대 속죄일을 지키는 세 가지 일입니다. 그래서 괴로운 날이라는 것입니다. 이 날은 자기 성찰, 자기 내면을 깨우치는 날이었습니다.

3) 중보자의 중요성

내가 나를 살피고 죄를 고백하는 것도 중요하지만 진정으로 죄를 사함 받기 위해서는 이 날 모든 사람들의 눈이 대제사장을 쳐다봐야 했습니다. 대제사장이 중보자이기 때문입니다. 대제사장은 백성들의 죄 문제를 공동체적으로 짊어지고 성소나 회막 안으로 들어갑니다. 대제사장이 입고 있는 옷은 맨 아랫부분에 방울이 붙어 있었습니다. 방울 소리를 들으며 대제사장이 지성소로 가고 있음을 바깥에서도 알 수 있게 됩니다. 가끔 대제사장이 나오지 못하는 경우가 있는데 이는 죄를 용서받지 못한 경우였습니다. 그렇게 되면 이스라엘 백성들에게 저주와 죽음의 시간이 되기 때문에 백성들은 대제사장의 방울소리에 귀를 기울입니다. 이윽고 대제사장이 나오면 자신들의 죄를 사함 받았음을 알고 기뻐합니다. 이스라엘 백성들의 모든 시선이 대제사장에게 집중된 날, 이 날이 대 속죄일이었습니다.

그렇다면 신약적으로 대 속죄일이 의미하는 바는 무엇일까요? 바로 이 대제사장은 참된 중보자의 신 되시는 예수님을 보여줍니다. 그런데 결론을 도출하기에 앞서 우리는 대제사장의 속죄 규례를 살펴볼 필요가 있습니다.

II. 대제사장의 속죄 규례

대제사장이 용서를 받기 위해 어떻게 속죄의 제사를 준비하고 하나님 앞에 나아갔을까요?

1) 진지한 준비(1-5절)

대제사장 가운데는 진지하지 못한 제사를 드리다 죽은 사례가 있습니다. 우선 아론의 두 아들이 그러했습니다.

레위기 16장 1-2절

"아론의 두 아들이 여호와 앞에 나아가다가 죽은 후에 여호와께서 모세에게 말씀하시니라 여호와께서 모세에게 이르시되 네 형 아론에게 이르라 성소의 휘장 안 법궤 위 속죄소 앞에 아무 때나 들어오지 말라 그리하여 죽지 않도록 하라 이는 내가 구름 가운데에서 속죄소 위에 나타남이니라.”

아론의 아들들이 왜 잘못된 제사를 드리다가 죽었는지에 대해 나옵니다. 그 이유는 ‘아무 때나 들어왔기’ 때문입니다. 1년에 한 번 속죄의 날에만 들어올 수 있음에도 아무 때나 나아온 것입니다.

레위기 16장 12-13절
“향로를 가져다가 여호와 앞 제단 위에서 피운 불을 그것에 채우고 또 곱게 간 향기로운 향을 두 손에 채워 가지고 휘장 안에 들어가서 여호와 앞에서 분향하여 향연으로 증거궤 위 속죄소를 가리게 할지니 그리하면 그가 죽지 아니할 것이며”

아론의 두 아들은 여호와 앞 분향단에서 불을 취하지 않고 엉뚱한 곳에서 아무 불이나 가져왔습니다. 이것이 죽임을 당한 두 번째 이유입니다. 하나님 앞에는 아무 때나, 아무 것이나 가져와선 안 됩니다. 하나님이 허락하시고 인정하실 만한 것을 가지고 나아와야 합니다. 물론 신약에서 우리는 언제나 나아갈 수 있고 불의한 재물이 아닌 어떤 재물이든 기뻐하십니다. 다만 구약에서는 이러했다는 것입니다.

대제사장은 하나님이 정한 때를 기다렸다가 하나님이 정한 불을 취해 하나님 앞에 나아왔습니다. 또한 옷을 갈아입었는데 대제사장이 평상시에 입는 옷은 매우 화려했기 때문입니다. 이는 레위기 8장 7-9절에서 그가 입었던 옷을 짐작할 수 있습니다. 금띠도 두르고 열 두 개의 보석도 흉패에 붙어 있는 옷이었습니다. 그러나 대제사장이 속죄를 위해 하나님 앞에 제사를 드릴 때는 이 화려한 옷을 벗고 아주 검소한 하얀색 세마포 옷을 입었습니다. 대제사장은 화려한 옷을 벗어버리고 세마포 옷을 입은 뒤 물두멍에서 몸을 씻고 하나님 앞으로 나왔습니다. 이것은 예수님께서 우리의 중보자, 제사장이 되시기 위해 하늘 영광을 버리고 죄인 된 인간의 모습을 취하시며 이 땅에 오신 모습을 보여줍니다.

2) 자신의 죄를 위한 속죄 제물을 드림 (6, 11-14절)

이러한 진지한 준비가 이뤄진 다음 먼저 대제사장은 자신의 죄를 위한 속죄의 제물을 드렸습니다. 물론 백성을 위한 제사를 드리는 사람이지만 대제사장도 인간이었습니다. 그러므로 자신도 죄가 있었을 것입니다. 그는 자신의 죄와 가족의 죄를 먼저 속죄해야만 다른 제사의 사역도 감당할 수 있었습니다.

레위기 16장 6절
"아론은 자기를 위한 속죄제의 수송아지를 드리되 자기와 집안을 위하여 속죄하고"

여기서는 예물을 2개 씁니다. 하나는 죽이고 하나는 살렸습니다. 2개의 예물을 쓰는 이유는 그리스도의 속죄의 2가지 측면, 즉 죽으심과 부활을 예표하는 것입니다. 또한 피를 취한 뒤 그 피를 가지고 지성소 안에 들어가 법궤 위 판(시은소, 은혜의 보좌)에 피를 일곱 번 뿌렸습니다.

레위기 16장 13-14절
"여호와 앞에서 분향하여 향연으로 증거궤 위 속죄소를 가리게 할지니 그리하면 그가 죽지 아니할 것이며 그는 또 수송아지의 피를 가져다가 손가락으로 속죄소 동쪽에 뿌리고 또 손가락으로 그 피를 속죄소 앞에 일곱 번 뿌릴 것이며"

7은 완벽한 숫자입니다. 이렇게 함으로써 자신과 집안의 죄를 속죄받았습니다.

3) 백성의 죄를 위한 속죄 제물을 드림 (7-10, 15-22절)
레위기 16장 15절
"또 백성을 위한 속죄제 염소를 잡아 그 피를 가지고 휘장 안에 들어가서 그 수송아지 피로 행함 같이 그 피로 행하여 속죄소 위와 속죄소 앞에 뿌릴지니"

'백성을 위한'으로 시작합니다. 대제사장은 자신과 가족을 위한 제사를 드린 다음 이스라엘 백성 전체를 위해 대제사장은 제사를 드렸습니다. 속죄제물을 드린 것에 있어 재미있는 그림 두 가지가 있습니다. 하나는 속죄 제물에게 대제사장이 손을 얹는 것입니다.

레위기 16장 21절

"아론은 그의 두 손으로 살아 있는 염소의 머리에 안수하여 이스라엘 자손의 모든 불의와 그 범한 모든 죄를 아뢰고 그 죄를 염소의 머리에 두어 미리 정한 사람에게 맡겨 광야로 보낼지니"

염소의 머리에 손을 얹고 기도합니다. 머리에 손을 얹는다는 것은 죄 때문에 내가 벌을 받아야 하지만 이 속죄제물인 염소가 내 죄를 대신 받는다는 전가의 의미가 있습니다. 그리고 다른 하나는 그 염소를 광야 끝까지 보낸다는 것입니다. 염소가 보이지 않게 되면 백성들은 박수를 치고 환호합니다. 이는 예수님이 우리의 죄를 짊어지시고 그 죄를 처리하신 모습을 극적으로 보여주는 그림입니다.

이 때 사용된 염소를 가리켜서 매우 독특한 단어를 썼는데 바로 '아사셀'입니다.

레위기 16장 10절

"아사셀을 위하여 제비 뽑은 염소는 산 채로 여호와 앞에 두었다가"

이 '아사셀(azazel)'은 히브리어의 두 단어가 합쳐진 말입니다. 염소라는 단어에 사라진다(go away)는 단어가 결합됐습니다. 우리의 죄를 짊어지고 사라져가는 염소, 이는 마치 우리의 죄를 짊어지고 가신 예수님을 보여주기 위한 상징적인 의미를 가지고 있습니다.

4) 번제를 드림 (23-25절)

속죄 제사가 끝나면 대제사장은 번제를 드렸습니다. 번제는 문자 그대로 태우는 제사입니다. 기름, 고기뿐만 아니라 가장 중요한 똥을 태웁니다.

레위기 16장 25절
"속죄제물의 기름을 제단에서 불사를 것이요."

레위기 16장 27절
"속죄제 수송아지와 속죄제 염소의 피를 성소로 들여다가 속죄하였은즉 그 가죽과 고기와 똥을 밖으로 내다가 불사를 것이요."

이제 온전히 태워 없애야 할 것들을 하나님 앞에서 청산했습니다. 그렇다면 우리가 죄를 고백하고 주님이 보혈을 통해 우리를 씻어주셨다는 용서의 확신을 가진 다음에는 어떻게 해야 할까요? 또 죄를 범하지 않아야 합니다. 속죄를 받은 다음에는 번제를 드림으로써 온전한 헌신을 나타내는 것이 필요합니다. 신약적으로 말하면 이 헌신이 이뤄지는 장소는 예배드리는 장소가 될 것입니다. 예배를 통해서 태울 것은 태우고 바칠 것은 바쳐야 합니다. 온전한 예배를 통한 헌신함이 없을 때 죄 사함의 열매가 없고, 또 이전보다 더 나쁜 상태로 돌아갈 수도 있습니다. 용서 받은 사람에게는 예배를 통해 온전히 나를 주 앞에 바치는 훈련이 필요합니다. 그것을 통해 하나님 앞에 새로운 존재로 살아가는 모습을 보여줄 수 있습니다.

여기서 다룬 대제사장의 모습은 예수 그리스도의 모습입니다. 예수님은 우리의 죄를 십자가에서 감당하시고 단번에 우리의 속죄를 완성하셨습니다. 예수님이 죄 문제를 다 해결하셨기 때문에 우리에게는 대속죄일과 같은 제사가 이제 필요 없습니다. 우리에게 필요한 것은 십자가를 붙들고 사는 것입니다. 십자가를 통해 용서함을 받은 우리에게는 날마다의 예배와 하나님이 허락하신 이 예배의 자리에서 자신을 온전히 불살라 바치는 헌신이 필요합니다. 그렇기 때문에 용서함을 받은 우리가 용서받은 자로 거룩한 삶을 살기 위해서는 보기 싫은 것, 없애야 할 것은 태워 바쳐야 합니다. 그리고 예배를 통해 날마다 결단하며 하나님 앞에 새롭게 설 때, 주님이 기뻐하시는 거룩한 삶의 흔적과 열매가 우리 인생 속에 나타날 것입니다. 이것이 대 속죄일의 교훈입니다.

Part 16
피의규례

○

너희는 거룩하라

생명이 피에 있습니다. 피는 다른 말로 말하면 생명입니다. 그 생명은 하나님으로부터 온 것이고 하나님께 속한 것입니다.
따라서 이 생명을 대표하는 피를 우리는 소중히 관리할 필요가 있습니다.

LEVITICUS

16 피의 규례

;레위기 17장

• 레위기 전반부(1-16장) / 공동체적 제사 / 제사장들에게

레위기의 전반부인 레위기 1장-16장까지는 일종의 공동체적인 제사법을 다루고 있습니다. 이스라엘 백성 전체가 어떻게 이 제사를 감당해야 할 것인지, 제사장이 어떻게 제사법과 의식을 진행할 것인가를 가르쳤습니다.

• 레위기 후반부(17-27장) / 개인적 책임 / 일반 백성에게 (제사장 포함)

그런데 후반부인 레위기 17장-27장까지는 제사장을 포함한 이스라엘 모든 백성들이 제사를 통한 개인적 책임을 어떻게 감당해야할 것인가를 가르치고 있습니다.

레위기 17장 1-2절

"여호와께서 모세에게 말씀하여 이르시되 아론과 그의 아들들과 이스라엘의 모든 자손에게 말하여 그들에게 이르기를 여호와의 명령이 이러하시다 하라"

2절에 보면 아론과 그의 아들들뿐만이 아니라 이스라엘의 모든 자손에게 주시는 말씀이라고 시작되고 있습니다. 레위기 17장은 하나님 앞에 제사를 드릴 때 피를 어떻게 처리할 것인가라는 '피에 대한 규례'를 우리에게 가르쳐주고 있습니다. 한마디로 말하면, 피에 대한 합당치 못한 사용을 경계하는 말씀들입니다. 레위기 17장에 여러 가지 피에 대한 규례들이 등장하고 있지만 핵심을 요약하면 2가지입니다.

I. 피는 신성한(거룩한) 것입니다.

피가 왜 신성한가? 17장 전체를 통해서 아주 중요한 대표적인 말씀이 나옵니다.

레위기 17장 11절

"육체의 생명은 피에 있음이라 내가 이 피를 너희에게 주어 제단에 뿌려 너희의 생명을 위하여 속죄하게 하였나니 생명이 피에 있으므로 피가 죄를 속하느니라"

생명이 피에 있습니다. 피는 다른 말로 말하면 생명입니다. 그 생명은 하나님으로부터 온 것이고 하나님께 속한 것입니다. 따라서 이 생명을 대표하는 피를 우리는 소중히 관리할 필요가 있습니다.

• 어떻게 관리해야 할 것인가?

1) 피는 아무데서나 흘려져서는 안 된다.
이것이 3절 이하 5절에서 피의 규례가 강조하고 있는 메시지입니다.

레위기 17장 3-4절
"이스라엘 집의 모든 사람이 소나 어린 양이나 염소를 진영 안에서 잡든지 진영 밖에서 잡든지 먼저 회막 문으로 끌고 가서 여호와의 성막 앞에서 여호와께 예물로 드리지 아니하는 자는 피 흘린 자로 여길 것이라 그가 피를 흘렸은즉 자기 백성 중에서 끊어지리라"

피를 아무데서나 흘리는 사람을 '피 흘린 자'로 여기겠다. '피 흘린 자'를 다른 말로 말하면 '살인자'로 여기겠다는 말입니다. 즉, 살인자의 규례나 법에 따라서 그 사람도 다루어져야 마땅하다는 것입니다. 피를 흘릴 수 있는 곳은 딱 한군데 회막문 앞입니다. 회막은 하나님을 만나는 곳입니다. 회막문 앞에 제물을 끌고 와서 하나님 앞에 합법적인 제사를 드릴 때만 피는 흘려질 수가 있던 것입니다. 하나님께 드려지는 제사용 외에 다른 목적으로 피를 흘려서는 안 된다는 것입니다. 피에 대한 규례를 까다롭게 만든 것은 생명은 소중하기 때문입니다. 이것은 성경전체를 통해서 나타나는 일종의 생명경외사상, 혹은 생명가치의 소중함을 강조한 것입니다. 생명은 내 마음대로 할 수 있는 것이 아닌 전적으로 하나님께 속한 것입니다.

2) 피는 하나님께만 드려져야 한다.

피는 제사의식을 통해서만 하나님 앞에 드려져야 합니다. 특별히 그것은 7절에 더 강조되어 있습니다.

레위기 17장 7절
"그들은 전에 음란하게 섬기던 숫염소에게 다시 제사하지 말 것이니라 이는 그들이 대대로 지킬 영원한 규례니라"

제사를 통해서는 합당하게 희생의 제물이 드려질 수 있다는 것을 5절과 6절에서 강조합니다. 5절에 보면 "그런즉 이스라엘 자손이 들에서 잡던 그들의 제물을 회막 문 여호와께로 끌고 가서…" 들에서 잡지 말고 회막 문 앞으로 와서 제사 예법에 따라 하나님 앞에 화목제로 드려야 할 것이요. 6절 "제사장은 그 피를 회막 문 여호와의 제단에 뿌리고…" 제사 예법을 위해 피가 흘려지는 것은 괜찮다는 말입니다.

그러나 7절에 "그들은 전에 음란하게 섬기던 숫염소에게 다시 제사하지 말 것이니라." 염소는 속죄의 한 제물은 될 수가 있지만 염소가 제사의 대상이 될 수가 없다는 말입니다. 당시 이스라엘 백성은 하나님 앞에 제사 드리던 제물을 섬기는 일들이 종종 있었습니다. 그것이 바로 우상입니다. 우상은 한마디로 말하면 창조주와 피조물을 착각하는 것입니다. 하나님 한 분만이 우리에게서 찬양과 경배를 받으시기에 합당합니다. 하나님이 만든 피조물을 하나님처럼 섬기는 것이 우상입니다. 그래서 모든 것이 다 우상이 될 수가 있습니다. 특별히 하나님께 드리던 제물도 우상이 될 수가 있습니다. 어떤 염소도, 어떤 우상의 대상도 우리의 피를 드릴 수 있는 대상은 될 수가 없습니다. 오직 하나님 한분만이 우리의 제사를 받을 수 있는 유일한 대상입니다. 그래서 피는 하나님께만 드려져야 합니다.

3) 피는 따라서 먹지 말아야 한다.

레위기 17장 10절
"이스라엘 집 사람이나 그들 중에 거류하는 거류민 중에 무슨 피든지 먹는 자가 있으면 내가 그 피를 먹는 그 사람에게는 내 얼굴을 대하여 그를 백성 중에서 끊으리니"

피를 먹지 말라는 규례가 왜 생겼는지를 아는 것은 매우 중요합니다. 본래 '피를 먹지 말라' 이것은 레위기서에 처음 나오는 규례가 아닙니다. 이 최초의 규례가 성경에 등장한 것은 창세기 9장입니다.

창세기 9장 4절
"그러나 고기를 그 생명 되는 피째 먹지 말 것이니라"

본래 하나님이 인간을 창조하시고 처음 주셨던 음식은 식물이었습니다. 그런데 노아의 홍수 이후에 인간은 자연에 대한 큰 두려움을 갖게 되었습니다. 또한 홍수사건을 경험하고 나서 먹을 것도 없었습니다. 그래서 그 후에 하나님이 새롭게 주신 음식이 창세기 9장부터 허용된 동물이었습니다. 그때부터 인간은 고기를 먹기 시작한 것입니다. 그런데 하나님이 고기를 식용으로 주시면서 염려한 게 한 가지 있었습니다. 고기를 먹다보면 사냥도 많이 하게 되고, 나중에 동물이 아닌 사람도 함부로 죽일 수 있는 그런 가능성을 보셨습니다. 인간의 잔인성입니다. 그것을 예방하기 위해 주신 명령입니다.

창세기 9장 6절
"다른 사람의 피를 흘리면 그 사람의 피도 흘릴 것이니 이는 하나님이 자기 형상대로 사람을 지으셨음이니라"

만약 다른 사람의 피를 흘리는 자는 그 사람도 피를 흘려 죽어 마땅하다는 말입니다. 인간은 하나님의 형상대로 지음을 받은 소중한 존재이기 때문입니다. 여기서 '피 흘리지 말라', '피 먹지 말라'라는 교훈의 밑바탕에 숨어있는 하나님의 의도는 '생명은 소중하게 지켜져야 한다' 입니다.

그런데 이 말씀을 하나님의 의도를 알지 못한 채 문자 그대로 순종하는 이단이 있습니다. '여호와의 증인'입니다. 여호와의 증인은 피를 먹지 말라는 이유로 수혈을 거부합니다. 지금 죽어가고 있는 한 사람에게 피가 필요하다면 하나님의 본래 의도는 무엇입니까? 생명이 지켜지기 위해서 이 말씀을 한 것입니다. 하나님의 의도를 알지 못하고 성경을 문자로만 잘못 해석하는 무서운 하나의 비극이라고 할 수가 있습니다.

고린도후서 3장 6절
"그가 또한 우리를 새 언약의 일꾼 되기에 만족하게 하셨으니 율법 조문으로 하지 아니하고 오직 영으로 함이니 율법 조문은 죽이는 것이요 영은 살리는 것이니라"

율법을 문자로만 보면 그 문자는 우리를 죽일 수도 있기 때문에 영으로 봐야 됩니다. 하나님이 정말 이 말씀을 주신 진정한 의도대로 보는 것, 이것이 성령을 통한 해석입니다.

그런데 하나님의 마음을 알지 못한 채 문자로만 잘못 해석하면 엉뚱한 결과를 가져올 수가 있습니다. 피를 먹지 말라는 하나님의 의도는 인간이 잔인해져서 쉽게 살인하게 되고, 생명의 소중함을 잃어버리게 되는 것을 경계한 것입니다. 바로 생명을 소중히 여겨야 한다는 것입니다. 하나님의 의도를 알아야 합니다. 그래서 정말 중요한 것은 생명경외사상입니다.

Ⅱ. 피는 속죄의 길입니다.

속죄(양이든 염소이든)의 제물이 내 죄를 짊어지고 대신 제물이 되는 것입니다. 그래서 대신 드려지는 제물의 피를 보고 하나님이 내 죄를 용서하시겠다는 것입니다. 그 메시지가 레위기 17장 전체를 통해서 가장 중요한 열쇠인 11절입니다.

레위기 17장 11절
"육체의 생명은 피에 있음이라 내가 이 피를 너희에게 주어 제단에 뿌려 너희의 생명을 위하여 속죄하게 하였나니 생명이 피에 있으므로 피가 죄를 속하느니라"

그래서 그 죽어가던 제물들은 내 죄를 짊어지고 죽는 것입니다. 제사장이 속죄의 제물을 잡을 때 그 제물의 머리에 손을 얹고 안수합니다. 제사장이 백성들의 죄를 짊어지고 제물에 손을 얹을 때 모든 죄가 제물에게 지워지는 것입니다. 제물은 우리의 죄를 짊어지고 죽는 것입니다. 그리고 이렇게 죽어가던 양이나 염소는 결국 세상 죄를 지고 가는 어린 양이신 예수 그리스도의 모습을 우리에게 보여주고 있는 예표입니다.
이렇게 우리의 죄를 대신해서 흘린 피가 우리를 죄에서 깨끗게 하고 정결케 하는 능력이 있다는 것입니다. 그래서 성경은 그리스도인들, 하나님의 백성들을 가리켜서 어떻게 부르느냐 하면 베드로전서 1장 2절을 보겠습니다.

베드로전서 1장 2절
"곧 하나님 아버지의 미리 아심을 따라 성령이 거룩하게 하심으로 순종함과 예수 그리스도의 피 뿌림을 얻기 위하여 택하심을 받은 자들..."

성도들, 크리스찬이란 '피뿌림을 얻기 위하여 선택함을 받은 사람들'입니다. 우리는 우리의 죄 때문에 거룩하신 하나님 앞에 도저히 설 수 없는 죄인들입니다. 그런데 예수님이 우리의 죄를 짊어지고 피를 흘리셨습니다. 우리는 그의 피로 피뿌림을 얻은 사람들입니다. 그 피가 나한테 뿌려졌기 때문에 나는 죄에서 깨끗함을 얻고 죄에서 용서받은 자로 하나님 앞에 설 수가 있습니다. 사도 베드로가 예수님의 피를 어떻게 말하는지 보겠습니다.

베드로전서 1장 18-19절
"너희가 알거니와 너희 조상이 물려 준 헛된 행실에서 대속함을 받은 것은 은이나 금 같이 없어질 것으로 된 것이 아니요 오직 흠 없고 점 없는 어린 양 같은 그리스도의 보배로운 피로 된 것이니라"

어린양 같은 예수님이 우리의 죄를 짊어지고 흘린 피는 우리를 죄에서부터 깨끗하게 합니다. 그 피를 가리켜서 보배 피, 보배로운 피라고 합니다. 그래서 우리가 보혈을 찬송하는 것입니다. 그 보배 피가 우리를 죄에서 깨끗하게 하고 우리가 용서받은 자로 하나님 앞에 서서 인생을 살게 된 것입니다.

• 우리는 예수님이 흘린 이 피를 어떻게 할 것인가?

1) 피를 믿고

예수님이 내 죄를 짊어지고 마치 어린양처럼 피를 흘리셨다는 사실을 믿어야 됩니다. 이것을 믿지 않으면 그리스도인들이 아닙니다. 교회 나와도 신학을 하나의 도덕적인 종교로만 받아들이는 사람, 아직 속죄함이 없는 사람, 아직 구원의 진정한 체험이 없는 사람입니다. 레위기 17장의 교훈이 어떻게 신약성경에 적용되고 있는가를 보겠습니다.

히브리서 9장 22절
"율법을 따라 거의 모든 물건이 피로써 정결하게 되나니 피흘림이 없은즉 사함이 없느니라"

속죄의 제물을 잡은 후 그 피를 뿌린 그릇은 깨끗함을 얻었다고 고백하게 만들었던 것입니다. 그것은 궁극적으로 흘린 대속의 피를 통해서 우리라는 인간의 존재가 깨끗함을 얻을 것에 관한 그림, 예표입니다. 피흘림이 없은즉 사함이 없습니다.

히브리서 10장 22절

"우리가 마음에 뿌림을 받아 악한 양심으로부터 벗어나고 몸은 맑은 물로 씻음을 받았으니 참 마음과 온전한 믿음으로 하나님께 나아가자"

주님이 내 죄를 짊어지고 십자가에서 피 흘려주셨다는 이 사실을 마음으로 믿고 하나님 앞에 나온 사람들 그것이 바로 여러분이고 저인 것을 믿으시기 바랍니다. 그 피를 믿으십시오.

2) 피를 기념하고

우리는 그 피를 늘 기억하고 기념해야 합니다. 피를 믿고 예수님의 보혈을 믿는다고 하면서도 우리는 잊어버릴 수가 있습니다. 우리는 그 피, 예수님이 내 죄 때문에, 내 죄를 짊어지고 피를 흘린 것을 늘 기억할 필요가 있습니다. 인간은 너무나 쉽게 망각하는 존재이기 때문에 잊어버리지 않도록 신약시대에 와서 주님이 한 의식을 주셨습니다.

주의 만찬, 성만찬식입니다. 성찬식의 그 잔이 바로 예수님의 보혈의 잔이 아니겠습니까?

고린도전서 11장 25절
"식후에 또한 그와 같이 잔을 가지시고 이르시되 이 잔은 내 피로 세운 새 언약이니 이것을 행하여 마실 때마다 나를 기념하라 하셨으니"

우리는 기념하기 위해서 마십니다. 기념이라고 했지만 영어로는 remember, 기억한다는 말입니다. 그런 의식을 통해서 주님이 내 죄 때문에 피 흘리신 것을 잊어버리지 말고 기억하라는 것입니다.

3) 피를 마셔야 한다.

우리가 실제로 예수님의 피를 상징하는 그 잔을 마시지만 마신다는 것이 구체적으로 어떤 의미가 있습니까? 우리 주님의 자신의 말씀을 같이 한번 묵상해보겠습니다.

요한복음 6장 53-54절
"예수께서 이르시되 내가 진실로 진실로 너희에게 이르노니 인자의 살을 먹지 아니하고 인자의 피를 마시지 아니하면 너희 속에 생명이 없느니라 내 살을 먹고 내 피를 마시는 자는 영생을 가졌고 마지막 날에 내가 그를 다시 살리리니"

예수님을 인격적인 구주와 주님으로 영접했다는 것은 다시 말하면 그의 살을 먹고 그의 피를 마신 것입니다. 주님이 나를 위해 피를 흘린 그 사건이 바로 나의 사건이 되는 것입니다. 이제 나는 그 살을 먹고 그 피를 마신 자가 되어 그리스도 안에 있는 자가 된 것을 믿으시기 바랍니다. 이것이 바로 피를 마신다는 의미입니다. 나와 주님은 이제 하나입니다. 주님이 나를 위해 피 흘려주셨기 때문에 그때 내가 피를 흘리는 것입니다. 이미 그 피의 효험으로 나는 이제 깨끗함을 얻은 자로 주님 앞에 설 수 있고, 나의 죄를 위해서 주님이 흘리신 피를 마시는 것을 상징하는 성찬, 그 성찬은 매우 중요한 성찬입니다.

그러기에 성찬식을 소홀히 해서는 안 됩니다. 그래서 성찬식을 소중히 여기지 않는 것을 초대교회에서는 매우 심각한 죄로 생각했습니다.

자, 만약 성찬을 소홀히 하면 어떻게 되는가? 고린도전서 11장 29절과 30절의 말씀을 보겠습니다.

고린도전서 11장 29-30절
"주의 몸을 분별하지 못하고 먹고 마시는 자는 자기의 죄를 먹고 마시는 것이니라. 그러므로 너희 중에 약한 자와 병든 자가 많고 잠자는 자도 적지 아니하니"

피를 마실 때 마다 '주님 제가 잊지 않았어요. 저는 주님의 은혜를 받은 자예요. 제가 주님을 바라보고 살 거예요' 이런 진지한 고백 없이 하는 자는 결국 주님을 소홀히 여기는 사람이란 말입니다.

내가 주님과의 진정한 교제 안에서 살지 못하게 되면 어떻게 되는가? 세 가지 결과를 얘기했습니다.

30절에 보시면 '약한 자가 많고 병든 자가 많고 잠자는 자가 적지 않다'고 했습니다. 우리가 주님과 교제하면서 제대로 신앙생활을 못하면 하나님이 경고로 처음에 약하게 만듭니다. 약한데도 깨닫지 못하면 하나님이 눕혀놓으십니다. 병든 자리에서 빨리 깨달아야 되는데 그래도 깨닫지 못하면 이런 일이 일어날 수도 있습니다. 아예 자라! 생명을 가져가시는 겁니다. 그럴 수도 있단 말입니다. 우리가 성찬식을 소홀히 하지 않는다는 것은 주님과의 관계를 소홀히 하지 않고 살아간다는 의미입니다. 내가 주님 앞에 나와서 설 수 있고 그 주님을 경배하며 살 수 있다는 것 모두 주님의 피, 보혈 때문입니다. 그 피가 우리에게 가져온 놀라운 결과를 히브리서 기자는 이렇게 증언합니다.

히브리서 10장 19-20절
"그러므로 형제들아 우리가 예수의 피를 힘입어 성소에 들어갈 담력을 얻었나니 그 길은 우리를 위하여 휘장 가운데로 열어 놓으신 새로운 살 길이요 휘장은 곧 그의 육체니라"

예수의 피로 우리는 주님 앞에 서서 그분을 만나고 그분을 경배하는 것입니다.

유월절 날, 모든 애굽 땅에 처음 난 것들을, 장자들을 심판하기로 작정하신 그 밤, 그러나 하나님의 백성들을 보호하시기 위해서 하나님의 백성들에게는 하나님이 구원받을 처방을 주셨습니다. 양을 잡아서 그 피를 그 집 좌 우 문설주에 바르는 것이었습니다. 그런데 피를 안 믿는 사람들은 피를 바르지 않음으로 틀림없이 이튿날 초상이 났을 것입니다. 또한, 피를 발라는 놓았지만 온전히 믿지 못한 사람에게 그 밤은 밤새도록 불안한 밤이었을 것입니다. 그러나 하나님의 말씀을 온전히 신뢰하는 사람들은 그 공포의 밤에도 찬양과 감사로 보냈을 것입니다.

여러분은 어떤 사람입니까? 그 피를 믿지 못하는 사람입니까? 피를 믿되 확신하지 못해서 오늘도 불안하게 인생을 살고 있습니까? 아니면 보혈을 받아들이고 주님 안에서 날마다 감격하고 감사하며 인생을 살고 계십니까?

보배로운 피, 그 피가 여러분과 저를 오늘 하나님 앞에 살게 했고 세워주었습니다. 이 감격으로, 이 감사로 평생을 살아가시기를 주님의 이름으로 축원 드립니다.

Part 17

주의백성들의 성의규례

너희는 거룩하라

性

레위기 18장은 주의 백성들의 성윤리, 성의 규례들을 기록하고 있는 장입니다. 우리가 예수님을 만나고 믿어 하나님의 자녀가 되는 순간 우리는 하나님 나라의 백성이 됩니다. 하나님 나라의 백성이 되었다는 것은 더 이상 이 세상 안에 살지만 세상의 왕국에 속한 자가 아니라는 말입니다. 따라서 우리는 세상 사람들과 다르게 살아야 할 필요가 있습니다. 물론 어떤 문화는 우리가 이 땅에 사는 모든 불신자들과 공유해야할 것들이 있지만 또 어떤 것은 전혀 다르게 살아야 할 필요가 있습니다.

LEVITICUS
17
주의 백성들의 성의 규례
;레위기 18장

너 희 는   거 룩 하 라

레위기 18장은 주의 백성들의 성윤리, 성의 규례들을 기록하고 있는 장입니다. 우리가 예수님을 만나고 믿어 하나님의 자녀가 되는 순간 우리는 하나님 나라의 백성이 됩니다. 하나님 나라의 백성이 되었다는 것은 더 이상 이 세상 안에 살지만 세상의 왕국에 속한 자가 아니라는 말입니다. 따라서 우리는 세상 사람들과 다르게 살아야 할 필요가 있습니다. 물론 어떤 문화는 우리가 이 땅에 사는 모든 불신자들과 공유해야할 것들이 있지만 또 어떤 것은 전혀 다르게 살아야 할 필요가 있습니다.

바울은 로마서 12장 2절 이하의 말씀을 통해서 '너희는 이 세대를 본받지 말라'고 말하고 있습니다. 우리는 세상과 다르게 살아야 할 이유가 있다고 말씀하십니다. 그것을 오늘의 본문의 표현을 빌리면 이렇습니다.

레위기 18장 3절
"너희는 너희가 거주하던 애굽 땅의 풍속을 따르지 말며 내가 너희를 인도할 가나안 땅의 풍속과 규례도 행하지 말고"

이스라엘 백성들은 애굽 땅에서 나왔습니다. 애굽은 세상을 상징하는 것입니다. 그렇기 때문에 그들은 애굽 땅에 살면서도 애굽의 풍속을 따르지 말아야 했습니다. 그들은 하나님의 백성들이었기 때문입니다. 약속의 땅인 가나안도 그들이 정복해서 새롭게 문화를 만들어 가 야할 땅이지 가나안의 모든 문화를 그대로 받아들여서는 안 될 땅이었습니다. 그래서 애굽의 풍속을 따르지 말고 가나안 땅의 풍속도 따르지 말라고 말씀하신 것입니다.

우리가 주변의 불신자들과 다르다는 것, 다름이 있다는 것, 그것이 바로 주의 백성들을 세상의 빛으로 소금으로 만드는 것입니다. 다 똑같다면 예수를 믿어야 할 필요가 뭐가 있겠습니까? 그냥 똑같이 섞여 사는 것을 우리는 세속화라고 말하는 것입니다. 우리는 세상 속에 살고 있기 때문에 세상 사람들처럼 먹고, 마시고, 입고, 또 문화를 공유해야 할 많은 측면들이 있습니다. 그럼에도 불구하고 이 세상에는 죄의 문화, 악의 문화가 들어와 있습니다. 이런 것들을 분별해야 합니다. 그리고 거절할 줄 알아야 합니다. 그리고 다르게 살 줄 알아야 합니다. 그것을 통해서 그리스도인은 그리스도인이 되고 하나님의 백성다운 백성이 되어가는 것입니다. 본문의 핵심은 이것입니다.

레위기 18장 4-5절
"너희는 내 법도를 따르며 내 규례를 지켜 그대로 행하라 나는 너희의 하나님 여호와이니라 너희는 내 규례와 법도를 지키라 사람이 이를 행하면 그로 말미암아 살리라 나는 여호와이니라"

내 규례, 내 법도가 강조되고 있습니다. 하나님이 우리에게 주시는 규례가 있다는 것입니다. 우리는 그 규례를 붙들고 살아야합니다. 하나님이 우리 삶에 주시는 원칙이 있습니다. 우리는 그것을 붙들고 살아야 한다는 것입니다.

20/21세기는 새로운 시대적 별명을 얻었는데 거의 예수님 이후 1900년과 전혀 다른 새로운 시대가 열리기 시작했습니다. 그 시대를 '성 해방의 시대' 혹은 '성 혁명의 시대' 이렇게 말하기도 합니다. 성이 자유로운 시대가 된 것입니다. 물론 성은 하나님이 우리에게 주신 가장 아름다운 선물입니다. 그러나 가장 아름답기 때문에 가장 오용되기 쉬운 선물이기도 합니다.

하나님은 저와 여러분을 성적 존재, 그리고 남성과 여성으로 지어놓고 나서 '보시기에 좋았더라'고 말씀하셨습니다. 남성과 여성이 있다는 것이 세상을 아름답게 만드는 것입니다. 우리가 다르다는 것, 다른 성에 어울린다는 것, 이게 세상의 아름다움입니다.

성은 선물입니다. 소중한 선물이고 아름다운 선물입니다. 성을 만드신 이가 하나님이십니다. 또, 다른 성을 통해서 평생의 특별한 친구를 만나 결합하여 부부가 되게 하신 것도 하나님이십니다. 하나님은 아담과 하와를 연합하게 만들어 놓으시고 '보시기에 심히 좋았더라'고 말씀하신 하나님이십니다. 그래서 성은 아름다운 것입니다.

그러나 이 성은 동시에 가장 아름답기 때문에 가장 잘못 사용되기 쉬운 그런 선물입니다. 수년 전 우리는 부산에 여중생 성폭행 사건, 그리고 살인 사건을 통해서 온 국가와 국민이 충격을 경험했습니다. 성폭행범인 '김○○'라는 사람을 향해서 온 국민이 분노를 쏟는 광경을 보았습니다. 저는 그 분노는 거룩한 분노, 타당한 분노라고 생각합니다. 그것은 아직도 우리 사회에 보편적 정의와 가치를 향한 사람들의 마음이 살아있다는 증거이기도 합니다. 그런데 이런 와중에 '김○○'를 옹호하는 팬 카페가 열렸다고 합니다. 이것은 우리를 또 다른 절망과 경악 속에 몰아넣습니다. 그만큼 우리 시대는 왜곡된 성윤리가 지배하고 있는 시대라고 할 수가 있습니다.

그런데 오늘 본문은 아주 오래 전에 이미 우리가 성을 통해서 경험할 수 있는 6가지 범죄를 우리에게 경고하고 있습니다.

성을 통해서 경험할 수 있는 6가지 범죄

1. 근친상간에 대한 경고 (6-18절)

근친상간에 대한 경고가 무려 6절부터 18절까지 기록되고 있습니다. 가장 많은 분량을 차지하면서 근친상간을 경고합니다. 골육 친척끼리 성적인 범죄를 행하는 일에 대한 신랄한 경고가 기록되고 있습니다.

한마디로 이 대목은 '가정을 지키기 위한 하나님의 규례다' 이렇게 생각하시면 됩니다. 가정은 부부의 결합을 통해서 자녀를 생산하고 가정의 질서를 세워가도록 하나님께서 계획하셨습니다. 그런데 부부관계를 떠난 성의 경계가 무너지기 시작하면 그것은 가정에 큰 혼란을 초래하기 시작합니다. 가정에 살면서 누가 아버지인지 누가 어머니인지 누가 진짜 자식인지 모르겠다면 큰 혼란이 벌어질 것입니다. 요즘 막장 드라마들이 그런 여러 가지 사건들을 우리에게 보여주고 있습니다. 이것은 무너져가는 현대 가정의 질서의 붕괴를 예언하는 슬픈 징조들이라고 할 수 있습니다.

여기 부당한 성적 교제의 대상으로 수많은 사람들이 이 대목 안에 언급되고 있습니다. 어미나 아비가 성의 대상이 될 수 없고 자식과 부모가 함께 성적으로 어울리는 일들이 제일 먼저 경계되고 있습니다.

7절에 '네 어머니의 하체는 곧 네 아버지의 하체이니 너는 범하지 말라' 이것이 맨 처음 경고된 이유는 그것이 가장 지탄받을 만한 일이기 때문에 그렇습니다. 계모, 아비의 소실, 아비의 후처, 이복누이, 손녀,

외손녀, 고모, 이모, 백모, 숙모, 형수, 제수 이런 골육 친척과의 성관계를 경고하는 말씀이 가득하게 기록되고 있습니다. 이런 성경의 경고는 타당하다는 것을 발달된 현대 과학이 우리에게 증명해주고 있습니다. 근친과의 결혼은 결국 우성 자손이 아닌 열성 자녀들을 생산케 함으로써 기형아를 생산하게 되고 또 인류 종족의 퇴화를 초래한다는 사실이 과학적으로도 입증되고 있지 않습니까? 그래서 이 대목을 아주 길게 6절부터 18절까지 경고하고 있는 것입니다.

또 이렇게 긴 대목을 통해서 경고하는 중요한 이유는, 고대사회는 주로 핵가족이 아닌 대가족체제였고, 대가족이 좁은 공간에서 어울려 살면서 이런 범죄가 더 많이 보편화되었던 것입니다. 그래서 이러한 보편적인 죄악들을 경고하기 위해서 성경이 많은 부분을 할애하면서 신랄한 경고를 우리에게 던지고 있는 것입니다.

2. 일방적인 성행위 (19절)

레위기 18장 19절

"너는 여인이 월경으로 불결한 동안에 그에게 가까이 하여 그의 하체를 범하지 말지니라"

이것은 주로 남성에 의해서 쉽게 자행될 수 있는 행위에 대한 경고라고 할 수가 있습니다. 성교라는 것은 부부간의 합의에 의해서만 이루어질 수 있는 교제의 방편입니다. 그러나 아무리 부부라도 부부중의 한 사람이 다른 한 쪽의 의사를 무시하면 부부의 교제조차도 일종의 성적인 폭력이 될 수가 있습니다. 특별히 이것은 남편에 의한 일방적 요구의 경우에 더 그렇습니다.

여기 월경 중에 성교를 경고한 이유가 있습니다. 월경 중에 대부분의 여인들은 일종의 불쾌감을 경험하면서 성에 대한 즐거움을 누리기가 가장 어려운 때입니다. 그럼에도 불구하고 남편이 요구하기 때문에 할 수 없이 응해야 한다면 그것은 성적인 즐거움의 교제라고 하기 어렵습니다. 이것은 일종의 성적인 억압의 한 형태이고, 따라서 여러 질병의 원인이 될 수도 있습니다.

아주 흥미로운 것은 세상에서 여성의 자궁암이 가장 적은 나라가 이스라엘이라는 사실입니다. 왜냐하면 유대인들은 이 계명을 철저하게 준수합니다. 그래서 유대인 여성들 가운데 가장 자궁암이 적은 것이 통계적으로 나타나 있다고 합니다. 그 이유는 간단합니다. 월경 중에 성교를 하지 않기 때문입니다. 그러나 유대인을 빼놓고서는 대부분의 다른 문화권에서는 남자들이 때를 얻든지 못 얻든지 요구할 가능성이 있습니다. 그것에 대한 경고입니다.

3. 간음 (20절)

레위기 18장 20절
"너는 네 이웃의 아내와 동침하여 설정하므로 그 여자와 함께 자기를 더럽히지 말지니라"

내 남편이나 내 아내가 아닌, 다른 이의 남편, 다른 이의 아내와 더불어 성적 교제를 하는 것, 아주 쉽게 그것이 바로 간음의 정의입니다. 이것 역시 창조의 질서를 무너뜨리고 가정을 파괴하기 때문에 성경이 경고한 것입니다. 이 범죄는 특별히 십계명 중에 제 7계명으로 경고되었다는 것을 우리가 잘 알고 있습니다. '간음하지 말라.'

4. 자녀 학대 (21절)

레위기 18장 21절

"너는 결단코 자녀를 몰렉에게 주어 불로 통과하게 함으로 네 하나님의 이름을 욕되게 하지 말라 나는 여호와이니라"

당시 고대 이스라엘 백성 가운데는 우상 신에게 자신이 기쁨이 되는, 또 복을 얻기 위한 통로로 삼기 위해서 자녀들을 우상신 몰렉에게 죽음의 제물로 갖다 바치는 습관이 있었습니다. 이방신에게 자기 자녀를 헌물로 바치는 것입니다. 성공을 얻기 위해서, 건강을 얻기 위해서 혹은, 부를 얻기 위해서 자녀를 희생해서 바치는 일이었습니다.

과거 드라마 가운데 '공부의 신'이라는 것이 있었습니다. 우리 부모들 가운데도 이따금씩 하나님에 대한 신뢰나 혹은 자녀들이 정서적으로 영적으로 건강하게 자라나는 일보다도 공부만 잘하는 기계를 만드는 일에 관심이 있는 부모가 있다면, 그래서 자녀들의 영적인 성장이나 혹은, 정서적인 균형 잡힌 성장에 전혀 관심이 없이 자식들을 공부로 몰아가고 있다면 그것이야 말로 공부의 신에게, 공부의 신 몰렉에게 자녀를 바치는 행위라는 것을 아십니까?

이런 우상숭배는 지금도 우리 시대에서 얼마든지 일어날 수 있는 범죄인 것입니다. 더군다나 자신의 적은 부의 취득을 얻기 위해서 자녀를 아동 포르노 같은 일에 사용하는 일, 이런 끔찍한 죄악이 우리 시대에 적지 않게 벌어지고 있습니다. 성경은 일찍이 오래전에 바로 이런 자녀에 대한 학대를 경고한 것입니다.

5. 동성애 (22절)

레위기 18장 22절
"너는 여자와 동침함 같이 남자와 동침하지 말라 이는 가증한 일이니라"

성경은 동성애를 '가증하다' 이렇게 말하고 있습니다. 제가 동성애에 대한 경고를 설교가운데 말한 일이 있는데 제 설교를 비판하는 어떤 분이 제가 동성애를 비판했다고 해서 '관용이 없다, 사랑이 없다' 고 저를 비판한 분이 있었습니다. 저는 그분이 성경을 믿나, 근본적으로 성경을 믿는 사람인가라는 의심을 솔직히 지울 수가 없었습니다. 저는 동성연애자도 인간으로서의 권리는 존중되어야 마땅하다고 생각하는 사람입니다. 그러나 성경은 동성애의 행위 그 자체는 죄라고 가증하다고 말합니다.

그런데 오늘날 불행한 사실은 심지어 일부 자유주의의 신학적 경향을 보이는 교단 안에서는 동성애 목사도 등장하고 있다는 사실입니다. 그것을 승인하는 것이 교단적으로 통과가 된 교단도 있습니다. 우리 시대가 성적으로 얼마나 왜곡된 흐름 속으로 빠져 들어가고 있는가를 보여주는 그런 사례가운데 하나라고 생각합니다. 성경은 이것에 관해 구약이나 신약이나 동일하게 말씀하고 있습니다.

로마서 1장 27절
"그와 같이 남자들도 순리대로 여자 쓰기를 버리고 서로 향하여 음욕이 불 일듯 하매 남자가 남자와 더불어 부끄러운 일을 행하여 그들의 그릇됨에 상당한 보응을 그들 자신이 받았느니라"

'남자들도 순리대로 여자 쓰기를 버리고 서로 향하여 남자끼리 음욕이 불 일듯 하매' 상당한 보응을 받을 수밖에 없다고 성경은 말하고 있습니다. 남자끼리만의 성애가 아니라 그 직전 구절인 26절에 '이 때문에 하나님께서 그들을 부끄러운 욕심에 내버려 두셨으니 곧 그들의 여자들도 순리대로 쓸 것을 바꾸어 역리로 쓰며' 라고 기록하고 있습니다. 여성이나 남성이나 동성애는 똑같은 것입니다.

고린도전서 6장 9절
"불의한 자가 하나님의 나라를 유업으로 받지 못할 줄을 알지 못하느냐 미혹을 받지 말라 음행하는 자나 우상 숭배하는 자나 간음하는 자나 탐색하는 자나 남색하는 자나"

남색(남자끼리 탐하는 색)은 일종의 동성애에 대한 경고로 그들은 하나님의 나라에 합당하지 못하고 하나님의 나라를 유업으로 받지 못한다고 분명히 경고하고 있습니다. 구약뿐만이 아니라 신약에도 동성애에 대한 경고는 넘쳐나고 있습니다.

우리는 동성애에 빠진 사람들은 사랑해야 하고 또 그들을 돕고 이해하려고 애를 써야 합니다. 그러나 그 죄를 용납해서는 안 됩니다. 그것은 여전히 죄이고 또 거기에서 빠져나올 수 있도록 우리가 도울 수 있어야 한다는 사실입니다.

현대에 일어난 AIDS라는 질병은 바로 이런 동성애에 대한 하늘의 경고라고 생각합니다. 물론 모든 AIDS가 동성애 때문에 일어나는 것은 아닙니다. 억울하게 수혈과정에서 AIDS로 고통당하는 이웃들이 있는 것이 사실이고 우리는 이런 분들에 대한 특별한 긍휼을 가지고 사랑으로 도울 수가 있어야 합니다. 그러나 많은 경우 후천적 면역 결핍증이라고 불려지는 AIDS는 일종의 T-림프구가 약해진 상태입니다. 병균과 싸울 수 있는 저항력이 아주 떨어져 버린 것입니다. 창조의 원리를 떠난 동성애의 실천(practice)을 통해서 가장 많이 걸릴 수 있는 그런 병적인 상태라는 것은 이미 명확한 사실이 되어가고 있습니다. 성경은 시대와 더불어 바뀔 수 없는 하나님의 경고를, 바로 동성애라는 범죄를 통해서 경고하고 있다는 사실입니다.

6. 수간 (23절)

레위기 18장 23절

"너는 짐승과 교합하여 자기를 더럽히지 말며 여자는 짐승 앞에 서서 그것과 교접하지 말라 이는 문란한 일이니라"

평범한 사람들에게는 있을 수 없는, 생각할 수 없는 사건이지만 우리 사회의 한 모퉁이에서는 이런 사건들이 일어나고 있다는 사실입니다. 옛날에도 일어났고 지금도 일어나고 있다는 사실입니다.

수간, 동물과의 성적인 교제를 금하고 있는 것입니다. 하나님은 분명히 인간과 동물을 다른 차원에서 지으셨습니다. 동물과 인간이 본질적으로 다른 것, 하나님은 오직 인간만 하나님의 형상을 따라 지어주셨습니다. 인간은 동물과 다른 존재입니다. 동물과 공유하는 본능적인 일면이 있지만 사람은 분명히 동물과 다른 존재입니다. 하나님의 형상대로 지음을 받았습니다. 남자와 여자는 공히 하나님의 형상대로 지음을 받았고 남녀가 결합하도록 지어주셨습니다. 그런데 동물과 더불어 교통하는 일부 사람들이 있다는 사실입니다. 이것은 명확하게 창조의 경계선을 허물고 있는 죄악이라고 할 수가 있습니다. 현대만 그런 것이 아니고 과거 애굽의 타락한 문화 속에도 그런 일들이 적지 않았다고 합니다. 애굽의 여인들은, 특별히 애굽의 외로운 여인들이 숫염소와 수간을 했었다고 합니다. 그런가하면 로마 문화 속에서는 개와 더불어 성적인 교통을 나누는 사람들이 적지 않았습니다.

오늘 본문을 보시면 이런 범죄들에 대해서 매우 엄격한 형벌이 적용되고 있는 것을 볼 수가 있습니다. 일률적으로 이런 범죄에 전체 통괄될 수 있는 형벌이 29절에 기록되어 있습니다.

레위기 18장 29절
"이 가증한 모든 일을 행하는 자는 그 백성 중에서 끊어지리라"

백성 중에서 끊어진다, 열외시켜야 된다, 격리시켜야 한다는 말입니다. 너무 심한 것 같지만 그것은 사회의 근간을 흔들어 놓기 때문에 사회와 가정의 질서가 유지되기 위해서는 이런 사람들은 사회에서 격리시켜야 한다는 것입니다. 성경은 계속해서 이런 유형의 범죄들을 악행, 가증한 일이라고 말하고 있습니다. 여기 '가증한 일이다'라는 단어가 18장에 5번이나 반복됩니다.

미국이나 서구 사회는 어떤 면에서 성적으로 상당히 자유로운 사회이지만 성폭행에 대해서는 그렇게 관대하지 않습니다. 한국보다도 훨씬 더 엄격한 법률을 적용합니다. 그렇게 해야 우리가 인간의 휴머니즘을 하나님의 뜻 안에 지킬 수 있기 때문입니다. 이것은 일종의 기독교적인 윤리나 문화가 바탕에 남아있기 때문이라고 말할 수 있습니다.

왜 이런 범죄가 가증한 것인가? 그것은 두 가지 이유에서입니다.

하나님이 그렇게 소중히 여기는 가정, 선물로 주신 가정을 허물 수가 있기 때문입니다.

두 번째는 우리가 살고 있는 삶의 무대인 이 땅을 더럽히는 것이기 때문입니다. 이 마지막 부분에 보시면 '땅을 더럽히는 것이다'는 얘기가 계속 반복되고 있습니다. 우리가 살고 있는 삶의 무대를 더럽히는 것이고 문화를 오염시키는 범죄이기 때문에 그렇습니다.

대안

우리의 자녀들이 어려서부터 인터넷 성문화에 노출되어 이러한 범죄 속에 빠져 성에 중독된 청소년들이 적지 않습니다.

1) 성 중독은 치유 가능

전문가들은 성 중독은 치유가 가능하다고 말합니다. 그런데 치유를 받지 못하는 이유는 은폐하기 때문에 그렇습니다. 그래서 병을 키우는 것입니다. 그러나 자기의 중독을 인정하고 치료받기 시작하면 시간이 필요하지만 치유될 수 있습니다. 그렇기에 우리가 치유될 수 없다는 불안한 가정을 할 필요가 없습니다.

2) 회개하고 걸어야 할 성화의 길

그러나 무엇보다 중요한 것은 각자의 삶을 돌아보며 우리 모두 회개하고 성화의 길을 걷는 것이 필요합니다. 그러나 우리가 정말 거룩하게 자신을 지키기 위해서는 우리 시대는 혼자의 힘으로 너무 힘든 시대입니다. 너무나 많은 유혹이 넘쳐나고 있습니다.

그래서 공동체, 셀이 중요하다고 생각합니다. 우리 목장 안에서 이런 아픔을 겪고 있는 이들이 있다면 서로 돌아보고 계속적으로 격려하고 실패해도 다시 격려해야 합니다. 내 허물과 약점을 아는 사람들이 나를 위해 계속 돌아보며 기도하고 있다면 마침내 공동체 안에서 이것을 극복하게 될 것입니다. 그래서 기독교 심리학자인 로렌스 크랩은 '성 중독과 성 오염에 대한 하나님의 최선의 선물은 교회안의 소그룹이라는 공동체다'라고 말합니다. 교회안의 소그룹이 정상적으로 작동되고 있다면 대부분의 이런 문제가 극복될 수 있다고 말합니다. 그것이 목장이 필요한 이유입니다. 목장 안에서 이런 아픔까지도 내어놓고 서로가 기도하기 시작할 때 저는 수많은 이런 문제들이 치유되는 하나님의 희망을 보게 될 것이라고 믿습니다.

3) 활기찬 가정생활

무엇보다 중요한 대안, 이것은 마지막이면서도 가장 중요한 대안이라고 할 수가 있습니다. 그것은 활기찬 가정생활을 하는 것입니다. 여기까지 성에 대한 범죄를 경고하고 나니깐 우리는 성은 매우 부정한 것인 것처럼 그렇게 인식될 수도 있을 것입니다. 그러나 그렇지 않습니다. 이것은 타락한 성에 대한 경고이지 잘 선용되는 부부의 관계 안에서의 성은 아름다운 것입니다. 그것은 긍정할만한 것이고 이것은 우리들의 행복의 원천이 될 수가 있다는 것입니다. 성경이 성을 얼마나 적극적으로 긍정하고 있고, 또 부부의 아름다운 성생활을 얼마나 아름답게 묘사하고 있는지 그 대표적인 구절 하나만 결론으로 살펴보겠습니다.

잠언 5장 15절
"너는 네 우물에서 물을 마시며 네 샘에서 흐르는 물을 마시라"

다른 집 우물을 자꾸 보지 말고 네 우물에서 마시라고 말씀하고 있습니다. 성경 표현이 얼마나 재미있어요?

잠언 5장 16절
"어찌하여 네 샘물을 집 밖으로 넘치게 하며 네 도랑물을 거리로 흘러가게 하겠느냐"

자꾸만 물을 거리로 흘러넘치게 하는 사람들이 있단 말입니다. 그래도 이해를 못할까봐 조금 더 직설적으로 표현을 했습니다. 17절 보겠습니다.

잠언 5장 17절
"그 물이 네게만 있게 하고 타인과 더불어 그것을 나누지 말라"

모든 것을 나눌 수 있지만 딱 하나 성은 나누시면 안 됩니다. 그러나 거기서 끝나지 않습니다. 18절, 이제 적극적인 권고로 바뀝니다.

잠언 5장 18절
"네 샘으로 복되게 하라 네가 젊어서 취한 아내를 즐거워하라"

아내를, 남편을 즐거워하라. Enjoy your husband, enjoy your wife. 마지막 19절입니다. 저는 너무 이 구절이 좋습니다.

잠언 5장 19절
"그는 사랑스러운 암사슴 같고 아름다운 암노루 같으니 너는 그의 품을 항상 족하게 여기며 그의 사랑을 항상 연모하라"

배우자를 항상 족하게 여기고 항상 연모하십시다.

Part 18

거룩한삶을
위한규례

ㅇ

너 희 는 거 룩 하 라

聖化

우리가 구원받고 그리스도인이 된 다음에 가장 중요한 명령이 있다면 거룩해야 한다는 것입니다. 이것을 성화라고 합니다. 성화의 명령, 하나님의 성품을 닮아가고, 주님을 닮아가는 삶에 대한 교훈이 기록되어있는 장입니다. 그래서 구약에서 가장 중요한 장중에 하나가 바로 레위기 19장이라고 할 수가 있습니다.

18

거룩한 삶을 위한 규례

;레위기 19장

너 희 는   거 룩 하 라

레위기 19장은 성경 전체를 통해서 매우 중요한 장 가운데 하나라고 할 수가 있습니다. 왜냐하면 레위기 19장 안에 위대한 명령인 '네 이웃 사랑하기를 네 몸같이 하라'는 말이 바로 여기에 있습니다. 그 말씀을 예수님도 인용하시고 신약성경도 인용한 것입니다. 그런가 하면 '하나님이 거룩하시니 너희도 거룩하라'는 이 거룩함에 대한 명령이 바로 레위기 19장에 나옵니다.

우리가 구원받고 그리스도인이 된 다음에 가장 중요한 명령이 있다면 거룩해야 한다는 것입니다. 이것을 성화라고 합니다. 성화의 명령, 하나님의 성품을 닮아가고, 주님을 닮아가는 삶에 대한 교훈이 기록되어있는 장입니다. 그래서 구약에서 가장 중요한 장중에 하나가 바로 레위기 19장이라고 할 수가 있습니다.

레위기 19장 1-2절

"여호와께서 모세에게 말씀하여 이르시되 너는 이스라엘 자손의 온 회중에게 말하여 이르라 너희는 거룩하라 이는 나 여호와 너희 하나님이 거룩함이니라"

이 말씀을 그대로 인용한 사람이 사도 베드로입니다. 한번 신약에서 읽어보겠습니다.

베드로전서 1장 15-16절

"오직 너희를 부르신 거룩한 이처럼 너희도 모든 행실에 거룩한 자가 되라 기록되었으되 내가 거룩하니 너희도 거룩할지어다 하셨느니라"

여기 '기록되었으되'는 레위기 19장 2절에 '기록되었으되'입니다. 레위기 19장 전체를 보시면 반복되는 중요한 어구 하나가 있습니다. '나는 여호와니라', '내가 여호와다'. 3절, 4절, 10절, 12절, 16절, 25절, 31절, 32절, 37절에 반복됩니다. 또 이 말씀에 대한 응답을 요구하는 중요한 말씀이 19절, 37절에 두 번 반복됩니다.

레위기 19장 19절

"너희는 내 규례를 지킬지어다"

37절 마지막 부분에 한 번 더 나옵니다. 그래서 19장 전체는 거룩한 삶을 위한 규례입니다. 그러나 질문은 아직도 남습니다. 거룩한 삶이란 도대체 어떻게 사는 것이 거룩한 삶일까요? 말하기는 쉬운데 거룩한 삶이라는 것은 구체적으로, 실제적으로 어떻게 삶을 사는 것을 뜻하는 것일까요?

레위기 19장에서 강조되는 많은 교훈들이 있지만 크게 네 가지 두드러지는 교훈이 있습니다. 이것이 바로 거룩한 삶에 대한 주님의 기대입니다.

1. 부모 경외의 삶 (3절, 32절)

레위기 19장 3절
"너희 각 사람은 부모를 경외하고 나의 안식일을 지키라 나는 너희의 하나님 여호와이니라"

레위기 19장 32절
"너는 센 머리 앞에서 일어서고 노인의 얼굴을 공경하며 네 하나님을 경외하라 나는 여호와이니라"

32절에서는 부모 대신에 '노인'이라고 말합니다. 모든 노인을 부모같이 섬기고 공경해야 하며 그 다음에 네 하나님을 경외하라고 말씀하고 있습니다. 부모 경외, 노인 경외를 거의 하나님 경외와 같은 수준에 놓았습니다. 왜냐하면 부모는 이 땅에서 하나님의 권위를 대신하는 인간적 존재라고 할 수가 있습니다. 자식들이 부모를 공경한다는 것은 부모 공경을 통해서 우리의 하늘 아버지, 우리의 궁극적인 아버지이신 하나님을 경외하는 것을 배우는 것입니다.

조선 왕조 시대에 아주 지혜로운 효종이라는 임금님이 계셨습니다. 그는 어느 날 민정 시찰도중 임금님을 뵙고 싶어 하는 팔순 노모를 위해 십리 길을 업고 온 젊은이에게 감동 받아 후한 상금을 내렸습니다. 소문이 퍼졌고 또 다른 마을에 불효자로 소문난 젊은이가 상금을 받기 위해 자신의 어머니를 업고 임금님을 맞이했습니다. 그랬더니 옆에 있는 동네 사람들이 소리를 지르기 시작합니다. "임금님, 저 놈은 말도 안 되는 불효자식입니다." 이때 임금님이 조선 역사에 아주 명언으로 남는 놀라운 말씀하셨습니다. "그만 두어라. 저 사람에게도 상을 내려라. 효도는 흉내라도 내는 것이 아름다우니라."

2000년 전 예수님이 십자가에 매달리셨습니다. 예수님은 십자가에서 일곱 마디 말씀을 남기셨습니다. 그래서 그것을 '가상칠언'이라고 말합니다. 세 번째 말씀이 뭔 줄 아세요? 십자가에 달리신 예수님이 그 아래에 있는 제자 사도 요한에게 '옆에 있는 그가 바로 네 어머니이니라. 네 어머니로 모셔라'라고 말씀하셨습니다. 십자가에서 끝까지 예수님은 자기의 어머니(마리아)를 챙기셨습니다.

왜 우리가 부모를 공경해야 합니까? 부모 공경을 통해서 누구를 공경할 수 있습니까? 하나님을 공경합니다. 그것을 통해서 하나님을 닮아 가는 것입니다. 그것이 바로 거룩한 삶입니다. 거룩한 삶은 무엇을 안 하는 것이 아니라 뭔가를 해야 합니다. 부모를 공경하는 것, 그것이 바로 거룩한 삶의 가장 중요한 규례 중의 하나라고 구약은 가르친 것입니다.

2. 안식일 준수의 삶 (3절, 30절)

두 번째 거룩한 삶은 '안식일을 준수하는 삶'입니다. 지금 우리식으로 하면 주일을 성수하는 삶입니다. 그것이 왜 거룩한 삶인지 3절을 보겠습니다.

레위기 19장 3절
"너희 각 사람은 부모를 경외하고 나의 안식일을 지키라 나는 너희의 하나님 여호와이니라"

레위기 19장 30절
"내 안식일을 지키고 내 성소를 귀히 여기라 나는 여호와이니라"

거룩한 삶의 가장 중요한 두 번째 규례는 안식일을 준수하는 삶입니다. 하나님은 안식일을 '나의 안식일'이라고 말씀하십니다. 하나님이 안식일의 주인이십니다. 안식일을 제대로 지키면 하나님을 만납니다. 30절에 '내 안식일을 지키고 내 성소를 귀히' 말씀처럼 안식일에 성소(거룩한 곳)에 와서 거룩하신 하나님을 만나야 됩니다. 그것이 안식을 취하는 가장 중요한 방법입니다. 안식은 늘어진다고 해서 안식이 아닙니다. 때로는 늘어지는 시간도 필요하지만 더 중요한 것은 하나님을 예배하고 경배하면 영적이 안식이 옵니다. 마음의 평화가 오고, 마음에 은혜를 받는 것이 진정한 쉼입니다. 그래서 성경은 늘 안식일의 계명을 강조할 때마다 그것은 하나님과 하나님 백성들의 언약의 상징이라고 말씀하고 있습니다.

출애굽기 31장 13절
"너는 이스라엘 자손에게 말하여 이르기를 너희는 나의 안식일을 지키라 이는 나와 너희 사이에 너희 대대의 표징이니 나는 너희를 거룩하게 하는 여호와인 줄 너희가 알게 함이라"

하나님과의 약속의 사인(표징)입니다. 하나님을 사랑한다는 것을 보여주는 사건입니다. 하나님을 사랑한다면 말로만이 아닌 만나야 합니다. 하나님을 만나려면 시간을 내야합니다. 우리가 어떤 사람을 사랑한다고 말하면서 사랑하는 사람을 위해서 시간을 낼 수가 없다면 그 사랑을 어떻게 믿을 수가 있겠습니까? 시간을 내는 것, 이것이 사랑의 표현입니다. 사랑하는 사람을 위해서 따로 시간을 구별하는 것입니다. '거룩'이라는 말은 본래 구별한다는 뜻입니다. 시간을 구별해서 하나님을 만나야 합니다. 그래서 히브리서 4장 11절에 보면 히브리서 기자는 우리에게 이렇게 명합니다.

히브리서 4장 11절
"그러므로 우리가 저 안식에 들어가기를 힘쓸지니"

안식도 안식하려고 노력해야 합니다. 물론 육체적인 쉼을 가질 수도 있지만 영적인 안식은 하나님을 경배함으로써, 하나님을 예배함으로써 얻는 것입니다. 하나님을 예배하고, 혼자서 깊이 하나님을 묵상하면 새 힘이 납니다. 그렇게 되면 마음이 여유롭고 풍요로워집니다. 이런 사람들이 거룩한 삶을 살 수가 있습니다.

거룩한 삶은 우선 안식일을 준수하는 삶입니다. 주일 날 하나님을 경배하고 묵상하고 그리스도 안에서 가족들과 함께 하나님을 이야기하고 쉰다면 우리의 삶이 얼마나 거룩해지겠습니까?

본래 안식일은 토요일인데 주일 날 지키는 이유는 예수님이 안식의 진정한 의미를 완성하셨기 때문입니다. 주께서 부활하심으로 참된 안식(구원)과 생명을 주셨습니다. '수고하고 무거운 짐진자들아 다 내게로 오라. 내가 너희를 편히 쉬게 하리라' 그래서 신약 시대 와서는 안식 후 그 다음 날, 주일에 하나님을 경배하기 시작한 것입니다.

3. 우상 숭배 금지의 삶 (4절)

레위기 19장 4절
"너희는 헛된 것들에게로 향하지 말며 너희를 위하여 신상들을 부어 만들지 말라 나는 너희의 하나님 여호와이니라"

우상 숭배하지 말라는 말입니다. 그것들은 헛된 것, 무익한 것, 전혀 유익이 되지 못하는 것이라고 말합니다. 그런데도 사람들이 왜 우상을 숭배할까요? 많은 원인이 있지만 '두려움' 때문에 그렇습니다. 어떤 사람들은 교회 나가면서도 우상을 숭배합니다. 그것은 하나님만으로 안심이 안 되기 때문에 그렇습니다.

옛날 제일 많은 신을 섬기는 나라는 인도입니다. 인도의 신은 수백만이 넘을 정도로 많기 때문에 얼마만큼 되는지 인도 사람도 모를 정도입니다. 일본도 8만 신이 있습니다. 그리스는 3만 신이 있습니다. 한국에도 우상이 많은데, 그래도 한국에 유일신 사상이 있었다는 것이 문화적인 축복이라고 생각합니다. 한 하늘님, 한 분, 높으신 분에 대한 사상이 있었습니다. 우상을 숭배하면서도 한 분을 찾고자 하는 마음이 있었습니다.

그러나 우리에게는 정말 우상이 없을까요?

골로새서 3장 5절에 보시면 탐심은 우상숭배라고 말하고 있습니다. 하나님보다 더 찾는 것, 더 원하는 것이 있으면 우상인 것입니다. 개혁자 마틴 루터는 '네 마음으로 의지하는 것이 네 신이다.'라고 말했습니다. 그런데 하나님보다 더 의지하고 있는 것이 있으면 그것이 내 신 바로 내 우상입니다. 누군가가 "하나님보다 더 크게 보이는 것이 우상이다"라고 말했는데 좋은 정의입니다. 그러니깐 우상 숭배하지 않으려면 하나님이 제일 크게 보이면 됩니다. 그리고 그 하나님이 내 소망이 되고 구원이 되면 그것이 바로 거룩한 사람이고 거룩한 삶입니다.

4. 이웃 사랑의 삶 (5절 이하, 18절)

네 번째로 거룩한 삶은 '이웃을 사랑하는 삶'입니다. 5절 이하 마지막 절 전체가 다 이웃 사랑에 대한 내용입니다. 5절 이하 끝까지가 다 이웃 사랑에 대한 내용이지만 제일 절정이 18절입니다.

레위기 19장 18절
"원수를 갚지 말며 동포를 원망하지 말며 네 이웃 사랑하기를 네 자신과 같이 사랑하라 나는 여호와이니라"

예수님은 이 말씀을 산상수훈에서 말씀하시고, 복음서에서도 나중에 말씀하셨습니다. 그래서 어떤 사람은 레위기 19장이 '구약의 산상수훈이다'라고 말하는 분도 있습니다. 예수님은 그것을 가장 큰 계명이라고 말씀하셨습니다. 하나님을 사랑하고 네 이웃을 네 몸과 같이 사랑하라 이것이 가장 커다란 계명, 율법의 완성이라고 말씀하셨습니다.

구체적으로 어떻게 이웃을 사랑할 것인가?

1) 이웃과 경제적인 이익을 나누는 삶 (9-10절)

이웃과 경제적인 이익을 나눌 줄 알아야 합니다. 내게 들어온 것을 이웃들과 나눌 줄 아는 것이 이웃 사랑하는 삶입니다.

레위기 19장 9-10절

"너희가 너희의 땅에서 곡식을 거둘 때에 너는 밭 모퉁이까지 다 거두지 말고 네 떨어진 이삭도 줍지 말며 네 포도원의 열매를 다 따지 말며 네 포도원에 떨어진 열매도 줍지 말고 가난한 사람과 거류민을 위하여 버려두라 나는 너희의 하나님 여호와이니라"

가난한 사람들을 위해서 이삭을 다 거둬가지 말고 남겨 두는 것, 그들이 일부 같이 나누어 가질 수 있도록 하라는 것입니다. 그렇게 해서 그 혜택을 받은 유명한 사람이 있습니다. '룻'입니다. 보아스가 이삭을 남겨뒀고 그 일이 자기에게 유익이 되었습니다. 이웃과 나눌 줄 아는 삶, 이웃 사랑하려면 이웃들과 더불어 나눌 줄 알아야 합니다.

2) 이웃에게 피해를 끼치지 않는 삶 (11절, 13-14절, 16절)

두 번째 '이웃에게 피해를 끼치지 않는 삶'을 살아야 합니다. 이웃 사랑하려면 이웃에게 피해를 주지 말아야 합니다.

레위기 19장 11절

"너희는 도둑질하지 말며 속이지 말며 서로 거짓말하지 말며"

레위기 19장 13-14절

"너는 네 이웃을 억압하지 말며 착취하지 말며 품꾼의 삯을 아침까지 밤새도록 네게 두지 말며 너는 귀먹은 자를 저주하지 말며 맹인 앞에 장애물을 놓지 말고 네 하나님을 경외하라 나는 여호와이니라"

레위기 19장 16절

"너는 네 백성 중에 돌아다니며 사람을 비방하지 말며 네 이웃의 피를 흘려 이익을 도모하지 말라 나는 여호와이니라"

이웃에게 피해가 되는 일은 일체 하지 말라는 것입니다. 옛날의 상황 속에서 많이 말씀하셨지만 오늘로 말하면 이런 것도 포함됩니다. 주차 금지 란에 주차하지 않는 것, 예배 좌석을 가운데부터 앉는 것들도 이웃을 배려하는 행동입니다.

제가 일본 갈 때마다 느끼는 점이 있습니다. 일본인들은 예수를 안 믿는데 더 크리스찬같다고 느낄 때가 많아요. 신발을 벗어 놓고 가면 일본인들은 나갈 때 편하도록 신발을 정리를 해놓습니다. 또한 절대로 이상하게 주차한 것을 일본 거리에서 볼 수가 없습니다. 일본은 기독교 문화는 받아들이고 기독교 복음은 받아들이지 않았는데 우리는 기독교 복음은 받아들이고 기독교 문화는 아직까지 정착이 되지 않았다는 것 이것이 문제입니다.

3) 이웃을 선대하는 삶 (18절, 33-34절)

한 가지 더 나아가서 이웃을 선대할 줄 알아야 합니다. 이웃에게 폐만 끼치지 않는 것이 아니라 이웃을 배려하고 선대할 줄 알아야 합니다.

레위기 19장 18절

"원수를 갚지 말며 동포를 원망하지 말며 네 이웃 사랑하기를 네 자신과 같이 사랑하라 나는 여호와이니라"

레위기 19장 33-34절
"거류민이 너희의 땅에 거류하여 함께 있거든 너희는 그를 학대하지 말고 너희와 함께 있는 거류민을 너희 중에서 낳은 자 같이 여기며 자기 같이 사랑하라 너희도 애굽 땅에서 거류민이 되었었느니라 나는 너희의 하나님 여호와이니라"

손님으로 우리 땅에 와 있는 사람을 잘 대접하라는 것을 지금 우리 식으로 말하자면 외국인 노동자를 잘 대접하라는 것입니다. 이것은 선교할 수 있는 기회입니다. 그런데 그리스도인 고용인들도 외국인을 고용해서 월급도 제대로 안 주고 학대하는 그런 사람들이 있다는 얘기를 가끔 듣습니다. 그분들이 우리에게 온 손님입니다. 그들을 잘 돌보는 삶, 이런 구체적인 것이 저는 바로 크리스찬의 삶의 모습이라고 생각합니다. 성경은 적극적인 경건, 진정한 경건을 이렇게 가르칩니다.

야고보서 1장 27절
"하나님 아버지 앞에서 정결하고 더러움이 없는 경건은 곧 고아와 과부를 그 환난 중에 돌보고 또 자기를 지켜 세속에 물들지 아니하는 그것이니라"

경건한 삶은 고아를 돌보고, 혼자 사는 여인들에게 따뜻한 말과 격려를 해주는 것이라고 말합니다. 그것이 바로 거룩한 삶입니다.
이 말씀을 사도 베드로가 인용했는데 베드로전서 1장에 '내가 거룩하니 너희도 거룩하라'로 끝나지 않습니다. 오늘 말씀의 결론을 베드로전 서 2장 20절과 21절에서 찾겠습니다.

베드로전서 2장 20-21절
"죄가 있어 매를 맞고 참으면 무슨 칭찬이 있으리요 그러나 선을 행함으로 고난을 받고 참으면 이는 하나님 앞에 아름다우니라 이를 위하여 너희가 부르 심을 받았으니 그리스도도 너희를 위하여 고난을 받으사 너희에게 본을 끼쳐 그 자취를 따라오게 하려 하셨느니라"

2000년 예수께서 자기 잘못과 상관없이 고난을 받으신 이유는 우리 로 그분의 발자취를 따라 가도록 하기 위해서 입니다. 내 잘못 때문에 받는 고난이 아니라 선을 행하다 고난을 받고, 또 잘못한 것이 없는데 고난을 받을 때 오히려 그것을 기뻐하면서 주님을 닮아가는 사람들이 되는 것 이것이 바로 2000년 전 이 땅에 오셔서 고난을 받으신 예수의 발자취를 따라가는 그리스도인들의 삶의 방식이 아니겠습니까?

이러한 주님의 거룩하심이 내 마음 속에 새겨지고 그런 흔적이 우리 의 삶 속에 드러나는, 그렇게 그리스도를 사랑하고, 사모하고 그리스도 를 따르는 그리스도의 제자가 되시기를 주의 이름으로 축원합니다.

Part 19

죽어마땅한
범죄들
。

너희는 거룩하라

罪

레위기 20장에는 특별히 죽어 마땅한 중대한 범죄들에 관해서 언급하고 있습니다. 교회 역사에서는 보다 큰 죄, 보다 작은 죄, 대죄, 소죄 이렇게 죄를 나누는 습관들이 있있습니다. 레위기 전체는 거룩을 위한 백성들의 규례, 하나님의 백성들이 어떻게 거룩한 백성이 되기 위해서 살아야하는지에 대한 주제입니다. 레위기 20장에서 특별히 7절과 8절을 읽어보시면 레위기 전체의 주제가 20장에도 반복되는 것을 볼 수가 있습니다.

19

LEVITICUS

죽어 마땅한 범죄들

;레위기 20장

단테의 신곡에 보면 지옥과 천당에 대한 묘사가 나오는데 지옥과 천국에도 차등이 있습니다. 그것은 그들이 이 땅에서 행한 일들에 대한 결과라고 할 수가 있습니다. 이 땅에서 우리가 행한 선 가운데도 좀 더 나은 선이 있고 그렇지 못한 선이 있습니다. 좀 더 저질의 악이 있고, 보편적 악이 있습니다. 그렇기에 당연히 그 결과를 지불할 때에도 상급에도 차등이 있고 벌에도 차등이 있습니다. 천국에도 똑같은 것이 아니라 차등에 따라 영광을 누리고 지옥에도 차등에 따라 대가를 지불합니다.

고린도전서 15장을 읽어보시면 다음 세상에 대한 보상을 예수님이 언급하면서 바울 사도를 통해 별의 영광, 달의 영광, 해의 영광이 다르다 이런 말씀을 하셨습니다. 사실은 저는 그것이 매우 공평한 것이라고 생각합니다. 예수님을 열심히 믿은 사람과 어영부영 믿어서 턱걸이만한 사람이 천국에 가서 똑같다면 그것이 불공평한 것이라 생각합니다. 그리고 악한 사람가운데서도 예수는 안 믿었지만 비교적 선하게 산 사람이 있고 예수도 안 믿고 아주 악하게 산 사람이 있습니다. 그들이 똑같은 형벌을 받는다면 그것은 공평하다고 할 수가 없습니다.

그래서 레위기 20장에는 특별히 죽어 마땅한 중대한 범죄들에 관해서 언급하고 있습니다. 교회 역사에서는 보다 큰 죄, 보다 작은 죄, 대죄, 소죄 이렇게 죄를 나누는 습관들이 있었습니다. 레위기 전체는 거룩을 위한 백성들의 규례, 하나님의 백성들이 어떻게 거룩한 백성이 되기 위해서 살아야하는지에 대한 주제입니다. 레위기 20장에서 특별히 7절과 8절을 읽어보시면 레위기 전체의 주제가 20장에도 반복되는 것을 볼 수가 있습니다.

레위기 20장 7-8절
"너희는 스스로 깨끗하게 하여 거룩할지어다 나는 너희의 하나님 여호와이니라 너희는 내 규례를 지켜 행하라 나는 너희를 거룩하게 하는 여호와이니라"

레위기서에 반복되는 주제입니다. 그런데 우리가 거룩을 위한 규례를 지키고 붙들고 살아가기 위해서 우리가 경계해야 할 범죄, 중대한 범죄, 죽어 마땅한 범죄, 사형 받아 마땅한 범죄들을 특별히 언급하고 있습니다. 물론, 구약시대 죄에 대해서 적용되었던 형벌은 신약에서 그대로 적용되지는 않습니다. 신약에 와서 형벌에 관해서는 달라집니다. 형벌은 새로운 언약의 시대, 은총의 시대에서 그대로 적용되지 않습니다. 그러나 그것이 지금도 중대한 범죄라는 것은 사실입니다. 그리고 하나님은 지금도 그것을 심각하게 보신다는 것이 변하지 않은 사실입니다. 레위기 20장에서는 세 가지 죽어 마땅한 범죄에 대해서 언급하고 있습니다.

1. 몰렉 숭배 (1절-5절)

레위기 20장 2절
"너는 이스라엘 자손에게 또 이르라 그가 이스라엘 자손이든지 이스라엘에 거류하는 거류민이든지 그의 자식을 몰렉에게 주면 반드시 죽이되 그 지방 사람이 돌로 칠 것이요"

레위기 20장 5절
"내가 그 사람과 그의 권속에게 진노하여 그와 그를 본받아 몰렉을 음란하게 섬기는 모든 사람을 그들의 백성 중에서 끊으리라"

백성 중에서 끊어질 것이고 돌로 쳐 죽임을 당해 마땅하다는 무서운 죄입니다. 몰렉이라는 우상에게 자기의 자녀들을 바치고 그들을 숭배했던 죄입니다. 몰렉이라는 것은 본래 이방의 우상 신인데 앗수르에서 기원했다는 학자들의 견해가 있습니다. 어떤 학자들은 이스라엘 바로 옆 요르단 지방에 암만이라는 (지금도 요르단의 수도는 암만입니다) 그 지역을 옛날에 암몬이라고 불렀는데 암몬의 우상 신이라고 생각을 하기도 합니다. 머리는 소의 모습을 갖고 있고 몸은 사람의 몸인 청동으로 만들어진 우상인데 항상 손을 앞으로 뻗고 있습니다. 몰렉에게 제사 드리는 날이 되면 사람들이 자기의 장남 혹은 장녀를 갖다가 손을 뻗고 있는 몰렉 우상 신에게 얹혀 놓습니다. 그러면 제물로 바쳐진 그 아이를 펄펄 끓는 불 속에 집어넣었습니다. 그래서 불에 들어가게 되면 이 아이들이 비명소리를 지르고 발버둥을 치고 그렇게 태워 죽입니다. 몰렉에게 바쳐지는 것입니다. 그러면 나중에 쓰레기처럼 다시 불에 태워 소각시킵니다. 아주 야만적인 그런 우상 숭배의 한 형태였습니다. 이러한 이방의 습관들이 이스라엘 땅에도 들어왔습니다. 그래서 이스라엘, 예루살렘의 본 성, 옛날부터 있었던 하나의 본 성(지금도 가면 이스라엘 오스만 터키 시대에 축조한 구 옛날 성이 쭉 둘러싸고 있음)의 서, 남으로 파여 있는 골짜기를 가리켜서 '힌놈의 골짜기'라고 합니다. 바로 이 힌놈의 골짜기에서 몰렉에게 바쳐진 어린아이들을 불태워 쓰레기처럼 소각시킨 습관이 있었습니다. 그래서 이 골짜기에서는 항상 연기가 피어오르고 있었어요. 불과 연기가 있었습니다. 예수님이 지옥의 교훈을 가르치면서 '저 불에 들어간다.'고 하셨을 때 바로 그 힌놈의 골짜기의 비유를 사용하셨습니다. 그래서 힌놈의 골짜기의 별명이 '게헨나', 지옥이라고 불려 지기도 했습니다.

우리는 이런 질문이 생깁니다. 도대체 왜 자기의 소중한 자식을 갖다 바치는가 입니다. 그렇게 하면 나머지 가족들이 정말 잘 살고 모두 성공한다는, 성공하기 위해서 이런 모험을 저지르는 사람들이 있었던 것입니다.

그러나 하나님의 말씀은 그것은 죽어 마땅한 범죄이고 결코 그렇게 해서는 안 된다고 말씀하고 있습니다. 성경은 바로 이런 이방인의 악습을 경고하신 것입니다. 우리는 얼른 생각하기를 그것은 오늘을 살고 있는 우리와 아무 상관이 없다고 생각할지 모릅니다. 우리는 옛날 몰렉 우상 신에게 자식을 갖다 바치는 사람들은 아마도 없을 것입니다. 그러나 우리 중에 자식의 성공을 위해서, 혹은 가족의 성공을 위해서 내가 가지고 있는 가치관이나 내가 가지고 있는 신앙도 쉽게 포기하는 그런 부모들은 없을까요? '얘야, 교회 나오는 것도 좋지만 더 중요한 것은 좋은 대학에 들어가야 해. 일 년 동안 안 나와도 괜찮아. 대학 들어가서 얼마든지 나올 수가 있어.' 이렇게 말하는 순간 우리는 우리의 자녀들을 성공이라는 우상의 신에게 갖다 바치고 있는 것입니다. 교회 안 나오는 것이 습관이 되어버린 자식들이 대학가서 갑자기 습관이 생길까요? 대학이, 성공이 더 중요할까요? 아니면 하나님에 대한 믿음으로 내 자녀들이 평생을 살아가는 모습을 보고 싶습니까?

저는 지금도 수많은 우리의 부모들이 저들의 성공을 위해서 자식들을 몰렉의 우상 신에게 바치는 부모들이 적지 않다고 생각합니다. 이것은 세상이 하는 일입니다. 우리가 본받지 말아야 할 이방의 습관들입니다. 본문에서 하나님이 계속 이 몰렉의 우상 숭배의 습관을 경고하시는 이유가 그것은 하나님의 백성들의 습관이 아니라는 것입니다.

레위기 20장 23절

"너희는 내가 너희 앞에서 쫓아내는 족속의 풍속을 따르지 말라 그들이 이 모든 일을 행하므로 내가 그들을 가증히 여기노라"

이런 성경의 가르침은 신약에 와서도 변하지 않습니다. 로마서 12장 2절에 보면 '너희는 이 세대를 본받지 말고'라고 말씀하고 있습니다. 자식들의 성공을 위해서는 우리가 소중히 여기는 가치관, 믿음도 쉽게 포기해 버리는 오늘 이 시대 부모의 모습이 몰렉에게 자식을 갖다 바치는 그 모습과 별로 다르지 않다는 사실입니다.

2. 접신자를 따르는 죄 (6−8절, 27절)

레위기 20장 6절

"접신한 자와 박수무당을 음란하게 따르는 자에게는 내가 진노하여 그를 그의 백성 중에서 끊으리니"

레위기 20장 27절

"남자나 여자가 접신하거나 박수무당이 되거든 반드시 죽일지니 곧 돌로 그를 치라 그들의 피가 자기들에게로 돌아가리라"

구약에서는, 특별히 하나님의 신이 통치하는 곳에서는 접신자를 결코 허용하지 않는 엄격한 율법이 적용되고 있었던 모습을 볼 수가 있습니다. 신접자(오보트), 박수(이데오니) 대부분 이런 사람들은 죽은 자의 신을 불러내어 그들을 통해 미래를 알아내는 행위를 합니다. 그것을 알기 위해서 영매(죽은 사람들의 신)를 사용하는 것입니다.

성경은 왜 엄격하게 죽어 마땅한 죄로 경고하고 있을까요? 구약에
보면 이스라엘의 초대 왕이었던 사울 왕이 하나님 앞에 계속 기도하다
기도가 응답되지 못하자 신접한 여인을 찾습니다. 그리고 그 여인을 통
해 왕위에서 쫓겨나게 될 것이라고 알게 됩니다.

사무엘상 28장 6절
"사울이 여호와께 묻자오되 여호와께서 꿈으로도, 우림으로도, 선지자로도
그에게 대답하지 아니하시므로"

사울이 자신의 미래에 대해 알게 된 것이 도움이 되지 않고 오히려
파멸하게 됩니다. 결정적으로 이 사건 때문에 사울왕은 추락의 길을 걸
어가게 된 것입니다. 그런데 요즘 교회 안에서 이런 습관들이 종종 있
습니다. '예언의 은사'를 가진 사람들을 많이 찾아다닙니다. 저는 은사
가운데서 가장 조심해야 할 은사가 '예언의 은사'라고 생각합니다. 하
나님이 결정적인 어떤 사건 앞에서 하나님의 백성들을 보호하기 위해
서 특별히 은사를 주신 사람들을 통해서 어떤 경고나 특별한 인도를 하
실 수 있는 가능성은 충분히 있다고 생각합니다. 성경에도 예언의 은사
가 있는 것을 실제로 볼 수가 있습니다. 그러나 저는 요즘 소위 돌아다
니는 예언의 은사가운데 90% 이상은 다 가짜라고 생각합니다. 그리고
이것은 매우 위험한 은사입니다. 왜냐하면 한번 이런 은사를 통해 나에

게 도움이 되었다고 생각하면 계속 찾아갑니다. 결국 하나님을 의존하는 것이 아니라 예언자를, 예언의 은사를 의존하게 만듭니다. 기도하는 사람을 찾아다니는 것이 기독교 무당을 찾아가는 행위와 비슷하게 닮아가는 모습들을 볼 수가 있습니다. 이것이 우리가 예언의 은사가 있을 수 있음에도 불구하고 경각심을 가지고 조심해야 할 가장 중요한 이유라고 생각합니다.

신앙의 본질이 무엇일까요?

히브리서 11장 1절
"믿음은 바라는 것들의 실상이요 보이지 않는 것들의 증거니"

보이지 않지만 하나님의 약속의 말씀을 붙들고 걸어가는 것이 신앙입니다. 고린도후서 5장 7절에서 바울은 이런 고백을 합니다. '우리가 믿음으로 행하고 보는 것으로 하지 아니한다.' 믿음으로 살지 보는 것에 의해서 신앙생활을 하지 않는다. 그런데 계속 보고 싶어 하는 호기심을 사탄이 악용할 수가 있습니다. 이것이 이 은사가 가진 무서운 위험성이라는 것을 경고할 필요가 있습니다. 그래서 성경은 이 접신 행위에 대해서 무엇보다 많은 경고를 던져주고 있습니다.

신명기 18장 9-11절
"네 하나님 여호와께서 네게 주시는 땅에 들어가거든 너는 그 민족들의 가중한 행위를 본받지 말 것이니 그의 아들이나 딸을 불 가운데로 지나게 하는 자나 점쟁이나 길흉을 말하는 자나 요술하는 자나 무당이나 진언자나 신접자나 박수나 초혼자를 너희 가운데에 용납하지 말라"

몰렉에게 자녀를 바치는 행위, 길흉(잘될까 못될까)에 대한 호기심 때문에 이방 신에게 영혼을 팔아버린 범죄 속에 떨어지는 것을 볼 수가 있습니다.

어떤 사람이 빌리 그래함 목사님에게 찾아와 이러한 질문을 했습니다. "목사님은 세계적인 지도자인데 당신의 미래에 대해서 궁금했던 적이 없습니까?" 이에 그는 유명한 얘기를 했습니다. "나는 미래를 알기보다도 미래를 인도하시는 그분을 더 알기 원합니다." "나는 나의 미래를 알지 못하지만 누가 나의 미래를 붙들고 있는지를 잘 알고 있습니다." 하나님이 여러분의 미래를 붙들고 계신 것을 믿습니까? 하나님 앞에 맡기고 믿음의 걸음을 걸어가시길 바랍니다.

3. 부모를 저주하는 죄 (9절)

레위기 20장 9절

"만일 누구든지 자기의 아버지나 어머니를 저주하는 자는 반드시 죽일지니 그가 자기의 아버지나 어머니를 저주하였은즉 그의 피가 자기에게로 돌아가리라"

요즘 언론이나 미디어의 보도를 보면 성경의 경고가 사실임을 알 수가 있습니다. 부모를 구타, 학대, 살인하는 자식들이 나타나고 있는 모습을 볼 수 있습니다. 부모는 우리의 삶에 뿌리가 되는 존재입니다. 부모를 부인한다는 것은 내 인생의 뿌리를 부인하는 것입니다. 어떤 의미에서 부모라는 존재는 하나님의 대리자로 우리에게 주신 것입니다. 부모에 대한 순종을 통해서 하나님께 대한 순종을 배우는 것입니다. 부모를 공경하면서 하나님께 대한 공경을 배우는 것입니다.

십계명은 크게 둘로 나누어집니다.

제 1계명 – 제 4계명

　　대신계명: 하나님을 향해서 우리가 지켜야 할 계명들

제 5계명 – 제 10계명

　　대인계명: 이웃과 이웃의 관계를 통해서 우리가 지켜야 할 계명들

대인계명의 첫 번째가 제 5계명인 '네 부모를 공경하라'입니다. 이것은 에베소서 6장에 보시면 '약속 있는 첫 계명'이라고 했습니다. 부모를 저주하면 죽어 마땅하지만 부모를 공경하면 놀라운 하나님의 약속이 있다는 것입니다.

에베소서 6장 1-2절
"자녀들아 주 안에서 너희 부모에게 순종하라 이것이 옳으니라 네 아버지와 어머니를 공경하라 이것은 약속이 있는 첫 계명이니"

자녀들이 부모를 향해서 가져야 할 2가지 명령은 '순종하라(1절)', '공경하라(2절)'입니다. '순종'과 '공경'은 조금 다릅니다. '순종'은 외적인 태도에 더 초점을 맞추고 있습니다. '공경'은 내적인 태도에 더 초점이 있습니다. 흥미로운 것은 6장 1절에서 부모를 순종하라는 이유가 이것이 옳기(원문에는 '자연스럽다')때문이라고 기록되어 있습니다. 자연법에 맞는 것입니다. 그러나 그리스도인의 윤리적 수준은 '순종'에만 머물러서는 안 됩니다. 한걸음 더 나아가 부모를 공경해야 합니다. 이것이 약속이 있는 계명이라고 말하고 있습니다. 부모에게 순종하는 것은 자연법, 세상이 요구하는 기초적 수준이지만 부모를 공경하는 것은 하나님의 법이라는 말입니다. 그리스도인들은 순종을 넘어서서 공경까지 갈 수 있어야 합니다. 거기에는 특별한 약속이 있습니다.

에베소서 6장 3절
"이로써 네가 잘되고 땅에서 장수하리라"

부모와의 관계는 삶의 모든 관계의 기반이 됩니다. 하나님의 토라의 가르침을 받고 있는 정통적인 유대인 CEO들은 직원 채용 시 부모와 인터뷰를 한다고 합니다. 부모와의 관계를 보면 그 사람의 모든 것을 알 수가 있다는 것입니다. 이것이 유대인 CEO들이 지금도 적용하고 있는 중요한 원리 중의 하나라고 합니다. 부모를 잘 섬기고 공경할 줄 아는 사람들은 하나님의 놀라운 축복을 경험할 수 있다는 것입니다.

요한 웨슬리의 어머니 수산나 웨슬리는 자녀를 19명 출산했습니다. '당신이 그렇게 수많은 자녀들을 키울 수 있었던 비밀이 무엇입니까?' 라는 질문에 '하나님께 순종하고 부모에게 순종하고자 했습니다.'라고 답했습니다. 그를 통해 위대한 요한 웨슬리가 나왔다는 것은 우연이 아닙니다. 웨슬리를 통해 시작된 감리교는 영어로 'methodist'입니다. 'method'라는 단어는 방법, 훈련을 뜻하는 것입니다. 잘 훈련된 그리스도의 운동은 '하나님께 대한 순종, 부모님께 대한 순종'으로부터 나왔습니다.

우리는 어떻게 살아 마땅한 인생을 살 수 있을까요? 죽어 마땅한 죄를 피하셔야 합니다.

로마서 12장 2절
"너희는 이 세대를 본받지 말고 오직 마음을 새롭게 함으로 변화를 받아 하나님의 선하시고 기뻐하시고 온전하신 뜻이 무엇인지 분별하도록 하라"

하나님의 말씀으로 그 뜻을 붙들고 주 앞에 서는 여러분들이 되시길 축원합니다.

제사장을위한
규례

。

니희는 거룩하라

祭司長

레위기 21장, 22장은 제사장들과 대제사장에 대한 규례가 기록되어 있습니다. 제사장에 대한 규례는 일반 백성들보다 높은 수준이 요구되고 있었습니다. 레위기 21장, 22장은 6개의 커다란 단락으로 나눌 수 있습니다. 한 단락이 끝날 때 마다 '나는 너희를 거룩하게 하는 여호와니라'라는 말로 끝납니다.

LEVITICUS
20 제사장을 위한 규례
;레위기 21장

레위기 21장, 22장은 제사장들과 대제사장에 대한 규례가 기록되어 있습니다. 제사장에 대한 규례는 일반 백성들보다 높은 수준이 요구되고 있었습니다. 레위기 21장, 22장은 6개의 커다란 단락으로 나눌 수 있습니다. 한 단락이 끝날 때 마다 '나는 너희를 거룩하게 하는 여호와니라'라는 말로 끝납니다.

레위기 21장 8절
"...너희를 거룩하게 하는 나 여호와는 거룩함이니라"

레위기 21장 15절
"...나는 그를 거룩하게 하는 여호와임이니라"

레위기 21장 23절
"...나는 그들을 거룩하게 하는 여호와임이니라"

거룩하게 하시는 여호와가 이스라엘 백성들의 영적, 지도적 역할을 하는 제사장들에게 요구하는 거룩함의 규례를 본문에 기록하고 있는 것입니다. 일반 백성들에 대한 수준보다 훨씬 높게 요구되고 있는 것을 볼 수 있습니다. 지금도 마찬가지입니다. 그것은 목사에 대한 더 높은 거룩성, 도덕성을 요구하는 일반적인 사람들의 마음을 반영한 것입니다.

하지만 엄격하게 성경적으로 접근하면 그것은 신약적, 성경적 사고라고 할 수가 없습니다. 신약성경에 보면 특별히 구별된 제사장이 따로 있는 것이 아니라, 모든 그리스도인들을 제사장으로 동일하게 취급하면서 동일한 도덕성과 거룩성을 일반 하나님의 백성들에게도 요구하고 있다는 사실입니다. 그것이 구약과 신약의 차이입니다.

구약의 계시는 발전되어서 신약에 와서 완성되었는데 완성된 신약의 계시는 모든 백성들 전체를 향한 거룩을 요구하고 있다는 사실입니다. 구약에서 제사장은 구별된 직분이었습니다. 백성들을 대신해서 하나님 앞에 나아가는 중보자였습니다.

그러나 신약에 와서는 모든 그리스도인들을 '왕 같은 제사장'(만인 제사장설, 전신자의 제사장 직분)이라고 말합니다. 교리를 세울 때는 신약에 근거해서 세워야 합니다. 구약을 해석할 때는 조심해야 할 영역들이 있습니다. 구약은 완성적 계시가 오기 전 사람들을 교육시키기 위한 일시적 성격의 것들이 많습니다. 신약의 완성된 교리에 근거해서 다시 구약을 해석할 줄 알아야 합니다. 대부분의 이단들은 구약에 근거한 것들입니다. 성경이 신약에서 어떻게 완성되었는가를 제대로 이해하지 못할 때 성경에 대한 그릇된 해석이 나타날 수 있습니다.

제사장들을 향한 규례 가운데 요구하는 것이 무엇일까요?

크게 세 가지 지킬 것으로 요약할 수 있습니다. 이것을 신약적으로 적용한다면 오늘의 모든 사역자들이 지켜야 할 것입니다. 사역자는 목회 사역자뿐만 아니라 일반 평신도들도 하나님 앞에 쓰임 받는 사역자의 삶을 살기를 원한다면 우리 모두가 지켜야 할 세 가지입니다.

모든 사역자들에게 요구되는 세 가지 규례

1. 몸과 마음의 순결을 지켜야 합니다.

구약의 제사장들은 자신을 더럽히는 모든 일에서 스스로를 구별시켜야만 했습니다.

1) 시체에 접근하는 일

레위기 21장 1절

"여호와께서 모세에게 이르시되 아론의 자손 제사장들에게 말하여 이르라 그의 백성 중에서 죽은 자를 만짐으로 말미암아 스스로를 더럽히지 말려니와"

제사장이 만약 시체를 만지는 일이 발생하면 7일 동안 성소에 들어가는 것이 금지되어 있었습니다. 그러나 제사장의 가족이 죽을 경우에는 시체를 만지는 것이 허용되는 예외가 있었습니다. 성경의 법은 결코 융통성이 없는 법은 아니었다는 것을 알 수가 있습니다.

레위기 21장 2-3절
"그의 살붙이인 그의 어머니나 그의 아버지나 그의 아들이나 그의 딸이나 그의 형제나 출가하지 아니한 처녀인 그의 자매로 말미암아서는 몸을 더럽힐 수 있느니라"

2) 머리털을 깎지 않는 일/볼 양쪽으로 수염을 내려트림 (5절)

레위기 21장 5절
"제사장들은 머리털을 깎아 대머리 같게 하지 말며 자기의 수염 양쪽을 깎지 말며 살을 베지 말고"

과거 한국 유교에도 비슷한 사상이 있었습니다. 부모가 주신 육체를 훼손해서는 안 된다는 사상입니다. 구약에서도 마찬가지로 하나님이 주신 육체를 함부로 훼손해서는 안 된다는 것입니다.

신약시대를 살고 있는 우리는 어떻게 해야 할까요? 그것은 구약의 과도기적인 법이었습니다. 핵심되는 원리는 '거룩'입니다. 외적인 거룩보다도 더 중요한 것은 그렇게 해서 자신을 지키는 것이 더 중요한 것입니다. 특별히 우리의 몸도 거룩하게 지켜야 합니다. 이것이 완성된 계시인 신약에 와서는 어떻게 발전합니까?

고린도전서 3장 16-17절
"너희는 너희가 하나님의 성전인 것과 하나님의 성령이 너희 안에 계시는 것을 알지 못하느냐 누구든지 하나님의 성전을 더럽히면 하나님이 그 사람을 멸하시리라 하나님의 성전은 거룩하니 너희도 그러하니라"

여기서 성전은 우리의 육체입니다. 육체를 더럽히는 일들을 삼갈 것을 성경이 강조합니다. 그 원리는 지금도 지켜야 합니다. 지금에 와서는 몸을 거룩하게 돌보는 것이 필요합니다.

어떻게 우리의 몸을 거룩하게 돌볼 수 있을까요? 신약적으로 적용한다면 적용의 현상은 매우 달라질 수가 있습니다. 개신교에서 특별히 술을 삼가도록 지금도 가르치고 있는 이유는 술을 쉽게 조절할 수 없기 때문에 알코올 중독에 빠지기 쉽고 결국 건강과 몸을 파괴하기 때문에 그렇습니다. 우리는 일체 우리를 중독으로 유도하는 것들을 삼갈 필요가 있습니다. 그것은 우리의 성전을 파괴할 가능성이 있습니다.

3) 머리를 풀거나 옷을 찢는 일 (10절)

레위기 21장 10절
"자기의 형제 중 관유로 부음을 받고 위임되어 그 예복을 입은 대제사장은 그의 머리를 풀지 말며 그의 옷을 찢지 말며"

옷을 찢는 것은 구약에서 극도의 슬픔의 표시였습니다. 옷을 찢지 말라는 것은 슬픔도 절제하라는 말입니다. 영적인 지도자는 슬픔도 잘 절제할 줄 알아야 한다는 것이 성경의 교훈입니다. 성경이 강조하고 있는 핵심적인 교훈은 '슬픔을 절제하라'입니다. 슬픔은 어느 정도 표현하는 것이 건강에 좋습니다. 그러나 과도한 슬픔은 우리에게 유익하지 못하다는 것입니다. 특별히 그리스도인들이 과도한 슬픔 속에 빠져있다면 그것은 그리스도인다운 모습이 아닙니다. 그래서 성령의 9가지 열매 중 마지막이 '절제'입니다. 절제할 일들이 참 많지만 '감정'도 절제할 줄 알아야 합니다. 신약은 죽은 자를 향해서 가져야 할 태도가운데 이러한 것을 강조합니다.

데살로니가전서 4장 13절
"형제들아 자는 자들에 관하여는 너희가 알지 못함을 우리가 원하지 아니하노니 이는 소망 없는 다른 이와 같이 슬퍼하지 않게 하려 함이라"

우리가 이웃들의 슬픔에 동참하는 것은 중요합니다. 하지만 과도한 슬픔 속에 빠져있다면 이것은 우리의 소망을 스스로 부인하는 것입니다. 우리는 모두 부활의 소망을 가진 사람들입니다. 부활의 소망이 확실하다면 슬픔을 디디고 일어서야 합니다.

2. 가정의 순결을 지켜야 합니다.

레위기 21장 13절
"그는 처녀를 데려다가 아내를 삼을지니"

제사장들은 처녀가 아닌 자와 결혼을 하지 말아야 한다는 구약의 교훈입니다. 아무래도 처녀가 윤리적으로 더 단정할 수 있었기 때문입니다. 특별히 이혼자들, 성을 파는 직업여성들과의 결혼을 금하고 있었습니다. 이것은 거룩한 성도의 '가정의 경건성'을 보존하고 그 경건성을 계승하기 위한 하나님의 경륜이었다고 볼 수 있습니다. 이 거룩의 요구는 부부뿐만이 아닌 자손, 자녀에게까지 요구하고 있음을 볼 수 있습니다.

레위기 21장 15절
"그의 자손이 그의 백성 중에서 속되게 하지 말지니 나는 그를 거룩하게 하는 여호와임이니라"

가정을 구성하는 구성원 전체 속에 성경이 거룩함을 요구하고 있는 것을 볼 수가 있습니다. 우리의 가정이 성도다운 성도의 가정이 되기 위해서입니다. 그래서 그 거룩함의 증거를 세상 속에 나타내기 위해서 성경이 요구한 것입니다. 구약에서는 제사장같이 구별된 사람들에게만 요구되었지만 신약에 와서는 누구에게 요구되겠습니까?

베드로전서 2장 5절
"너희도 산 돌 같이 신령한 집으로 세워지고 예수 그리스도로 말미암아 하나님이 기쁘게 받으실 신령한 제사를 드릴 거룩한 제사장이 될지니라"

우리 모두가 제사장이 되어야 한다고 말씀하고 있습니다.

베드로전서 2장 9절
"그러나 너희는 택하신 족속이요 왕 같은 제사장들이요 거룩한 나라요 그의 소유가 된 백성이니 이는 너희를 어두운 데서 불러내어 그의 기이한 빛에 들어가게 하신 이의 아름다운 덕을 선포하게 하려 하심이라"

제사장의 중요한 책임은 아름다운, 거룩한 덕을 세상에 드러내는 것입니다. 거룩한 덕을 드러내야 할 첫 번째 삶의 자리는 바로 '가정'입니다. 그래서 구약에서 제사장은 아내, 자식까지도 경건해야 한다고 했습니다. 이것을 신약시대에 적용시키면 그리스도인들은 부부, 자손까지도 신앙을 계승할 수 있어야 한다는 것입니다. 거룩한 신앙의 전통을 계승할 수 있는 명문가의 가정 우리 모두가 소원해야 할 가정의 모습입니다.

3. 몸의 건강을 지켜야 합니다.

레위기 21장 18절
"누구든지 흠이 있는 자는 가까이 하지 못할지니 곧 맹인이나 다리 저는 자나 코가 불완전한 자나 지체가 더한 자나"

장애인들이 구약성경에서는 제사장의 자리에서 열외 되어 있었던 모습을 볼 수가 있습니다. 혹시 성경도 장애인에 대한 편견을 갖고 있는

가라는 질문이 나올 수도 있습니다. 저는 편견은 아니라고 생각합니다. 실제적으로 기능성이 너무 떨어져 있었기 때문에 많은 백성을 섬겨야 할 자리에서는 적합하지 않다는 과도기적 판단이 아마도 구약시대에는 있었을 것입니다. 그러나 그럼에도 불구하고 장애인들이 하나님의 은혜를 받는 자리에서 성물을 먹는 일에는 결코 제외되지 않았다는 것을 우리는 주목해 볼 필요가 있습니다. 그런 오해가 없도록 22장에 들어가면 그 문제를 다루고 있습니다.

레위기 22장 6-7절
"곧 이런 것에 접촉된 자는 저녁까지 부정하니 그의 몸을 물로 씻지 아니하면 그 성물을 먹지 못할지며 해 질 때에야 정하리니 그 후에야 그 성물을 먹을 것이니라 이는 자기의 음식이 됨이니라"

구약에서는 무엇보다 중요한 것이 '흠이 없는 제물'이었습니다. 제사장 자체도 하나의 제물로 간주해서 흠이 없음을 되도록 요구하고 있었던 것입니다. 이런 구약의 교훈이 신약에서는 어떻게 적용될 수 있을까요?

구약에서는 외적인 것이 강조되었지만 신약에서는 내적인 것이 강조됩니다. 신약의 완성된 계시 속에서 중요한 것은 육체의 장애가 아닌 마음의 장애였습니다. 사역자, 리더가 건강하지 못하면 그를 따라오는 사람들도 건강한 삶을 누리기는 매우 어렵습니다. 그래서 리더는 무엇보다 건강해야 합니다. 자신의 마음의 장애를 극복해야 할 필요가 있습니다.

이런 구약의 레슨을 신약에 적용하는 중요한 지혜가 필요합니다. 신약에서는 외형적 제물이 아니라 삶의 제물을 강조합니다. 결국 신약적으로 적용하면 하나님께 쓰임을 받으려면 건강한 몸, 건강한 마음을 가지고 살아야 한다는 것입니다. 신약의 교훈을 살펴보겠습니다.

로마서 12장 1절
"그러므로 형제들아 내가 하나님의 모든 자비하심으로 너희를 권하노니 너희 몸을 하나님이 기뻐하시는 거룩한 산 제물로 드리라 이는 너희가 드릴 영적 예배니라"

신약에서는 영적 제사, 영적 예배가 중요함을 가르칩니다. 예배를 영어로 'Service'라고 표기합니다. Service라는 단어는 예배를 의미하지만 또 '봉사'를 의미합니다. 성경은 예배와 봉사를 분리하지 않습니다. 우리가 하나님 앞에 제대로 예배를 드렸는지 알 수 있는 방법은 예배드린 후 어떻게 사느냐입니다. 이것이 영적 예배입니다. 예배와 삶을 결코 분리할 수 없다는 것입니다. 우리가 몸을 하나님 앞에 드려 산다는 것은 건강한 몸으로 건강한 삶을 살아간다는 것입니다. 건강을 위해 열심히 운동하는 것은 좋은 일입니다. 육체의 연습은 약간의 유익이 있다고 성경에서도 말씀하고 있습니다. 그러나 운동이 우상이 되도록 해서는 안 됩니다. 건강한 몸으로 제대로 예배드리고 이웃을 섬기는 것이 중요합니다. 영적 예배는 건강한 몸을 통해서 건강한 삶을 드리는 자리로 나아가는 것입니다.

성경이 이런 몸의 건강을 구약시대부터 제사장들에게 강조했던 이유가 어디에 있었을까요? 한마디로 말하면 '하나님이 쓰시는 사람들은 달라야 한다.'는 것입니다. 세상과, 불신자와 달라야 한다는 것입니다. 성도는 달라야 합니다. 성도의 가정도 달라야 합니다. 다른 것이 있다는 것이 우리의 매력입니다. 우리가 믿지 않는 사람들과 하나도 다를 것이 없다면 왜 믿습니까? 우리가, 우리 가정이 달라져야 합니다.

로마서 12장 2절
"너희는 이 세대를 본받지 말고 오직 마음을 새롭게 함으로 변화를 받아 하나님의 선하시고 기뻐하시고 온전하신 뜻이 무엇인지 분별하도록 하라"

거룩한 삶이 저와 여러분의 인생의 모습이 되기를 축복합니다.

Part 21

제사장의
먹거리규례

○

너 희 는 기 록 하 라

食

본문에 보면 제사장도 성물(거룩한 물건)을 먹고 살아야 한다고 말하고 있습니다. 하나님 앞에 바쳐던 제사 음식을 먹고 살도록 되어 있었습니다. 성물만 먹음으로써 먹는 것에 관한한 걱정 없이 사역에 집중하도록 하려는 하나님의 배려가 있었습니다. 이것은 지금도 어느 정도 사실입니다.

21

제사장의 먹거리 규례

;레위기 22장

너 희 는   거 룩 하 라

  우리가 먹는다는 것은 생존의 기본이고, 먹는 것은 인간의 가장 기본적인 문화(culture)라고 할 수 있습니다. 모든 인류가 먹는 것에서 결코 무관심할 수 없지만, 한국인들은 특별히 먹는 것에 대해 민감한 문화를 가지고 있는 민족입니다.

  한국에서는 가족을 '식구(食口)'라고 말합니다. '진지 잡수셨습니까? 몇 살 먹었니? 애를 먹었다. 잊어 먹었다. 말이 먹힌다.'등 먹는다는 표현이 많이 사용됩니다. 성경적이라고 생각합니다. 예수님도 성찬의 교훈을 가르치면서 '너희는 내 살을 먹고 내 피를 마시라'고 말했습니다.

  본문에 보면 제사장도 성물(거룩한 물건)을 먹고 살아야 한다고 말하고 있습니다. 하나님 앞에 바쳤던 제사 음식을 먹고 살도록 되어 있었습니다. 성물만 먹음으로써 먹는 것에 관한한 걱정 없이 사역에 집중하도록 하려는 하나님의 배려가 있었습니다. 이것은 지금도 어느 정도 사실입니다. 만약 목사가 다른 직업을 갖고 사역을 한다면 교회에 폐를 끼치지 않는다는 면에서는 좋을 수 있지만 사역에 대한 집중은 자연히 어려울 수 있습니다. 또 자신의 직업이 잘되게 하기 위해서 사역의 장까지 이용할 수 있는 가능성도 있습니다. 그래서 모든 시대의 교회들은 대부분 목회자, 성직자들로 하여금 교회의 사례만으로 살게 하는 전통을 갖고 있었습니다. 물론 예외는 있었습니다.

특별히 오늘 같은 시대는 예외를 필요로 하는 시대라고 생각합니다. 우리 시대의 선교를 가리켜서 'Tentmaker 선교 시대'라고 말합니다. 자신의 직업을 갖고 있으면서 선교하는, 복음을 전하는 시대가 왔다는 것입니다. 영어로는 'bi-vocational ministry'라고 말합니다. 두 가지 직업을 가지면서 사역하는 사람이라는 의미입니다. 성경에도 그런 모본이 있습니다. 대표적인 모본은 바울입니다. 바울 사도는 열심히 선교하는 선교사였지만 천막 깁는 일(tent making)을 하는 직업이 있었습니다.

그렇기 때문에 이것을 신약시대에도 원칙으로 하기에는 어렵다고 생각합니다. 더군다나 신약시대에 와서는 구약의 제사장 제도라는 것은 폐지되었다고 보는 것이 옳습니다. 오늘 우리는 '만인제사장'이 신약의 중요한 원리라고 믿고 있습니다. 우리 모두가 다 제사장이고, 하나님 앞에 나올 수 있는 특권을 갖고 있습니다. 그렇기 때문에 오늘날의 영적 지도자를 구약시대의 제사장과 문자 그대로 동일시하는 것은 신학적인 난관과 어려움이 존재합니다. 그러나 그럼에도 불구하고 구약의 제사장들의 먹거리 규례를 통해서 오늘의 영적 지도자들이 어떻게 살아야 하는가라는 레슨만은 배울 수가 있습니다. 우리는 이 레슨을 목회자들에게도 적용할 수 있고, 또 만인제사장 시대이기 때문에 모든 평신도 지도자들에게도 동일하게 적용할 수 있는 레슨이라고 생각합니다.

먹거리 규례의 레슨

1. 제사장은 먼저 먹기에 합당한 삶을 살아야 한다.

제사장이 의식적인 부정을 저질렀을 경우에 성물 먹는 것을 금하고 있는 것을 볼 수 있습니다. 거룩한 제사를 드리고 제사를 드린 연후에 성물을 자기의 양식으로 삼으려면 먼저 거룩한 삶을 살아야 한다는 중요한 전제가 있었다는 것을 볼 수가 있습니다.

레위기 22장 3-4절
"그들에게 이르라 누구든지 네 자손 중에 대대로 그의 몸이 부정하면서도 이스라엘 자손이 구별하여 여호와께 드리는 성물에 가까이 하는 자는 내 앞에서 끊어지리라 나는 여호와이니라 아론의 자손 중 나병 환자나 유출병자는 그가 정결하기 전에는 그 성물을 먹지 말 것이요 시체의 부정에 접촉된 자나 설정한 자나"

주로, 여기에서의 부정은 육체적, 환경적 부정에 초점이 있었습니다.

그러나 신약으로 오면 육체적 부정보다도 도덕적, 영적 부정함에 더 초점이 있는 것을 알 수가 있습니다. 하나님 앞에 거룩하게 자신을 드리라는 것은 모든 신약시대 그리스도인을 향한 하나님의 명령입니다.

로마서 12장 1-2절
"그러므로 형제들아 내가 하나님의 모든 자비하심으로 너희를 권하노니 너희 몸을 하나님이 기뻐하시는 거룩한 산 제물로 드리라 이는 너희가 드릴 영적 예배니라 너희는 이 세대를 본받지 말고 오직 마음을 새롭게 함으로 변화를 받아 하나님의 선하시고 기뻐하시고 온전하신 뜻이 무엇인지 분별하도록 하라"

우리가 하나님 앞에 드릴 영적 예배는 몸을 산 제물로 드리는 것입니다. 신약시대에 와서 몸을 산 제물로 드린다는 것은 거룩한 삶, 하나님을 기쁘시게 하는 삶을 살아야 한다는 의미입니다. 구약시대에도 부정이 타면 먼저 몸을 맑은 물에 씻은 후 제물을 먹을 수 있다는 규례가 있었습니다.

레위기 22장 6-7절
"곧 이런 것에 접촉된 자는 저녁까지 부정하니 그의 몸을 물로 씻지 아니하면 그 성물을 먹지 못할지며 해 질 때에야 정하리니 그 후에야 그 성물을 먹을 것이니라 이는 자기의 음식이 됨이니라"

제사장으로서 하나님이 주신 음식을 먹으려면 먹기 전에 깨끗함을 얻어야 한다는 말입니다. 오늘 이 시대에 적용한다면 하나님이 주신 음식을 먹기에 합당한 삶을 살았는가입니다.

저는 이 본문을 신약적으로 적용하기 위해서는 우리 모두가 음식 먹기 전에 묵상 시간을 가질 필요가 있다고 생각합니다. '내가 이 음식을 먹기에 합당한 삶을 살았는가?'

바울 사도는 일하기 싫으면 먹지도 말라고 말했습니다. 내가 먹을 자격이 있는가? 제사장 혹은 오늘날의 영적 지도자들, 우리 모든 성도들은 먹기에 합당한 삶을 살았는지를 점검해야 한다는 말입니다.

2. 제사장도 직계 가족들과 나눔의 삶을 살아야 합니다.

레위기 22장 11-13절

"그러나 제사장이 그의 돈으로 어떤 사람을 샀으면 그는 그것을 먹을 것이며 그의 집에서 출생한 자도 그렇게 하여 그들이 제사장의 음식을 먹을 것이며 제사장의 딸이 일반인에게 출가하였으면 거제의 성물을 먹지 못하되 만일 그가 과부가 되든지 이혼을 당하든지 자식이 없이 그의 친정에 돌아와서 젊었을 때와 같으면 그는 그의 아버지 몫의 음식을 먹을 것이나 일반인은 먹지 못할 것이니라"

제사장의 직계가족인 제사장의 집안에서 출생한 사람, 제사장의 하인, 출가 후 과부가 되어 본가로 돌아온 사람은 성물을 함께 먹을 수 있도록 규정되어 있는 것을 볼 수 있습니다. 아주 세밀하고 모든 것을 배려한 성경의 규정입니다.

핵심 정신은 제사장도 가정을 가진 사람이기 때문에 가족을 책임지도록 한 것입니다. 구약시대부터 제사장은 항상 가족이 있었습니다. 그런데 언제부터 카톨릭 전통 안에 사제에게 독신 제도가 생겼습니다. 물론 성경에서 독신의 은사가 있는 사람은 사제가 될 수 있었습니다. 하지만 이런 사람들을 제외하고는 제사장도 모두 가정을 갖고 있는 사람이었습니다.

가정을 가진 사람을 하나님께서 제사장으로 세우신 이유는 인간을 더 이해할 수 있고, 정욕을 다스릴 수 있는 장점이 있기 때문이라고 생각합니다. 혼자 사는 것이 거룩해보여도 이것이 꼭 성경적은 아니라는 것을 이해해야 합니다. 신약 성경에 보시면 영적지도자들의 중요한 자질 가운데 하나가 가정을 잘 다스리는 것이었습니다. 디모데서를 가리켜서 흔히 '목회서신'이라고 말합니다.

디모데전서 5장 7-8절
"네가 또한 이것을 명하여 그들로 책망 받을 것이 없게 하라 누구든지 자기 친족 특히 자기 가족을 돌보지 아니하면 믿음을 배반한 자요 불신자보다 더 악한 자니라"

디모데전서 3장 1-2절
"미쁘다 이 말이여, 곧 사람이 감독의 직분을 얻으려 함은 선한 일을 사모하는 것이라 함이로다 그러므로 감독은 책망할 것이 없으며 한 아내의 남편이 되며 절제하며 신중하며 단정하며 나그네를 대접하며 가르치기를 잘하며"

디모데전서 3장 4절

"자기 집을 잘 다스려 자녀들로 모든 공손함으로 복종하게 하는 자라야 할지며"

이렇게 디모데서에서는 가정을 통한 삶의 모본을 남기는 것이 영적 지도자의 가장 중요한 자격이라고 말하고 있습니다.

3. 제사장은 드림의 모본을 보여야 합니다.

레위기 22장 18-20절

"아론과 그의 아들들과 이스라엘 온 족속에게 말하여 이르라 이스라엘 자손이나 그 중에 거류하는 자가 서원제물이나 자원제물로 번제와 더불어 여호와께 예물로 드리려거든 기쁘게 받으심이 되도록 소나 양이나 염소의 흠 없는 수컷으로 드릴지니 흠 있는 것은 무엇이나 너희가 드리지 말 것은 그것이 기쁘게 받으심이 되지 못할 것임이니라"

구약에서 제사장은 일반백성이 드리는 헌물로 먹고 살았지만 그럼에도 불구하고 제사장도 드려야한다고 말하고 있습니다. 신약성경에도 마찬가지의 교훈이 나와 있습니다. 신약에도 제사장과 같은 영적 지도자들도 할 수 있으면 복음의 사역에 집중하기 위해서 다른 직업을 갖지 않고 복음을 전하는 그것으로 먹고 사는 것이 더 좋다고 말하고 있습니다.

고린도전서 9장 13-14절

"성전의 일을 하는 이들은 성전에서 나는 것을 먹으며 제단에서 섬기는 이들은 제단과 함께 나누는 것을 너희가 알지 못하느냐 이와 같이 주께서도 복음 전하는 자들이 복음으로 말미암아 살리라 명하셨느니라"

그러나 이렇게 혜택을 받는 영적 지도자들도 하나님 앞에 다시 드려야 합니다. 이것이 구약에서부터의 일관성 있는 교훈입니다. 또 드릴 때 흠 없는 제물을 드려야 합니다. 좋은 것을 하나님 앞에 먼저 드릴 줄 알아야 합니다. 사역자 가운데 이러한 모범적인 삶을 살았던 가장 대표적인 사람은 아마도 감리교 운동을 시작했던 '요한 웨슬리'일 것입니다. 그가 좋아했던 설교가운데 돈에 대한 이러한 설교가 있습니다.

① 돈은 할 수 있는 한 많이 벌어라. (Gain all you can)
② 할 수 있는 한 많이 저축하라. (Save all you can)
③ 할 수 있는 한 많이 주라. (Give all you can)

이 세 가지를 그는 항상 강조했습니다. 그가 남긴 유명한 말 가운데 '나는 주머니가 회개하지 않은 사람의 회개를 믿을 수가 없다.'라는 말이 있습니다. 어떤 사람이 회개했다고 하면 주머니 쓰임새가 달라져야 됩니다. 그 돈을 하나님의 나라와 영광을 위해서 쓸 줄 알아야 합니다. 그렇지 않으면 회개한 자라고 볼 수 없습니다.

하나님이 기뻐하시는 영적 지도자의 모습, 네 가지로 결론을 맺을 수가 있다고 생각합니다.

① 잘 살고 ② 잘 먹고 ③ 잘 나누고 ④ 잘 드립시다.

Part 22

절기와
안식일

。

너 희 는   거 룩 하 라

節氣

절기라는 것은 역사를 전수하는 시간입니다. 한 역사가 다음 역사로 계승될 수 있도록 모든 축제(절기)는 하나의 이야기를 갖고 있습니다. 그러한 절기 속에는 일종의 역사적인, 사회적인, 영적인 레슨들이 담겨져 있는 것입니다.

LEVITICUS

22 절기와 안식일
;레위기 23장 1-3절

레위기 23장에는 7대 절기가 나옵니다. 1년 중에 지켜야 할 유명한 7가지 절기가 기록되고 있고, 또한 안식일의 중요성을 강조하고 있습니다.

'절기'라는 말은 히브리어로 '모에드', '하그'라고 합니다.

- '모에드'(특별한 의미를 가지고 정한 날) / '하그'(춤춘다, 즐긴다)

영어로는 보통 이런 절기를 'Festival(축제)'이라고 부릅니다. 명사형으로 'feast'라는 단어와 함께 쓰입니다.

하버드의 유명한 신학자인 하비 콕스라는 분은 인간을 "homo festivus"(축제하는 인간)라고 말했습니다. 인간은 축제를 통해서 자신의 존재 이유를 발견하고 또 공동체를 형성해 온 역사를 갖고 있습니다. 하비 콕스는 세상의 많은 종교가운데서 유대교와 기독교 전통이 축제를 가장 소중히 여겨온 전통을 갖고 있다고 말합니다.

A. 왜 절기가 필요했는가?

1. 역사를 전수하는 레슨 시간

절기라는 것은 역사를 전수하는 시간입니다. 한 역사가 다음 역사로 계승될 수 있도록 모든 축제(절기)는 하나의 이야기를 갖고 있습니다. 그러한 절기 속에는 일종의 역사적인, 사회적인, 영적인 레슨들이 담겨져 있는 것입니다.

출애굽기 12장 24-27절
"너희는 이 일을 규례로 삼아 너희와 너희 자손이 영원히 지킬 것이니 너희는 여호와께서 허락하신 대로 너희에게 주시는 땅에 이를 때에 이 예식을 지킬 것이라 이 후에 너희의 자녀가 묻기를 이 예식이 무슨 뜻이냐 하거든 너희는 이르기를 이는 여호와의 유월절 제사라 여호와께서 애굽 사람에게 재앙을 내리실 때에 애굽에 있는 이스라엘 자손의 집을 넘으사 우리의 집을 구원하셨느니라 하라 하매 백성이 머리 숙여 경배하니라"

이스라엘 백성들에게 명절은 레슨을 통해 역사를 전달하는 시간이었습니다. 이스라엘 백성들은 역사를 전수하는 것에 철저한 민족입니다.

2. 공동체가 하나 되는 시간

유대인들은 역사적으로 세계 여러 나라 속에 흩어진 운명을 살아왔습니다(디아스포라). 그런데 민족의 위기 앞에 유대인들이 하나 되는 놀라운 결속력을 보이는 것, 그 중심에 있는 것이 바로 '명절'입니다. 명절을 지키면서 하나 됨을 경험하는 것이었습니다. 그들이 한 하나님을, 한 야훼하나님을 믿고 섬기는 하나의 민족임을 확인하는 것입니다.

그들이 모일 때 이스라엘 백성이 함께 암송하는 유명한 구절 신명기 6장 4절 "이스라엘아 들으라 우리 하나님 여호와는 오직 유일한 여호와이시니" 이 쉐마의 말씀을 통해 그들이 하나가 되는 것입니다. 사실, 이러한 하나 됨을 강조하는 신앙의 전통은 신약성경에도 계속됩니다.

에베소서 4장 3절
"평안의 매는 줄로 성령이 하나 되게 하신 것을 힘써 지키라"

하나가 되기 위해서는 구호만으로 안 됩니다. 하나 되게 할 수 있는 사건이 '절기, 축제'입니다. 가정도 마찬가지입니다. '명절, 생일'에 온 가족이 함께 모여 하나 됨을 경험할 수 있습니다. '명절'은 하나 되게 하는 사건입니다.

3. 하나님 나라를 경험하는 시간

예수님은 하나님 나라를 설명할 때 제일 많은 비유로 설명한 것이 '잔치'였습니다.

누가복음 14장 15-16절
"함께 먹는 사람 중의 하나가 이 말을 듣고 이르되 무릇 하나님의 나라에서 떡을 먹는 자는 복되도다 하니 이르시되 어떤 사람이 큰 잔치를 베풀고 많은 사람을 청하였더니"

실제로, 바울 사도는 하나님 나라의 본질을 설명하면서 하나님의 나라는 단순히 먹고 마시는 것이 아닌 성령 안에서 의와 평강과 희락(기쁨)이라고 말하고 있습니다. 기쁨의 축제가 되어야 합니다. 그래서 축제(절기)가 필요한 것입니다.

로마서 14장 17절
"하나님의 나라는 먹는 것과 마시는 것이 아니요 오직 성령 안에 있는 의와 평강과 희락이라"

B. 지금도 지켜야 하는가?

1. 구약의 모형성 – 실체는 예수 그리스도

구약절기는 일종의 모형이었다는 사실입니다. 모형이란 진짜 실체가 다른 데 있는 것입니다. 실체를 보여주는 그림자와 같은 것입니다. 절기는 절기 자체에 의미가 있는 것이 아닌 장차 올 어떤 실체를 보여주기 위한 그림자와 같은 사건이었습니다. 실체는 바로 예수님입니다.

골로새서 2장 16-17절
"그러므로 먹고 마시는 것과 절기나 초하루나 안식일을 이유로 누구든지 너희를 비판하지 못하게 하라 이것들은 장래 일의 그림자이나 몸은 그리스도의 것이니라"

그리스도를 보여주고 가르치기 위한 그림자와 같은 사건들이었다는 것입니다. 마치 건축 공사장에서 건물을 지을 때 버팀목, 나무, 철제 등 많은 것을 세워놓지만 건물이 완성된 후 다 뜯어내는 것과 마찬가지입니다. 이 모든 절기들은 그리스도를 보여주고 가르치기 위해서 과정적으로 필요했던 것입니다. 그러므로 신약시대에서는 절기를 지킬 필요가 없는 것입니다. 그렇다면 이 절기는 의미가 없는가? 그렇지 않습니다.

2. 의미의 보존성

구약시대와 같은 방법으로 절기를 지킬 필요는 전혀 없지만 구약의 절기가 가진 의미는 보존돼야 합니다. 그런 의미에서 바울은 고린도전서 5장 8절에서 우리에게 이렇게 가르칩니다.

고린도전서 5장 8절
"이러므로 우리가 명절을 지키되 묵은 누룩으로도 말고 악하고 악의에 찬 누룩으로도 말고 누룩이 없이 오직 순전함과 진실함의 떡으로 하자"

구약시대의 유월절과 함께 무교절은 누룩이 없는 떡을 먹는 절기입니다. 그래서 누룩이 눈이 보이지 않도록 숨겼습니다. 누룩은 죄나 악을 상징했습니다.

그렇다면 신약시대에서 무교절, 유월절을 지키는 방법은 무엇일까요? 우리가 이스라엘 백성들처럼 그 날짜에 정확하게 지킬 필요는 전혀 없지만 죄나 악을 멀리하고 사는 것이 구약시대 그 의미를 지금도 보존하는 것입니다. 그리스도가 오신 이상 그럴 이유가 전혀 없지만, 그리스도를 붙들고 따르기 위해서 죄나 악을 멀리하고 살면 그것이 구약시대의 무교절 정신을 지금 우리가 보존하는 것이라는 말입니다.

C. 절기는 어떻게 지켜져야 하는가?

구약에는 절기를 지키는 여러 가지 규칙, 규범들이 있습니다. 2가지가 가장 중요합니다.
'제사'와 '안식'입니다.

1. 예배 (구약으로 말하면 제사)

구약의 제사를 신약적 의미로 바꾼다면 '예배'입니다. 절기에 예배드리는 것이 중요합니다. 안식일을 어떻게 지킬 것인가? 안식일에 예배

드리는 것이 중요하다는 말입니다. 구약시대로 말하면 '제사지낸다.'입니다.

제사는 왜 드리는가? 한마디로 말하면 제사의 핵심적인 사상은 '하나님과의 바른 관계를 추구하고 묵상하는 날'입니다. 모든 명절의 핵심은 하나님과의 바른 관계, 건강한 관계인 것입니다. 그 정신은 지금의 예배에 고스란히 들어 있습니다. 우리가 예배드리는 이유는 하나님과의 올바른 관계를 다시 점검하기 위함입니다. 예배는 하나님과의 바른 관계를 묵상하도록 인도하는 자리입니다. 그래서 예배의 시간이 우리의 삶을 다시 만듭니다.

- re-engineering, re-orientation, re-modeling 하는 날

무엇보다 가장 중요한 것은 예배를 통해 하나님의 임재를 경험하는 것입니다. 하나님을 새롭게 만나고 하나님 안에서 쉼을 갖습니다. 영적인 쉼을 통해 하나님과의 올바른 관계를 점검하고 하나님을 붙들고 다시 일어섬의 결단을 갖는 것, 이것이 예배의 중요한 의미입니다.

요한계시록 4장 1-2절
"이 일 후에 내가 보니 하늘에 열린 문이 있는데 내가 들은 바 처음에 내게 말하던 나팔 소리 같은 그 음성이 이르되 이리로 올라오라 이 후에 마땅히 일어날 일들을 내가 네게 보이리라 하시더라 내가 곧 성령에 감동되었더니 보라 하늘에 보좌를 베풀었고 그 보좌 위에 앉으신 이가 있는데"

하늘 문이 열리고 하나님의 음성이 들려오고 하늘 보좌 앞에 서게 되는 체험 이것이 바로 예배입니다. 요한계시록 4장 8절에 보시면 네 생물이 '거룩, 거룩, 거룩' 하나님을 찬양합니다. 10절, 11절에 보시면 24장로가 엎드려 경배하고 찬양을 합니다. 천국은 끝없이 예배하는 곳입니다. 절기가 바로 하나님 앞에 이렇게 예배하는 시간입니다.

2. 안식/육체적 안식 – 새 힘을 얻기 위해

절기가 되면 첫째 날과 마지막 날에 안식했습니다. 안식으로 명절을 시작하고 안식으로 명절을 마무리했습니다. 사실, 창조의 원리는 먼저 안식하고 안식을 통해 얻어진 힘으로 일하는 것입니다. 그래서 유대인들은 집을 정할 때 회당에서 걸어갈 수 있는 거리 안에서 집을 선택합니다. 회당부터 생각하고 집을 정하는 것입니다. 우리로 말하면 교회를 먼저 생각하고 집을 정하는 것입니다. 교회 가까운 곳에서 예배를 통해 영적 안식, 육체적 쉼을 얻는 것입니다. 안식일에 제일 많이 하는 것은 예배하는 일입니다. 예배하고 말씀 듣고 자신의 삶을 돌아보고, 저는 놀 수 있다고 생각합니다. 그러나 지나친 오락은 일입니다. 이사야서에 안식일을 지키는 중요한 방법 중에 오락에 대한 주의성이 나옵니다.

이사야 58장 13절
"만일 안식일에 네 발을 금하여 내 성일에 오락을 행하지 아니하고 안식일을 일컬어 즐거운 날이라, 여호와의 성일을 존귀한 날이라 하여 이를 존귀하게 여기고 네 길로 행하지 아니하며 네 오락을 구하지 아니하며 사사로운 말을 하지 아니하면"

제대로 쉬려면 오락도 조심해야 됩니다. 적절한 쉼과 놀이는 필요하지만 절대로 지나치면 안 됩니다. 예배하고 묵상도 하고 대화하고 이것이 제대로 안식일을 지키는 방법입니다. 천국은 그런 곳입니다. 진정한, 참된 안식을 제공하는 곳입니다.

히브리서 4장 9-10절
"그런즉 안식할 때가 하나님의 백성에게 남아 있도다 이미 그의 안식에 들어간 자는 하나님이 자기의 일을 쉬심과 같이 그도 자기의 일을 쉬느니라"

하나님의 백성다운 백성은 쉴 줄 아는 사람이 되어야 합니다. 적절한 안식을 통해 하나님을 묵상하고 거기서 즐거움을 얻으며, 자연을 바라보고 하나님의 창조를 enjoy할 줄 아는 사람이 되어야 합니다.

이런 쉼을 잃어버리고 사는 현대인들에게 그분은 2000년 전과 마찬가지로 지금도 주님 앞으로 우리를 초대합니다.

마태복음 11장 28-29절
"수고하고 무거운 짐 진 자들아 다 내게로 오라 내가 너희를 쉬게 하리라 나는 마음이 온유하고 겸손하니 나의 멍에를 메고 내게 배우라 그리하면 너희 마음이 쉼을 얻으리니"

예수님을 통해 우리 한평생 진정한 쉼을 누릴 줄 아는 인생, 그리고 마침내 저 영원한 안식을 향해 출발할 줄 아는 저와 여러분이 되시길 축복합니다.

Part 23

유월절과
무교절

○

너희는 거룩하라

逾越節/無酵節

이스라엘에는 일 년 중 지키는 절기 가운데 특별히 7대 명절이 있습니다. 이런 명절을 가리켜서 '하그(히)'라고 합니다. 7개의 하그 가운데 3대 명절이 있습니다. 세 가지의 대표 명절은 유월절, 오순절, 초막절입니다.

23
LEVITICUS
유월절과 무교절
;레위기 23장 4-8절

너 희 는 　 거 룩 하 라

이스라엘에는 일 년 중 지키는 절기 가운데 특별히 7대 명절이 있습니다. 이런 명절을 가리켜서 '하그(히)'라고 합니다. 7개의 하그 가운데 3대 명절이 있습니다. 세 가지의 대표 명절은 유월절, 오순절, 초막절입니다.

• 명절 = 하그(히) / 3대 명절: 유월절, 오순절, 초막절

3대 명절이 되면 전 세계로 흩어졌던 이스라엘 백성(디아스포라)들이 전 유대 땅으로 돌아와 예루살렘 성전을 중심으로 함께 모여 이 명절을 지키는 습관이 있습니다.

그 중에서도 가장 의미 있고 가장 중요한 절기가 '유월절'이라고 할 수가 있습니다. 이스라엘의 유월절은 한국식으로 말하면 일종의 광복

절과 비슷한 것입니다. 유월절이 계기가 되어서 이스라엘 민족이 애굽 바로의 통치아래서 해방되었습니다. 마치 우리가 일제 식민지 아래서 해방된 광복절을 연상시키는 절기라고 할 수 있습니다. 그래서 굉장한 정성을 들여 지키는 절기입니다. 그러나 유월절은 단순한 역사적 절기일 뿐만 아니라 개인적으로 이스라엘 백성들이 하나님과 자신의 관계를 돌아보는 매우 중요한 영적인 절기라고 할 수가 있습니다. 이 절기를 지키는 방법에 대해서 레위기 23장은 특별히 두 가지를 명시합니다.

절기를 지키는 방법

1. 무교병을 먹어야 한다.

무교병은 '누룩이 없는 떡'이라는 말입니다.

레위기 23장 6절
"이 달 열닷샛날은 여호와의 무교절이니 이레 동안 너희는 무교병을 먹을 것이요"

사실 유월절이 시작되는 날을 5절에 보시면 첫째 달 열나흗날이라고 하고 있습니다. 첫째 달 열나흗날의 저녁이 유월절의 시작입니다. 열닷 샛날(6절), 바로 그 다음 날 무교절이 시작됩니다. 그래서 유월절과 무교절은 함께 가는 절기라고 할 수가 있습니다. 유월절이 시작되면서 바로 뒤따라오는 것이 무교절입니다. 어떤 의미에서는 무교병을 먹는 무교절이 유월절을 지키는 핵심이라고 말할 수 있습니다. 무교(無酵)라는 말은 '누룩이 없다'라는 뜻입니다. 그래서 유월절 혹은 무교절이 되면 누룩을 제거합니다. 지금도 유월절 절기에 이스라엘 땅에 가시면 누룩이 들어있는 곡식을 구경할 수가 없습니다. 유월절 절기 기간에 발효된 모든 것은 금지된 곡식입니다. 이것을 히브리 사람들은 '카메츠'라고 합니다. 그래서 밀가루가 들어있는 가루나 곡식은 일체 팔 수 없습니다. 그만큼 이스라엘 백성들은 철저하게 이 절기를 지킵니다. 이 기간 동안 이스라엘 백성들은 누룩이 없이 만든 떡(빵)인 '마짜'를 먹습니다. 누룩이 없기 때문에 단맛이나 고소한 맛이 전혀 없습니다. 이것이 유월절 기간 동안의 모든 유대인들의 주식이라고 할 수 있습니다. 전혀 맛없는 빵에 쓴 나물과 함께 양고기를 곁들여 먹습니다. 이스라엘 백성들에게 이것은 유월절의 중요한 전통음식입니다.

왜 이러한 것들이 전통이 되었는지 그 배경을 출애굽기 12장에서 살펴보겠습니다.

출애굽기 12장 1-8절
"여호와께서 애굽 땅에서 모세와 아론에게 일러 말씀하시되 이 달을 너희에게 달의 시작 곧 해의 첫 달이 되게 하고 너희는 이스라엘 온 회중에게 말하여 이르라 이 달 열흘에 너희 각자가 어린 양을 잡을지니 각 가족대로 그 식구를 위하여 어린 양을 취하되 그 어린 양에 대하여 식구가 너무 적으면 그 집의 이웃과 함께 사람 수를 따라서 하나를 잡고 각 사람이 먹을 수 있는 분량에 따라서 너희 어린 양을 계산할 것이며 너희 어린 양은 흠 없고 일 년 된 수컷으로 하되 양이나 염소 중에서 취하고 이 달 열나흗날까지 간직하였다가 해 질 때에 이스라엘 회중이 그 양을 잡고 그 피를 양을 먹을 집 좌우 문설주와 인방에 바르고 그 밤에 그 고기를 불에 구워 무교병과 쓴 나물과 아울러 먹되"

출애굽기 12장 11절
"너희는 그것을 이렇게 먹을지니 허리에 띠를 띠고 발에 신을 신고 손에 지팡이를 잡고 급히 먹으라 이것이 여호와의 유월절이니라"

밤중에 급히 떠나야 하기 때문에 급히 먹으라고 말씀하고 있습니다. 바로가 이스라엘 백성들을 노리고 있었기 때문에 해방의 기회를 놓치지 말고 그들은 한 밤중에 애굽 땅을 급히 떠나야 했습니다. 그래서 최초의 유월절 분위기를 그대로 살려 지금도 유월절을 그렇게 지키는 것입니다. 쓴 나물과 맛없는 빵을 왜 먹는지 자녀들이 질문하면, 유월절의 역사적 배경을 그들에게 가르치고 교육하는 기간이기도 합니다.

신명기 6장 20-21절
"후일에 네 아들이 네게 묻기를 우리 하나님 여호와께서 명령하신 증거와 규례와 법도가 무슨 뜻이냐 하거든 너는 네 아들에게 이르기를 우리가 옛적에 애굽에서 바로의 종이 되었더니 여호와께서 권능의 손으로 우리를 애굽에서 인도하여 내셨나니"

누룩이 없는 것과 쓴 나물은 이스라엘 백성들이 경험했던 고통을 상징하는 것입니다. 그들이 자유를 잃고 고통받아왔던 그 시간들을 결코 잊지 않도록 바로 이런 쓴 나물과 마짜를 먹었던 것입니다.

2. 노동하지 말고 안식해야 한다.

레위기 23장 7-8절
"그 첫 날에는 너희가 성회로 모이고 아무 노동도 하지 말지며 너희는 이레 동안 여호와께 화제를 드릴 것이요 일곱째 날에도 성회로 모이고 아무 노동도 하지 말지니라"

첫날에도, 마지막 날에도 그들은 이 축제 기간 동안 노동을 하지 않고 쉬었습니다. 그들은 매주 안식일도 쉬었지만 특별한 명절을 맞으면 또 쉬었습니다. 이러한 쉼은 하나님의 은혜와 교훈을 묵상하는 특별한 시간으로의 의미를 갖고 있습니다. 일체의 노동을 손에서 놓고 문자 그대로 절대적 안식을 지켜야만 했습니다.

안식을 히브리 백성들은 '샤바트'라고 하는데 명절 기간에 하는 안식을 가리켜 '샤바트 샤바톤(엄숙한 안식)'이라고 했습니다. 그래야 유월절의 의미를 충분히 묵상하고 교훈을 되새기는 시간을 삼을 수 있었던 것입니다.

유월절이 가지는 역사적 의미

1) 역사적으로 – 하나님의 구원의 손길을 감사하는 시간

출애굽기 12장 39절

"그들이 애굽으로부터 가지고 나온 발교되지 못한 반죽으로 무교병을 구웠으니 이는 그들이 애굽에서 쫓겨나므로 지체할 수 없었음이며 아무 양식도 준비하지 못하였음이었더라"

그들이 누룩 없는 떡을 먹었던 또 하나의 이유는 발효할 시간적 여유가 없었기 때문입니다. 누룩을 넣어 부풀릴 시간 없이 황급하게 애굽 땅을 떠나야 했기 때문에 발효되지 않은 떡이 필요했던 것입니다. 그렇게 다급한 환경과 위기 속에서 애굽 땅을 떠났다는 교훈을 이스라엘 민족은 그들의 자녀들에게, 다음 세대들에게 가르쳐야만 했었던 것입니다.

2) 영적으로 – 하나님 앞에 성결한 삶을 다짐하는 시간

그들에게 왜 이런 고통이 왔을까요? 죄 때문이었습니다. 그렇다면 그들이 해방을 맞이하면서 다짐해야 할 중요한 교훈이 무엇일까요? 거룩하게 사는 일입니다. 그러기 위해서 그들이 했던 상징적인 행동이 누룩을 없애는 것이었습니다. 전통적으로 이스라엘 백성들에게 누룩은 죄나 부정함의 상징이었습니다. 그래서 유월절이 되면 이스라엘 백성들은 지금도 집안에서 누룩을 찾아 누룩을 없애는 게임을 합니다. 이 것을 '베디캇 하케츠'라고 합니다. 우선 유월절이 되면 이스라엘 모든 백성들은 대청소를 합니다. 청소를 하면서 그들의 마음도 깨끗하게 하고 하나님 앞에 정결한 한 주간의 축제를 갖겠다는 의미입니다. 대청소를 하면서 중요한 것은 누룩을 찾아 제거하는 것입니다. 때때로 자녀들의 교육을 위해 이 기간 동안 어머니들은 열 개의 작은 누룩이 들어있는 빵조각을 준비해서 집안 구석구석 숨겨놓습니다. 그리고 아이들로 하여금 그것을 찾는 연습을 시킵니다. 아버지는 불을 켠 양초, 스푼, 가죽으로 된 천 조각을 가지고 아이들과 찾으러 다닙니다. 부정한 것이기 때문에 찾은 누룩은 직접 접촉하지 않고 스푼을 가지고 천 조각에 담은 후 싸서 집 밖에 던져놓습니다. 다음 날 회당 예배를 드리기 위해 갈 때 그것을 회당 앞마당에 모아놓고 태워버립니다. 이것이 유월절을 지키는 전통적인 습관 중 하나입니다.

오늘을 사는 우리 그리스도인들에게는 이것이 무엇을 뜻하는 것일까요? 바울이 어떻게 가르치고 있는지 보겠습니다.

고린도전서 5장 6-8절
"너희가 자랑하는 것이 옳지 아니하도다 적은 누룩이 온 덩어리에 퍼지는 것을 알지 못하느냐 너희는 누룩 없는 자인데 새 덩어리가 되기 위하여 묵은 누룩을 내버리라 우리의 유월절 양 곧 그리스도께서 희생되셨느니라 이러므로 우리가 명절을 지키되 묵은 누룩으로도 말고 악하고 악의에 찬 누룩으로도 말고 누룩이 없이 오직 순전함과 진실함의 떡으로 하자"

우리는 명절의 습관을 그대로 따라갈 필요는 없지만 정신은 본받아야 합니다. 거룩하고 깨끗한 삶을 사는 것이 중요하다는 것입니다. 오늘 우리에게 있어서 유월절 어린양은 예수님이십니다. 이스라엘 민족을 해방시키기 위해서 어린 양이 죽었던 것처럼 우리를 죄에서 구원하기 위해서 우리의 유월절 양 예수님이 희생되셨습니다.

오늘 우리는 이것을 성찬을 통해서 기념합니다. 떡을 취하면서 예수님이 나를 위해서 그 몸이 깨어진 사실을 기념하고, 십자가에서 피 흘린 사실을 기념하면서 우리는 떡과 잔을 받습니다. 우리는 다른 방식이지만 정신은 어떤 의미에서 우리도 구원받은 자답게 거룩한 삶을 살기를 주님 앞에 고백하는 것, 이것이 오늘 우리의 유월절을 지키는 방법이라고 말할 수 있습니다. 그러나 일단 이스라엘 백성들이 과거에 어떻게 유월절을 지켰는가를 연구해보는 것은 오늘을 사는 우리에게도 커다란 레슨이 됩니다.

다시한번 이스라엘 백성들이 유월절 절기를 지키는 방법을 요약해보겠습니다.

〈유월절 식사법〉
1. 식탁에 촛불을 켜고 가장의 감사기도
2. 포도주를 마심
3. 쓴 나물을 먹음

4. 자녀들의 질문

5. 찬송시를 읽고/두 번째 포도잔을 마심

6. 마짜와 〈양고기〉를 먹음

7. 시편 115-118편을 읽거나 노래하고 마침

이스라엘 백성들에게 식사시간은 예배시간, 민족 학습의 시간, 영적 교육의 시간입니다. 이스라엘 백성들이 긴 고통의 역사 속에서도 민족의 정체성을 보존하고 훌륭한 엘리트 집단을 만들고 세계의 철학, 교육, 문화, 예술, 사상계에 유대인들이 노벨상을 수없이 많이 배출하고 영향을 끼칠 수 있었던 것은 바로 이러한 가정교육에 있음을 부인하지 못할 것입니다.

이것을 우리 시대에 적용하기 위해 몇 가지 제안을 하고 싶습니다. 첫째, 우리도 명절이 되었을 때 민족 교육을 시킬 필요가 있습니다. 또한, 즐거운 시간에 자녀들에게 신앙적 교훈을 가르치기 바랍니다. 끝으로 쉴 때는 철저하게 진정한 쉼을 가질 줄 알아야 합니다. 그리하여 하나님의 놀라운 은혜를 내가 경험할 뿐만 아니라 다음 세대에게 전수하는 하나님의 백성들이 되시길 바랍니다. 제대로 명절을 학습할 줄 아는 사람이 되시길 바랍니다.

Part 24
초실절
○

너희는 거룩하라

初實節

유월절, 무교절 바로 다음에 이어지는 절기를 '초실절'이라고 합니다. 첫 열매를 바치는 절기를 '초실(初實)절'이라고 합니다. 이스라엘 백성들이 약속의 땅에 들어간 후, 씨를 뿌리고 파종을 하고 추수 때 이삭의 단을 거두게 됩니다. 여기서 말하는 이삭은 보리 이삭이었을 것입니다.

24 LEVITICUS
초실절
;레위기 23장 9-14절

너 희 는   거 룩 하 라

레위기 23장에는 이스라엘 백성들이 일 년 동안 지켜야 할 명절들에 대한 교훈이 나와 있습니다. 명절을 공부하는 중요한 목적은 단순히 한 나라의 명절을 소개하는 것에 있지 않습니다. 이 모든 명절들은 교훈적이며 또 모형적이고 예언적인 뜻을 갖고 있습니다. 하나의 모형으로서 장차 올 어떤 중요한 사건을 가르치려고 하는 중요한 의도가 있습니다. 이스라엘 명절을 통해 우리가 받아야 할 영적인 레슨이 숨어 있는 것입니다.

유월절, 무교절 바로 다음에 이어지는 절기를 '초실절'이라고 합니다. 첫 열매를 바치는 절기를 '초실(初實)절'이라고 합니다. 이스라엘 백성들이 약속의 땅에 들어간 후, 씨를 뿌리고 파종을 하고 추수 때 이삭의 단을 거두게 됩니다. 여기서 말하는 이삭은 보리 이삭이었을 것입니다.

너희는 거룩하라 375

이스라엘 땅에서는 밀보다 보리추수가 먼저 옵니다. 보리추수를 해서 그 열매를 바치는 절기다 해서 '맥추절'이라고 합니다. 절기를 통해 첫 열매를 하나님 앞에 바친 후 비로소 이스라엘 백성들은 햇곡식을 먹기 시작했던 것입니다. 상당히 엄격한 절기였습니다. 먼저 하나님 앞에 드리고 그 다음에 먹는 것을 그들은 중요한 절기를 지키는 관습의 하나로 삼았던 것입니다.

레위기 23장 14절
"너희는 너희 하나님께 예물을 가져오는 그 날까지 떡이든지 볶은 곡식이든지 생 이삭이든지 먹지 말지니 이는 너희가 거주하는 각처에서 대대로 지킬 영원한 규례니라"

한동안 이스라엘 백성들은 주의 말씀을 따라 이것을 성실하게 지켰을 것입니다. 그러나 이스라엘 백성들이 바벨로니아의 포로로 잡혀 가면서 전 세계로 흩어져서 살게 됩니다(디아스포라의 민족). 흩어져서 살다보니 명절을 제대로 못 지키게 됩니다. 그러나 2000년 동안 명절을 잃어버렸던 이스라엘 백성들이 이스라엘 땅을 회복하게 되고 하나의 국가를 세우고 돌아오면서부터 특별히, 이스라엘 북쪽 하이파라는 도시를 중심으로 초실절 같은 절기가 회복되기 시작했다는 말을 들었습니다.

영적, 모형적 의미로 따지자면 초실절은 다른 절기 못지않게 매우 중요한 의미를 담고 있습니다. 그 의미를 알기 위해 먼저 주목해야 할 세 가지가 있습니다.

1. 절기의 날

레위기 23장 11절
"제사장은 너희를 위하여 그 단을 여호와 앞에 기쁘게 받으심이 되도록 흔들되 안식일 이튿날에 흔들 것이며"

이스라엘에서 안식일은 토요일입니다. 안식일 이튿날인 주일에 초실절이 지켜졌던 것입니다. 절기가 보여주고자 하는 가장 중요한 영적 의미는, 첫 열매는 바로 부활의 첫 생명, 첫 이삭이 되는 예수 그리스도를 다시 말하면 부활의 주님을 상징하고자 하는 것입니다. 예수님은 안식일 다음 날(주일)에 부활하셨습니다. 그리스도인들이 토요일이 아닌 주일에 모이기 시작한 이유는 이 날에 주께서 부활하셨기 때문입니다. 부활하시고 생명의 주인이 되시고 우리에게 구원을 주신 놀라운 날이기 때문에 바로 안식일 다음날 초대교회를 보면 주의 백성들이 함께 모여 성찬을 나누고 하나님을 예배했던 것을 볼 수가 있습니다. 그래서 자연스럽게 주일이 우리 모임의 초점이 된 것입니다.

과거 초실절을 지키던 이스라엘 백성들의 농가적 풍경을 이렇게 연상해보시기 바랍니다.

이스라엘 월력으로 니산월 14일째 안식일이 지나고 동이 트기 시작합니다. 새벽에 여명이 밝아오기 시작하면 낫을 든 농부들, 여인들이 보리 추수를 하기 위해 보리밭으로 갑니다. 보릿단을 낫으로 베고 첫 열매를 거둡니다. 기쁨으로 거둔 보릿단을 성전으로 가지고 가서 첫 열매를 제사장에게 바칩니다. 제사장은 번제단 북동쪽에 서서 지성소가 있는 서쪽을 향해서 보릿단을 흔들며 하나님 앞에 찬양을 드리고 감사를 드립니다. 이 절기가 바로 초실절이었던 것입니다.

레위기 23장 10-11절

"이스라엘 자손에게 말하여 이르라 너희는 내가 너희에게 주는 땅에 들어가서 너희의 곡물을 거둘 때에 너희의 곡물의 첫 이삭 한 단을 제사장에게로 가져갈 것이요 제사장은 너희를 위하여 그 단을 여호와 앞에 기쁘게 받으심이 되도록 흔들되 안식일 이튿날에 흔들 것이며"

이런 풍경을 생각해 보십시오. 안식 후 이튿날 새벽에 보릿단 추수를 위해 낫을 들고 기쁨으로 보리밭을 향해 가던 여인들. 이것을 생각하면서 또 하나의 이미지를 생각해 보십시오. 역사가 훨씬 지나간 어느 날 하나님의 아들 예수가 이 땅에 오셔서 우리의 죄를 짊어지고 제물이 되기 위해서 십자가에 달려 죽으셨습니다. 그 다음 날 안식 후 이튿날 새벽, 여인 몇 명이 예수의 무덤(이번에는 보리밭이 아닌)으로 달려갑니다. 거기에는 부활하신 주님이 여인들을 기다리고 있었습니다. 그래서 마리아와 몇 명의 여인들이 이 새벽에 주님을 만났습니다. 너무 기뻐서 마리아는 예루살렘으로 혹은 갈릴리로 가서 사람들에게 예수님이 부활하셨다고 외칩니다. 이 놀라운 사건을 생각하면서 바울 사도의 증언을 보시기 바랍니다.

고린도전서 15장 20절
"그러나 이제 그리스도께서 죽은 자 가운데서 다시 살아나사 잠자는 자들의 첫 열매가 되셨도다"

예수님께서 잠자는 자들의 첫 열매가 되셨습니다. 죽음을 이기시고 부활의 생명을 보여주신 분이 바로 예수 그리스도십니다. 봄이 되면 마치 죽은 줄 알았던 새로운 생명의 싹들이 이 땅을 뚫고 올라옵니다. 그 중에서 첫 열매를 거두었을 때 사람들은 그것을 제사장에게 바치고 그는 그 첫 열매가 있는 보릿단을 하나님 앞에 바치며 '이것은 주님의 능력입니다'라고 감사를 드렸던 것처럼 말입니다. 예수 그리스도께서 부활의 첫 열매가 되신 것입니다.

원문에 보시면 '잠자는 자들의 첫 그 열매'라고 기록되어 있습니다. 정관사 'The'가 붙어 있습니다. 영어로 'The first fruits(그 첫 열매)'입니다. 그 첫 열매는 특별한 한 분을 지칭하고 있는 것입니다. 유일하게 죽음을 이기고 부활하신 예수 그리스도이십니다. 초실절의 축제가 지켜졌던 그 날은 매우 의미심장한 것입니다. 안식 후 다음 날(주일), 그 날이 바로 부활의 날이었던 것입니다.

이런 광경을 연상하실 수가 있습니다. 예수님께서 부활하시던 그 날

도 예수님의 부활의 의미를 몰랐던 이스라엘 사람들은 아마도 보리밭
에 가서 첫 열매를 거두고 있었을 것입니다. 그 순간 예수님은 부활하
신 것입니다. 놀랍고 아름다운 그림입니다.

2. 절기의 단

제사장이 여호와 하나님께 이삭을 드릴 때 한 줄기가 아닌 한 단(묶
음)으로 바칩니다.

레위기 23장 10절
"이스라엘 자손에게 말하여 이르라 너희는 내가 너희에게 주는 땅에 들어
가서 너희의 곡물을 거둘 때에 너희의 곡물의 첫 이삭 한 단을 제사장에게로
가져갈 것이요"

레위기 23장 12절
"너희가 그 단을 흔드는 날에 일 년 되고 흠 없는 숫양을 여호와께 번제로
드리고"

고린도전서 15장 23절
"그러나 각각 자기 차례대로 되리니 먼저는 첫 열매인 그리스도요 다음에
는 그가 강림하실 때에 그리스도에게 속한 자요"

먼저 예수님이 부활하시고 그 다음에는 예수님이 재림하실 때 그리
스도께 속한 자(붙은 자)들이 함께 부활한다는 말씀입니다. 예수님 한

분만의 부활이 아닌 우리 모두가 부활을 하는 것입니다. 우리가 부활하는 이유는 그리스도께 붙어 있기 때문입니다. 우리는 어느 날 부활된 자로 주님 앞에 서게 될 것입니다. 죽음 건너편에 부활의 찬란한 아침이 기다리고 있습니다. 이것이 그리스도인들이 갖고 있는 죽음에 대한 궁극적이고 본질적인 소망인 것입니다.

부활이 가능하다는 것을 예수님은 이 땅에 계실 때에도 종종 보여주셨습니다. 회당장 야이로의 딸(어린아이), 나인성 과부의 아들(청년), 나사로(장년)를 통해 부활의 소망을 보여주셨습니다. 그러나 예수님 계실 때 이 땅에서 죽었다가 산 사람들은 다시 죽었습니다. 그 부활은 일시적이고 불완전한 희망의 샘플에 불과한 것이었습니다. 그러나 그분이 다시 오시는 날 우리는 완벽한 부활에 참여할 것입니다. 우리는 잠자는 자들의 첫 열매인 그리스도를 따라 그리스도와 함께 부활의 놀라운 축제에 참여하게 될 것입니다. 이러한 소망이 있기 때문에 바울 사도는 데살로니가 교인들에게 편지를 쓰면서 우리의 사랑하는 사람들의 죽음을 인해 슬퍼하지 말라고, 소망이 기다리고 있다고 말하고 있습니다.

데살로니가전서 4장 13-14절
"형제들아 자는 자들에 관하여는 너희가 알지 못함을 우리가 원하지 아니하노니 이는 소망 없는 다른 이와 같이 슬퍼하지 않게 하려 함이라 우리가 예수께서 죽으셨다가 다시 살아나심을 믿을진대 이와 같이 예수 안에서 자는 자들도 하나님이 그와 함께 데리고 오시리라"

예수 안에서 자는 자들(예수 믿고 죽은 자들)은 예수님께서 다시 오실 때 이들을 깨워 함께 오실 것이고 모두 부활 축제에 참여하게 될 것이라고 말하고 있습니다. 그러기에 슬퍼하지 말고 이 슬픔을 이길 수가 있어야 한다고 말합니다. 그래서 단을 바친 것입니다.

이 부활의 소망은 예수 그리스도의 희생 때문입니다. 그래서 그들은 첫 열매뿐만이 아닌 어린양도 바칩니다. 어린양의 희생으로 말미암아 부활의 소망을 갖게 된 것을 예표하기 위해서인 것입니다.

레위기 23장 12-13절

"너희가 그 단을 흔드는 날에 일 년 되고 흠 없는 숫양을 여호와께 번제로 드리고 그 소제로는 기름 섞은 고운 가루 십분의 이 에바를 여호와께 드려 화제로 삼아 향기로운 냄새가 되게 하고 전제로는 포도주 사분의 일 힌을 쓸 것이며"

흠 없는 양, 고운 가루, 포도주를 드리는 것은 모두 예수님의 희생을 가리키는 것입니다. 예수님이 자신의 보혈을 쏟아 희생의 어린양이 되셔서 죽으심으로 또한 그분이 부활하심으로 우리도 부활의 소망을 갖게 되었다는 것을 예표하는 놀라운 절기가 초실절인 것입니다. 중요한 절기입니다.

3. 절기의 영성

초실절이라는 절기가 우리에게 가르치는 영성은 첫째 것을 바치는 소중한 마음입니다. 첫째 것은 항상 가장 소중한 것을 상징합니다. 그래서 출애굽 할 당시 하나님께서 애굽 사람들을 징계하실 때 장남들을 가져가셨습니다. 역설적으로 유월절 사건을 통해 하나님의 장자와 같은 이스라엘 백성 공동체가 하나님의 놀라운 구원을 입을 수가 있었던 것입니다.

첫 열매는 가장 소중한 것입니다. 신약성경에서 바울이 첫 열매를 말할 때 '아파르케'라는 단어로 되어있습니다. 첫 열매의 사상은 성경 처음부터 마지막까지 강조되어 나옵니다. 가인과 아벨의 제사에서 하나님께서 아벨의 제사만 받으신 이유는 양의 첫 새끼를 드렸기 때문입니다(창세기 4장 4절). 심지어 하나님 앞에 드림의 중요성을 강조하는 잠언을 보면 처음 것을 드리는 소중한 마음을 하나님께서 받으시고 그에게도 부족함이 없이 채우시겠다고 말씀하십니다(잠언 3장 9~10절).

하이파 도시에서 초실절이 시작되었는데, 한 유명한 랍비가 처음 것을 바치는 것의 소중함을 설교한 후 그 날 유대인 회당에 첫 열매가 아주 많이 들어왔다고 합니다. 그래서 그 첫 열매들로 가난한 사람들을 구제하는 재단을 만들었다고 합니다. 이것이 유대인들, 유대인 부자들을 중심으로 특히 하나님을 경외하는 사람들에 의해서 이웃을 돕고 사회를 돕는, 약자들을 돕는 재단 운동의 중요한 기틀이 되었다고 합니다. 십일조는 교회에 드리면 제일 좋은 것입니다. 그러나 부자들 같은 경우 너무 재산이 많으면 드려도 교회에서 관리할 능력이 없습니다. 그래서 록펠러는 너무 많은 십일조 때문에 목사님과 의논 후 재단을 만들었고 그것이 록펠러 재단의 기초가 되었습니다. 중요한 것은 우리가 어떻게 하느냐가 아니라 마음입니다. 처음 것, 가장 소중한 것을 바치는 마음입니다.

오늘 우리는 무엇으로 하나님 앞에 드려야 할까요? 내 가장 소중한 것, 시간, 재능 등으로 드릴 수 있지만 내 이웃의 소중한 영혼을 하나님 앞에 제물로 바치는 것, 내 사랑하는 사람들이 나처럼 예수님 믿고 하나님의 백성이 되어 함께 더불어 사는 삶의 은혜를 나누는 일 이것도 제사입니다. 소중한 제사입니다.

로마서 15장 16절
"이 은혜는 곧 나로 이방인을 위하여 그리스도 예수의 일꾼이 되어 하나님의 복음의 제사장 직분을 하게 하사 이방인을 제물로 드리는 것이 성령 안에서 거룩하게 되어 받으실 만하게 하려 하심이라"

바울은 하나님 앞에 내 이웃(이방인)을 인도하는 것이 가장 위대한 제물을 바치는 것이라고 말했습니다. 너희가 만일 온 천하를 얻고도 제 목숨을 잃어버리면 무엇이 유익하겠느냐? 이 세상 그 무엇보다, 그 누구보다 소중한 사람들, 사랑하는 이웃들을 주님 앞으로 인도할 준비가 되어있으신지요? 우리가 추수기에 자주 불렀던 찬송 중 이런 찬양이 있습니다.

"익을 곡식 거두는 자 없을 이때에 누가 가서 거둘까?
이땔세 바로 지금이 우리가 소중한 추수의 열매를 하나님 앞에 바칠 때라."

아름다운 영혼의 열매를 하나님 앞에 드리는 저와 여러분이 되길 축복합니다.

Part 25

오순절
ㅇ

너 희 는   거 룩 하 라

五旬節

오순절은 초실절이 지나고 나서 7주가 지난(49일) 그 다음 날입니다. 그래서 이 절기의 명칭으로 '칠칠절(Feast of Weeks, 7weeks)', 또는 50일이 되는 날이라고 해서 '오순절(Feast of pentecost)'이라고 합니다. 초실절에는 곡식의 첫 열매 한 단을 하나님 앞에 드렸습니다. 그러나 오순절은 그로부터 50일이 지나서 온전한 추수를 하는 것입니다.

너 희 는   거 룩 하 라

오순절은 초실절이 지나고 나서 7주가 지난(49일) 그 다음 날입니다. 그래서 이 절기의 명칭으로 '칠칠절(Feast of Weeks, 7weeks)', 또는 50일이 되는 날이라고 해서 '오순절(Feast of pentecost)'이라고 합니다.

레위기 23장 15-16절
"안식일 이튿날 곧 너희가 요제로 곡식단을 가져온 날부터 세어서 일곱 안식일의 수효를 채우고 일곱 안식일 이튿날까지 합하여 오십 일을 계수하여 새 소제를 여호와께 드리되"

초실절에는 곡식의 첫 열매 한 단을 하나님 앞에 드렸습니다. 그러나 오순절은 그로부터 50일이 지나서 온전한 추수를 하는 것입니다. 우리 나라는 추수를 일 년에 한 번만 하지만 이스라엘은 두 번 합니다. 첫 번째 열매를 맺고 50일이 지나서 본격적인 첫 번째 추수가 이뤄지는데 봄철 수확기인 이때는 밀과 보리를 추수합니다. 그 다음 여름을 지나서 가을에 추수하는 것은 주로 과일들인 포도, 무화과, 석류, 올리브(감람열매), 대추야자(꿀)를 추수합니다. 흔히 이것을 가리켜서 이스라엘 백성들은 '이곡오과' 혹은 '오과이곡'이라고 부릅니다.

신명기 8장 7-8절
"네 하나님 여호와께서 너를 아름다운 땅에 이르게 하시나니 그 곳은 골짜기든지 산지든지 시내와 분천과 샘이 흐르고 밀과 보리의 소산지요 포도와 무화과와 석류와 감람나무와 꿀의 소산지라"

이곡은 '밀과, 보리', 오과는 '포도, 무화과, 석류, 올리브, 대추야자' 입니다. 밀과 보리는 초여름 들어가기 직전인 주로 5월에서 6월 초까지 추수를 합니다. 그래서 초실절부터 시작해서 오순절까지 곡식을 거두는 절기를 우리나라에서는 과거에 맥추절이라고 불렀고 맥추감사예배를 드렸습니다.

가을철에는 여름과일들을 추수합니다. 밀과 보리를 추수하고 하나님 앞에 감사하는 절기를 '오순절' 혹은 '칠칠절'이라고 부릅니다. 이것을 히브리어로 '샤브오트'라고 합니다. 오순절은 이스라엘의 3대 절기(유월절, 오순절, 초막절) 중 하나입니다. 과거에는 3대 절기에 모든 이스라엘 백성들, 적어도 이스라엘 가장(남자)들은 반드시 예루살렘에 와서 참여해야 한다는 습관이 있었습니다.

출애굽기 34장 23절
"너희의 모든 남자는 매년 세 번씩 주 여호와 이스라엘의 하나님 앞에 보일지라"

남자들이 대표로 3번씩 하나님 앞에 예루살렘으로 왔기 때문에 이 명절에는 예루살렘이 무척 붐볐습니다. 그런데 문제는 유월절부터 오순절까지의 기간이 너무 짧았습니다. 50일 만에 또 와야 했기 때문입니다. 그래서 이스라엘 사람들은 유월절에 왔다가 오순절까지 예루살렘에서 머물렀습니다. 오순절 전날에는 좋은 옷을 입고 머리에는 화관을 쓰고 맛있는 음식을 먹고 즐거운 마음으로 절기를 맞이합니다. 밤에는 성전에서 철야기도를 하고 다음 날 아침에는 예배를 드리고 춤을 추고 놀이를 하고 십계명을 온종일 낭독합니다. 이렇게 즐기는 절기가 바로 샤브오트(오순절)입니다.

오순절을 지키는 방식

Ⅰ. 두 가지 할 일

1) 하나님께 대한 감사

레위기 23장 21절
"이 날에 너희는 너희 중에 성회를 공포하고 어떤 노동도 하지 말지니 이는 너희가 그 거주하는 각처에서 대대로 지킬 영원한 규례니라"

신명기 16장 9절
"일곱 주를 셀지니 곡식에 낫을 대는 첫 날부터 일곱 주를 세어"

하나님께 축복받은 것을 생각하며 자원하는 예물(감사헌금)을 드리는 절기가 바로 오순절이었습니다. 인간은 너무 쉽게 잊어버리기 때문에 이러한 절기가 매우 중요합니다.

시편 103장 2절
"내 영혼아 여호와를 송축하며 그의 모든 은택을 잊지 말지어다"

예수님께서 우리를 위해 목숨까지 주신 사실 또한 우리는 잊어버립니다. 그분이 희생의 제물이 되셨고, 거룩한 피를 흘리신 것을 기억하라는 의미로 성찬식을 하는 것입니다.

탈무드에 보면 창조주는 인간의 머릿속에 두 개의 주머니를 주셨는데 한 주머니에는 잊어버려야 할 것을, 또 다른 한 주머니에는 잊지 말아야 할 것을 집어넣고 항상 기억해야 된다는 말이 있습니다. 우리는 잊지 말아야 합니다. 그래서 이러한 명절이 필요합니다. 명절날 하나님 앞에 나아가서 기도하며 축복을 헤아려야 합니다. '받은 복을 세어보아라'라는 찬송가의 가사처럼 말입니다.

2) 이웃에 대한 자비의 실천

레위기 23장 22절
"너희 땅의 곡물을 벨 때에 밭 모퉁이까지 다 베지 말며 떨어진 것을 줍지 말고 그것을 가난한 자와 거류민을 위하여 남겨두라 나는 너희의 하나님 여호와이니라"

밀과 보리를 추수할 때 가난한 자, 거류민(나그네)들을 위해 이삭들을 남겨놓으라는 말씀입니다. 이러한 전통에서부터 오순절이 되면 반드시 읽어야 할 성경이 있습니다. '룻기'를 읽습니다.

신명기 16장 11절
"너와 네 자녀와 노비와 네 성중에 있는 레위인과 및 너희 중에 있는 객과 고아와 과부가 함께 네 하나님 여호와께서 자기의 이름을 두시려고 택하신 곳에서 네 하나님 여호와 앞에서 즐거워할지니라"

명절에는 객(나그네), 과부, 고아들을 챙기고 돌보며 함께 즐거워하라고 말씀하십니다. 하나님의 백성들이 이들을 도와주는 일은 오순절의 중요한 행사였습니다. 신약적으로 보면 그리스도인들의 가장 중요한 것은 복음을 전하는 일(선교)이지만, 선교와 더불어 해야 하는 일이 바로 '이웃사랑의 실천'입니다. 지상명령, 대사명은 복음을 전하는 일입니다. 또 하나 중요한 것이 큰 계명(선한 사마리아인의 비유)입니다.

누가복음 10장 37절
"이르되 자비를 베푼 자니이다 예수께서 이르시되 가서 너도 이와 같이 하라 하시니라"

옆집에 사는 사람만이 이웃이 아니라 길가에서 만나는 여리고 길의 상처받은 자들 그들이 바로 우리의 이웃입니다. 그들을 돌아보는 일은 중요합니다. 자비, 사랑을 실천하는 것이 중요한 것입니다. 과거 한국 교회가 전도한 것만큼 이웃사랑실천을 열심히 못한 측면이 있습니다. 그러나 최근에는 열심히 하고 있습니다. 정부를 제외한 모든 이웃돕기 사역(NGO)의 72%를 기독교(개신교) 단체가 하고 있습니다. 우리가 마땅히 해야 할 일들입니다.

바로 이러한 실천을 하던 절기가 오순절입니다. 가장 커다란 두 가지 명령인 '하나님 사랑'과 '이웃 사랑'을 실천하던 절기였습니다.

Ⅱ. 한 가지 기대

유월절이 지난 후 오순절이 올 때까지 하나님의 백성들이 무엇을 제일 기대하고 있었을까요? 바로 추수를 많이 하는 것입니다. 그러기 위해서는 여건(날씨, 기상)이 좋아야 했습니다. 이스라엘에서 사역하고 계시던 류모세 선교사(열린다 성경)는 초실절에서 오순절까지의 기간 (50일)을 '운명의 7주'라고 말합니다. 첫 보릿단을 추수하는 것을 가리켜서 '오메르'라고 합니다. 초실절이 지나면 그들은 이렇게 카운트합니다. 오메르 첫째 날, 오메르 둘째 날... 오메르 49, 50일 하면 끝이 납니다. 그렇게 오순절이 다가옵니다. 이 7주는 북서풍과 남동풍이 부는 기간입니다. 북서풍과 남동풍의 역할은 다릅니다. 북서풍(찬바람)이 불면 밀농사가 잘됩니다. 밀 이삭이 잘 영글어서 밀과 보리가 잘 수확됩니다. 그런데 이 시기에 남동풍(뜨거운 바람)이 불어버리면 밀 수확이 형편없게 됩니다. 그래서 사람들은 북서풍이 불기를 기도합니다. 또한 남동풍이 불어야 여름 과일들(포도, 석류, 무화과, 올리브, 대추나무)이 잘 됩니다. 최적의 조건은 처음 한주간은 북서풍이 불고 나머지 6주간은 남동풍이 불어야합니다.

제사장이 하나님께 감사하기 위해 동쪽 문을 통해서 성소에 들어갑니다. 성소에 들어가면 오른쪽(북쪽)에는 떡상(진설병)이 있고 왼쪽(남쪽)에는 금촛대가 있습니다. 떡상에 있는 떡은 밀로 만드는 것인데 밀농사가 잘 돼야 좋은 진설병을 올릴 수 있었습니다. 또한 금촛대에서 아름다운 불빛을 밝히려면 올리브 수확이 잘 돼야 올리브기름을 올릴 수 있었던 것입니다. 이것은 추수를 상징하는 두 가지(밀, 올리브) 사건입니다. 이것을 바라보며 제사장은 분향단 앞에서 좋은 추수를 거두게 해달라는 기도를 합니다. 이것이 바로 오순절입니다.

이런 기대와 기원이 역사적으로 놀랍게 성취가 됩니다. 예언적 성취가 이루어집니다. 그 성취가 바로 '성령강림'입니다. 유월절은 그리스도의 죽으심을 상징하는 것입니다. 초실절은 그리스도의 부활을 상징합니다. 그리스도는 죽고 부활하신 것으로 끝나지 않습니다. 부활하고 승천하신 예수님이 50일 만에 그리스도의 영을 보내십니다. 그리스도의 영은 성령님이십니다. 성령님은 오순절에 오셨습니다. 이것이 놀라운 타이밍입니다. 본문을 보시면 신약학자들 가운데 약간의 견해의 차이는 있지만 오순절에 지키는 의식가운데서 주목해 볼 것이 있습니다.

레위기 23장 17-20절
"너희의 처소에서 십분의 이 에바로 만든 떡 두 개를 가져다가 흔들지니 이는 고운 가루에 누룩을 넣어서 구운 것이요 이는 첫 요제로 여호와께 드리는 것이며 너희는 또 이 떡과 함께 일 년 된 흠 없는 어린 양 일곱 마리와 어린 수소 한 마리와 숫양 두 마리를 드리되 이것들을 그 소제와 그 전제제물과 함께 여호와께 드려서 번제로 삼을지니 이는 화제라 여호와께 향기로운 냄새며 또 숫염소 하나로 속죄제를 드리며 일 년 된 어린 숫양 두 마리를 화목제물로 드릴 것이요 제사장은 그 첫 이삭의 떡과 함께 그 두 마리 어린 양을 여호와 앞에 흔들어서 요제를 삼을 것이요 이것들은 여호와께 드리는 성물이니 제사장에게 돌릴 것이며"

두 개의 떡, 두 마리의 양, 가루와 누룩, 이것은 유대인과 이방인이 모두 성령 안에서 하나가 되는 것을 의미합니다. 하나님의 백성은 유대인뿐이었습니다. 그러나 성령이 오시고 복음이 이방인들에게 전해지고 이방인들도 예수 믿고 함께 하나님의 백성이 되어 하나님을 찬양하는 놀라운 사건, 이 사건이 결정적으로 이뤄지는 때가 오순절입니다. 예수님이 승천하신 후 예수님의 예언을 따라 제자들이 다락방으로 갔습니다.

사도행전 1장 14절
"여자들과 예수의 어머니 마리아와 예수의 아우들과 더불어 마음을 같이하여 오로지 기도에 힘쓰더라"

누가복음 24장 49절
"볼지어다 내가 내 아버지께서 약속하신 것을 너희에게 보내리니 너희는 위로부터 능력으로 입혀질 때까지 이 성에 머물라 하시니라"

사도행전 2장 1절
"오순절 날이 이미 이르매 그들이 다같이 한 곳에 모였더니"

제자들은 성령의 능력을 받을 때까지 머물라는 약속에 따라 마음을 같이 하여 오로지 기도에 힘썼습니다. 그리고 성령이 임했습니다. 성령 충만함을 입었습니다. 드디어 곡식이 익어서 바치는 이 절기에 추수하시기 위해 성령이 오셨습니다. 성령은 추수의 영입니다. 성령께서 추수하시기 위해 우리를 사용하십니다. 전도는 성령님께서 도우셔야 가능합니다. 우리는 성령님의 기름부으심이 임하도록 기도해야 합니다.

Part 26

나팔절과
속죄일

。

너 희 는 기 록 하 라

新年節

나팔절은 나팔 부는 날로써 나팔을 불면서 절기가 시작됩니다. 이 절기를 '신년절'(새해의 절기)이라고도 합니다. 그리고 이 신년절을 완성하는 마지막 날이 '속죄일'입니다. 속죄일은 하루입니다. 모두 합해서 열흘 동안 진행됩니다. 주로 9월말에서 부터 10월 달에 이 절기가 지켜집니다. 유대인 달력 음력에 의해서 7월 1일이 나팔절, 7월 10일은 속죄일입니다.

26

L E V I T I C U S

나팔절과 속죄일

;레위기 23장 23-32절

너 희 는 거 룩 하 라

나팔절은 나팔 부는 날로써 나팔을 불면서 절기가 시작됩니다. 이 절기를 '신년절'(새해의 절기)이라고도 합니다. 그리고 이 신년절을 완성하는 마지막 날이 '속죄일'입니다. 속죄일은 하루입니다. 모두 합해서 열흘 동안 진행됩니다. 주로 9월말에서부터 10월 달에 이 절기가 지켜집니다. 유대인 달력 음력에 의해서 7월 1일이 나팔절, 7월 10일은 속죄일입니다.

본래 음력달력을 쓰는 모든 나라에서는 한 달 중에 한 달이 시작되는 초하루가 제일 중요합니다. 이스라엘도 마찬가지입니다. 그래서 한 달의 첫날을 가리켜서 '월삭' 또는 '초하루'라고 합니다.

이사야 1장 13절
"헛된 제물을 다시 가져오지 말라 분향은 내가 가증히 여기는 바요 월삭과 안식일과 대회로 모이는 것도 그러하니 성회와 아울러 악을 행하는 것을 내가 견디지 못하겠노라"

매월 첫날이 월삭, 매주 첫날이 안식일입니다. 신약성경에도 월삭에 대한 개념은 계속됩니다.

골로새서 2장 16절
"그러므로 먹고 마시는 것과 절기나 초하루나 안식일을 이유로 누구든지 너희를 비판하지 못하게 하라"

일 년에 월삭을 12번 지냅니다. 일 년의 월삭가운데서 7번째 달 월삭이 가장 중요합니다. 그때 새해가 시작되는 것입니다. 유대인들은 7번째 달 첫날 초하루가 새해입니다. 전 세계가 새해를 지켜도, 이스라엘만은 새해가 9월이나 10월입니다. 새해의 첫날을 가리켜서 '로쉬 하샤나'라고 합니다. '그 해의 머리, 그 해가 시작되는 으뜸 되는 날'이라는 의미입니다.
- 새해의 첫날 – '로쉬 하샤나'(로쉬-머리, 샤나-해, 년)

신년이 되면 '샤나 토바!'라고 새해 인사를 합니다.
- 새해 인사 – 샤나 토바!(Happy New Year!)

샤나 토바로 신년이 시작되는데 신년을 알리는 것이 나팔을 부는 것입니다. 이 절기의 핵심은 나팔입니다.

1. 절기의 핵심 – 나팔

레위기 23장 23-24절

"여호와께서 모세에게 말씀하여 이르시되 이스라엘 자손에게 말하여 이르라 일곱째 달 곧 그 달 첫 날은 너희에게 쉬는 날이 될지니 이는 나팔을 불어 기념할 날이요 성회라"

히브리말로 나팔을 '쇼파', '쇼파르'라고 말합니다. 나팔은 숫양의 뿔로 만듭니다. 아주 오래전부터 유대인들은 나팔을 불면 어느 날 나팔과 함께 메시야가 오시고 사탄의 어둠의 역사도 끝난다는 전통적인 믿음을 가지고 있었습니다. 그것은 신약성경에도 그대로 강조가 되고 있습니다.

히브리 사람들이 성경을 좀 더 알기 위해서 풀어놓은 주석이 있는데 그 주석에 보면 이 나팔에 대한 얘기가 나옵니다. 숫양의 유래가 아브람이 하나님 앞에 이삭을 제물로 바치는데서 시작됩니다. 아들을 제단에 올려놓고 칼을 뽑는 순간 하나님이 그만하십니다. 아브람의 순종을 시험하신 것입니다. 제사를 위해 주변을 둘러보니 수풀에 걸려있는 숫양이 있습니다. 하나님께서 어린양, 숫양을 예비하신 것입니다. 이것을 하나님이 준비하셨다는 의미인 '여호와 이레'라 합니다. 준비된 숫양,

준비된 어린양의 뿔로 만들어진 것을 양각나팔이라고 합니다.

양각나팔을 볼 때 이스라엘 백성들은 양이 희생되었음을 생각합니다. 어린양의 희생 때문에 새날, 기쁨의 날을 맞이할 수 있다는 중요한 진리를 내포하고 있는 것입니다.

그 이후부터 이스라엘 백성들은 그들의 역사 속에서 양각나팔을 몇 가지 용도로 사용합니다. 신년을 알릴 때, 절기를 알릴 때, 광야생활시 소집 및 출발 시, 전쟁 시, 전투 준비용으로 나팔이 사용되었습니다.

민수기 10장 2절
"은 나팔 둘을 만들되 두들겨 만들어서 그것으로 회중을 소집하며 진영을 출발하게 할 것이라"

고린도전서 14장 8절
"만일 나팔이 분명하지 못한 소리를 내면 누가 전투를 준비하리요"

그러나 가장 중요한 것은 어린양(숫양)의 희생 때문에 나팔이 만들어졌다는 것입니다. 우리에게 적용한다면, 예수 그리스도의 희생 때문에 인생에 새날이 왔다, 새 피조물이 됐다, 새 인생이 찾아왔다. 그리스도의 희생을 통해서 새날의 기쁨을 보여주는 절기입니다.

이 절기의 핵심은 나팔입니다.

2. 절기의 절정 – 속죄

이 절기의 절정은 속죄입니다. 나팔절의 마지막 날을 '속죄일' 혹은 '대 속죄일'이라고 합니다. 특별히 속죄일에 드리는 제사는 가장 중요한 속죄입니다. 속죄일의 제사는 대제사장이 주관합니다. 속죄일에 제사를 드릴 때 무려 500명의 도우미들이 대제사장을 돕습니다. 이스라엘 민족 전체를 위한 속죄의 응답을 받는 중요한 날입니다. 대제사장이 직접 속죄의 제물을 들고 지성소에 들어가서 하나님을 만나 속죄의 응답을 받습니다.

히브리서 9장 7절
"오직 둘째 장막은 대제사장이 홀로 일 년에 한 번 들어가되 자기와 백성의 허물을 위하여 드리는 피 없이는 아니하나니"

어린양의 피를 가지고 하나님 앞으로 들어가서 죄사함의 응답을 선언 받는 날이 대 속죄일입니다. 이 날은 안식일 중에서도 안식일입니다. 가장 중요한 안식일이 대 속죄일입니다. 대 속죄일은 아무 노동도 하지 않고 쉽니다.

레위기 23장 24절
"이스라엘 자손에게 말하여 이르라 일곱째 달 곧 그 달 첫 날은 너희에게 쉬는 날이 될지니 이는 나팔을 불어 기념할 날이요 성회라"

레위기 16장 31절
"이는 너희에게 안식일 중의 안식일인즉 너희는 스스로 괴롭게 할지니 영원히 지킬 규례라"

인생에 마지막 하나님 앞에 설 때 가장 중요한 것은 죄사함을 받았는지 여부입니다. 대 속죄일은 노동을 그치고 제사에 집중하는 날입니다. 보통 종교인 유대인(유독 종교심이 강하고 옛날 전통대로 사는 자들)뿐만이 아닌, 세속적 유대인까지도 이 날을 지킵니다. 히브리 사람들은 이 날을 '욤 키푸르'라고 합니다.

- 속죄일 – '욤 키푸르'(욤-날, 키프르-덮는다/속죄)

1973년 10월 6일 대 속죄일(욤 키푸르)에 시리아와 이집트가 이스라엘을 쳐들어왔습니다. 그래서 수많은 이스라엘 사람들이 죽습니다. 제 4차 중동전쟁인데 결국은 이스라엘이 이겼지만 수많은 희생을 감수해야만 했을 정도로 철저하게 이 날을 지켰습니다. 지금도 마찬가지입니다. 그들은 스스로를 괴롭게 하면서 대 속죄일을 지킵니다. 27절, 29절, 32절에 '스스로를 괴롭게 한다.'는 말이 계속 반복됩니다. 자신을 거룩하게 계속 괴롭히는 방법은 금식하면 됩니다. 이것이 속죄일을 지키는 방법입니다. 목욕, 부부관계도 하지 않습니다. 오직 대제사장만 제사를 드리기 위해서 목욕을 합니다. 제사를 드릴 때 두 마리의 염소를 선택해서 오른쪽, 왼쪽에 놓고 대제사장이 안수합니다. 한 염소는 주님을 위해 죽는 염소, 또 한 염소는 아사셀을 위한 염소로 살려 줍니다.

레위기 16장 21-22절
"아론은 그의 두 손으로 살아 있는 염소의 머리에 안수하여 이스라엘 자손의 모든 불의와 그 범한 모든 죄를 아뢰고 그 죄를 염소의 머리에 두어 미리 정한 사람에게 맡겨 광야로 보낼지니 염소가 그들의 모든 불의를 지고 접근하기 어려운 땅에 이르거든 그는 그 염소를 광야에 놓을지니라"

대제사장 아론이 안수합니다. 안수하는 것은 내 죄 때문에 내가 심판 받아야 하는데 속죄의 제물이 되는 이 염소가 내 죄를 대신 짊어집니다. 그리고 한 마리를 잡습니다. 그리고 다른 한 마리는 광야로 살려 보냅니다. 끝없이 광야 저 편으로 사라지는 염소를 보면서 기뻐합니다. 이것은 아주 인상적인 속죄의 그림입니다. 우리를 속죄하기 위해서 예수 그리스도께서 우리를 위해 죽으셨습니다. 그러나 죽으셨을 뿐만 아니라 그분은 다시 살아나셨습니다.

복음은 그리스도의 죽음과 부활 두 가지가 다 필요합니다. 한 마리의 염소는 죽음을 다른 한 마리의 염소는 부활을 상징한다고 볼 수 있습니다. 용서받은 것으로 끝나지 않고 우리가 살아야 하기 때문에 산 염소는 용서받은 자로 우리가 사는 것을 뜻합니다. 또한 광야 저편으로 사라지는 염소는 우리의 죄가 저렇게 사라졌음을 의미합니다. 잡는 염소는 성전 서편, 보내는 염소는 성전 동편으로 보내는데 동쪽으로 끝없이

사라지는 염소를 보면서 박수를 칩니다. 동에서 서로 먼 것같이 우리의
죄가 사라졌음을 의미합니다.

시편 103편 12절
"동이 서에서 먼 것 같이 우리의 죄과를 우리에게서 멀리 옮기셨으며"

그런데 동쪽으로 보낸 염소가 이따금 살아서 동네로 돌아오기 때문
에 이스라엘에 생긴 습관이 염소를 절벽으로 끌고 가서 떨어트리는 것
이었습니다. 절벽이라는 말이 '아사셀'인데 여기서 아사셀 양이라는 표
현이 나온 것입니다. 이 절기의 절정은 그리스도의 십자가 희생을 통해
우리의 죄가 완전히 속죄 받은 것을 보여주는 사건입니다.

3. 절기의 모형-재림

- **유월절**: 그리스도의 죽으심
- **초실절**: 그리스도의 부활
- **오순절**: 그리스도의 영이신 성령의 강림
- **나팔절**: 그리스도의 재림

데살로니가전서 4장 16-17절
"주께서 호령과 천사장의 소리와 하나님의 나팔 소리로 친히 하늘로부터

강림하시리니 그리스도 안에서 죽은 자들이 먼저 일어나고 그 후에 우리 살아 남은 자들도 그들과 함께 구름 속으로 끌어 올려 공중에서 주를 영접하게 하시리니 그리하여 우리가 항상 주와 함께 있으리라"

나팔소리와 함께 주님이 다시 오십니다. 재림의 진리가 가르쳐주는 핵심적 교훈이 무엇일까요? 사실, 종말은 구속사를 완성하는 사건입니다. 그래서 기쁜 날입니다. 그리스도께서 재림하시면 모든 것이 완성되고 새롭게 되는 날입니다.

요한계시록 21장 5절
"보좌에 앉으신 이가 이르시되 보라 내가 만물을 새롭게 하노라 하시고 또 이르시되 이 말은 신실하고 참되니 기록하라 하시고"

이것이 재림입니다. 모든 것(만물)을 새롭게 하십니다. 성경의 핵심은 종말은 좋은 날입니다. 주님과 결합되어 영원 속에 들어가는 행복한 날입니다. 그것이 진정한 그리스도의 재림의 교훈입니다. 복된 희망, 축복의 희망인 것입니다.

나팔이 불면, 천사장의 나팔소리가 들리면 주님이 다시 오십니다. 주님 오시면 우리는 회개해야 합니다. 실제로 이스라엘 사람들은 첫 날 신년이 선포되면 속죄일까지 열흘 동안 회개기도를 합니다. 우리도 주님 다시 오실 날을 예비하기 위해 우리의 삶을 거룩하게 단장하는 일

이것이 재림을 준비하는 것입니다. 그러나 또 하나는 주님과 함께 영원한 행복 속에 들어간다는 것을 기대해야 합니다. 그러기에 영원히 주님과 거하는 그 행복을 모르는 사람들에게 전도하는 것이 합당합니다. 복음 전하면서 우리의 삶을 주님 앞에 단장하고 준비하는 일 이것이 바로 나팔절의 중요한 핵심입니다. 곧 마지막 나팔이 울려 퍼질 것입니다. 모든 것이 새로워질 것입니다. 그날을 준비하는 우리 모두가 되시기를 축복합니다.

Part 27
초막절
。

니 희 는 거 룩 하 라

草幕節

이스라엘이 일 년 중에 지키는 절기 중 마지막 절기입니다. 이스라엘 백성들에게 최대의 기쁨과 감사를 표현하는 아주 행복한 절기가 바로 '초막절'이라고 말할 수 있습니다. 39절에서 이 절기를 가리켜서 '여호와의 절기'라고 말하고 있습니다. 혹은 정관사 'The'를 붙여서 'The Feast(그 절기)'라고 하면 그것은 의례 초막절입니다. 절기중의 절기, 최고의 절기가 초막절인 것입니다.

27

L E V I T I C U S

초막절

;레위기 23장 33-44절

이스라엘이 일 년 중에 지키는 절기 중 마지막 절기입니다. 이스라엘 백성들에게 최대의 기쁨과 감사를 표현하는 아주 행복한 절기가 바로 '초막절'이라고 말할 수 있습니다. 39절에서 이 절기를 가리켜서 '여호와의 절기'라고 말하고 있습니다.

레위기 23장 39절
"너희가 토지 소산 거두기를 마치거든 일곱째 달 열닷샛날부터 이레 동안 여호와의 절기를 지키되 첫 날에도 안식하고 여덟째 날에도 안식할 것이요"

혹은 정관사 'The'를 붙여서 'The Feast(그 절기)'라고 하면 그것은 의례 초막절입니다. 절기중의 절기, 최고의 절기가 초막절인 것입니다.

초막절은 다른 여러 가지 이름으로 불리기도 합니다. 초막절의 다른 이름은 수장절, 장막절이라고도 합니다.

- 초막절 ='수장절'(Feast of Ingathering), '장막절'

한마디로 이 절기의 핵심은 40년 동안 광야생활을 하면서 계속 초막을 만들며 다녔지만 하나님이 그동안 잘 인도해 주신 것에 감사하며 지키던 절기가 초막절이었습니다. 지금 우리가 지키는 교회 절기가운데 이와 가장 유사한 절기가 '추수감사절'입니다. 이 절기를 이스라엘 백성은 히브리어로 '수콧'이라고 부릅니다. 이스라엘 7대 절기 중 가장 중요한 3대 절기는 유월절, 오순절, 초막절입니다. 그 중에서도 한 가지를 빼고 제일 유명한 절기는 유월절과 초막절입니다. 양대절기입니다. 그런데 그 중에서도 가장 기쁘고 행복한 절기는 초막절입니다.

초막절의 진정한 특성

1. 안식하며 제물을 드리는 절기

레위기 23장 35절
"첫 날에는 성회로 모일지니 너희는 아무 노동도 하지 말지며"

레위기 23장 39절
"너희가 토지 소산 거두기를 마치거든 일곱째 달 열닷샛날부터 이레 동안 여호와의 절기를 지키되 첫 날에도 안식하고 여덟째 날에도 안식할 것이요"

모두 8일 동안 지키는데 첫 날, 마지막 날 안식하라고 말씀하고 있습니다. 안식은 우리 삶의 휴지의 공간입니다. 휴지부가 필요한 이유는 쉬어야 과거를 돌아보고 평가할 수 있으며 미래를 향한 계획을 세울 수 있습니다. 쉴 여유를 잃어버리면 사람이 생각하지 못하는 인생을 삽니다. 그래서 창조적인 휴지부는 필요합니다. 이 시간은 추수를 마치고 난 후부터인 9월 말에서 10월 중순까지(우리나라의 추석 무렵)입니다. 그런데 쉬는 것도 쉬는 법이 있어야 합니다.

레위기 23장 35절
"첫 날에는 성회로 모일지니 너희는 아무 노동도 하지 말지며"

레위기 23장 37절
"이것들은 여호와의 절기라 너희는 공포하여 성회를 열고 여호와께 화제를 드릴지니 번제와 소제와 희생제물과 전제를 각각 그 날에 드릴지니"

신명기 16장 16절
"너의 가운데 모든 남자는 일 년에 세 번 곧 무교절과 칠칠절과 초막절에 네 하나님 여호와께서 택하신 곳에서 여호와를 뵈옵되 빈손으로 여호와를 뵈옵지 말고"

안식하는 목적은 하나님을 묵상하기 위함입니다. 또한 쉬면서 성전에 나와 하나님을 예배하면서 감사의 예물을 드리라고 말씀하고 있습니다. 여기서 특별히 신앙의 전통을 계승하기 위해서 남자는 의무적으로 그러해야 한다고 말씀하고 있습니다.

레위기 23장 38절
"이는 여호와의 안식일 외에, 너희의 헌물 외에, 너희의 모든 서원제물 외에 또 너희의 모든 자원제물 외에 너희가 여호와께 드리는 것이니라"

앞일을 생각하면서 '서원제물'을 드리고 이미 베풀어주신 은혜에 감사하면서 '자원제물'을 드릴 수 있었습니다.

2. 초막을 짓고 거주하는 절기

레위기 23장 42절
"너희는 이레 동안 초막에 거주하되 이스라엘에서 난 자는 다 초막에 거주할지니"

초막절에는 집 앞마당에 초막을 짓고 1주일 동안 그곳에서 거주합니다. 이것 또한 일종의 신앙교육이었습니다. 이러한 간이 천막을 가리켜서 '수카(수콧)'라고 합니다. 천막을 지을 때 사방을 다 막지 않고 한쪽 면은 터놓는데 여기에는 두 가지 의미가 있습니다.

하나는 터진 곳으로 하늘의 별을 볼 수 있게 하기 위함입니다. 이스라엘 백성들이 광야에서 하늘의 별을 바라보면서 행진했던 광경을 생각하는 것이고, 또 하나는 한 면을 열어놓으면서 모든 사람이 올 수 있다는 것을 의미합니다. 그래서 이때는 서로의 천막을 다니며 교제하고 예배하는 아주 즐겁고 행복한 절기입니다.

느헤미야 8장 16-17절
"백성이 이에 나가서 나뭇가지를 가져다가 혹은 지붕 위에, 혹은 뜰 안에, 혹은 하나님의 전 뜰에, 혹은 수문 광장에, 혹은 에브라임 문 광장에 초막을 짓되 사로잡혔다가 돌아온 회중이 다 초막을 짓고 그 안에서 거하니 눈의 아들 여호수아 때로부터 그 날까지 이스라엘 자손이 이같이 행한 일이 없었으므로 이에 크게 기뻐하며"

이스라엘 백성들이 포로생활에서 돌아와 제일 먼저 회복한 것이 초막절입니다. 이런 광경에서 생각하면 잘 이해되는 것이 있습니다. 예수님이 베드로와 야고보와 요한을 데리고 변화산에 올라갔을 때 놀라우신 예수님의 변화의 광경을 보고 은혜를 받았던 베드로의 '주님 여기에 초막 셋을 짓고' 라는 말이 이해가 갑니다. 초막을 지은 후 할 일이 있습니다.

레위기 23장 40절
"첫 날에는 너희가 아름다운 나무 실과와 종려나무 가지와 무성한 나무 가지와 시내 버들을 취하여 너희의 하나님 여호와 앞에서 이레 동안 즐거워할 것이라"

네 가지 식물을 가리켜서 이스라엘 백성들은 '아르바 미님'이라고 부릅니다.

① **아름다운 실과(에트로그):** 가나안 땅에만 있는 식물

② **종려나무:** 오아시스가 있다는 증거 = 광야의 소망

③ **무성한 가지(하다스):** 맛은 없지만 향이 좋고 오랫동안 먹을 수 있음 = 영생을 상징

④ **시내 버들:** 물, 그늘을 제공 = 쉼이 있는 곳

이스라엘 사람들은 이 네 가지 식물로 초막을 지을 때 사용하기도 하고 이 식물을 묶어서 일주일 내내 가지고 다니면서 하나님을 찬양하고 예배합니다. 주님께 예배하면서 이 네 가지 식물을 가지고 춤추면서 하나님을 찬양하는 모습, 이것이 바로 초막절의 풍경이었습니다.

3. 메시아의 도래를 바라보는 예언적 절기

초막절이 오면 그들은 회당에서도 집에서도 성경을 읽습니다. 그 중에서도 제일 많이 읽는 것이 전도서입니다. 헛된 광야생활 속에서도 하나님 때문에 인생은 진정한 의미가 있다는 것을 확인하는 것입니다. 그 다음은 시편 113-118편까지를 읽습니다. 특별히 이스라엘 백성들이 암송하며 외우는 성경구절이 있습니다.

시편 118편 25절
"여호와여 구하옵나니 이제 구원하소서 여호와여 우리가 구하옵나니 이제 형통하게 하소서"

'여호와여, 구원하소서'를 히브리어로 '호쉬아나'라고 합니다.

• '여호와여, 구원하소서!' (호쉬아나! – 호산나의 어원)

이 구원이 이루어지는 것은 예수님이 오심으로 완성됩니다. 이것을 통해 장차 오실 메시아, 구원의 주님을 기다리는 소망을 나타냈습니다.

• 성전에서 절기를 지키는 의식의 중요한 순서

예루살렘 성전에서 제사장들이 모여 있는 뜰에 제단 맨 위 한복판에 초막절 마지막 날 물을 붓습니다(전제, 관제). 물을 붓기 위해 대제사장이 실로암 연못으로 갑니다. 거기가면 흐르는 물이 있습니다. 물을 길어 와서 제사장의 뜰로 와서 초막절 마지막 날 물을 붓습니다. 붓는 순간 나팔이 불려 지며 호산나 찬양을 합니다.

이사야 12장 2-3절

"보라 하나님은 나의 구원이시라 내가 신뢰하고 두려움이 없으니 주 여호와는 나의 힘이시며 나의 노래시며 나의 구원이심이라 그러므로 너희가 기쁨으로 구원의 우물들에서 물을 길으리로다"

물을 붓는다는 것은 목마른 인생에게 메시아가 오셔서 우리의 갈한 목을 축여주는 구원을 주실 것을 상징하는 놀라운 사건입니다. 물이 부어지면 나팔이 울려 퍼지고 춤을 추며 호산나 호산나를 외칩니다.

요한복음 7장 37-38절

"명절 끝날 곧 큰 날에 예수께서 서서 외쳐 이르시되 누구든지 목마르거든 내게로 와서 마시라 나를 믿는 자는 성경에 이름과 같이 그 배에서 생수의 강이 흘러나오리라 하시니"

초막절에 예수님이 성전에 오셨습니다. 그리고 초막절 이 마지막 절정의 순간에 "누구든지 목마르거든 내게로 와서 마십시오. 배에서 생수의 강이 넘쳐흐를 것입니다."라고 말씀하셨습니다. 이것은 '내가 당신들이 기다리던 메시아'라는 사실을 선포하신 것입니다. 동시에 밤새도록 춤을 춥니다. 그리고 축제를 가질 수 있도록 네 개의 기둥에 불이 켜집니다.

요한복음 8장 12절

"예수께서 또 말씀하여 이르시되 나는 세상의 빛이니 나를 따르는 자는 어둠에 다니지 아니하고 생명의 빛을 얻으리라"

초막절 새벽이 밝아올 무렵 예수님께서 또 이렇게 선포하십니다. "내가 바로 빛이다. 내가 세상의 빛이다. 나를 따르라." 예수 그리스도는 생명의 근원, 세상의 빛이십니다. 그분이 아니고서는 우리의 목마른 목을 축일 방법이 없습니다. 빛을 볼 수 없습니다. 그 예수 그리스도가 우리의 구원의 주님이 되어 이 땅에 오신 것을 기뻐하고 찬양하십시오.

그가 우리의 구원을 완성하셨습니다.

호산나! 할렐루야!

Part 28

성소에 대한 규례

°

너희는 거룩하라

聖召

레위기 24장 전체는 성소에 대한 규례를 담고 있습니다. 성소는 다른 말로 성막이라고 부릅니다. 이 장에서는 성막에서 꼭 지켜야 할, 명심해야 할 중요한 몇 가지를 다루고 있습니다. 인생을 산다는 것은 청지기로서 산다는 것입니다. 저는 인생이란 '하나님의 뜻을 실현하기 위해서 맡겨주신 시간의 길이'라고 정의하고 싶습니다. 인생을 잘 살았다는 것은 창조주가 나에게 기대했던 그 뜻을 얼마나 잘 이뤘느냐는 것입니다.

28

성소에 대한 규례

;레위기 24장

너 희 는   거 룩 하 라

레위기 24장 전체는 성소에 대한 규례를 담고 있습니다. 성소는 다른 말로 성막이라고 부릅니다. 이 장에서는 성막에서 꼭 지켜야 할, 명심해야 할 중요한 몇 가지를 다루고 있습니다. 인생을 산다는 것은 청지기로서 산다는 것입니다. 저는 인생이란 '하나님의 뜻을 실현하기 위해서 맡겨주신 시간의 길'이라고 정의하고 싶습니다. 인생을 잘 살았다는 것은 창조주가 나에게 기대했던 그 뜻을 얼마나 잘 이뤘느냐는 것입니다. 하나님이 나에게 기대하신 그 뜻을 이루기 위해서 맡겨주신 것들을 잘 관리하는 것이 청지기의 책임입니다. 청지기를 요즘 식으로 말하자면 매니저입니다. 매니저는 주인이 아닙니다. 주인이 맡겨주신 것을 관리하는 관리자가 매니저입니다. 옛날 이스라엘 백성들이 광야생활을 하면서 성소을 중심으로 관리해야만 했었던 가장 중요한 세 가지, 이것은 오늘 시대를 살아가는 우리에게도 여전히 중요한 세 가지라고 할 수 있습니다.

제사장의 성소 관리 책임

1. 등잔 관리 (1-4절)

제사장이 동쪽 문을 통해 성소에 들어가면 좌측에 7개의 가지를 가진 금촛대가 있습니다. 이 금촛대를 등대라고 합니다. 등불을 켜면 빛이 흘러나오고 빛을 통해 제사장은 여러 가지 일을 할 수 있습니다. 성막 안에는 창이 없기 때문에 등잔에 불이 꺼져버리면 완전한 어둠입니다.

레위기 24장 1-2절
"여호와께서 모세에게 말씀하여 이르시되 이스라엘 자손에게 명령하여 불을 켜기 위하여 감람을 찧어낸 순결한 기름을 네게로 가져오게 하여 계속해서 등잔불을 켜 둘지며"

불을 켜려면 감람을 찧어낸 순결한 기름(올리브기름)이 필요했습니다. 이 기름이 떨어지지 않아야 불이 계속 켜져 있을 수 있습니다. 그러기에 제사장은 등잔불이 계속해서 켜져 있어야 제 역할을 잘한 것입니다. 2절에서 가장 중요한 단어는 '계속해서'입니다. 제사장은 계속해서 등잔불을 켜 두는 소임을 다 해야 합니다.

레위기 24장 3절
"아론은 회막안 증거궤 휘장 밖에서 저녁부터 아침까지 여호와 앞에 항상
등잔불을 정리할지니 이는 너희 대대로 지킬 영원한 규례라"

제사장은 불이 저녁부터 아침까지 특별히 켜져 있도록 해야 합니다.
저녁부터 이튿날 아침까지는 캄캄한 밤이라는 말입니다. 온밤을, 어둠
을 밝히라는 말입니다. 신약성경에서 기자들이 등촛대를 무엇에 비유
했는지 잘 보시기 바랍니다.

요한계시록 1장 20절
"네가 본 것은 내 오른손의 일곱 별의 비밀과 또 일곱 금 촛대라 일곱 별은
일곱 교회의 사자요 일곱 촛대는 일곱 교회니라"

촛대는 교회의 상징이라고 말씀하고 있습니다. 촛대가 불을 밝히지
못하는 것은 마치 빛을 잃어버린 교회의 모습과 같습니다. 교회는 세상
을 밝혀야 합니다. 그런데 교회가 더 이상 빛을 발하지 못하면 세상이
어두워지는 것입니다. 이것이 바로 교회의 소명입니다. 또한 교회는 단
순한 빌딩이 아니라 우리가 교회를 만드는 것입니다. 그런데 우리가 빛
을 발하지 못하면 세상은 어둠의 문제를 해결할 수가 없습니다. 교회가
세상의 유일한 소망입니다. 우리가 빛인 것입니다.

요한복음 8장 12절

"예수께서 또 말씀하여 이르시되 나는 세상의 빛이니 나를 따르는 자는 어둠에 다니지 아니하고 생명의 빛을 얻으리라"

우리가 빛이 될 수 있는 이유는 빛 되신 예수님을 만나 그분을 구주와 주님으로 영접함으로 인해서 우리가 그 빛을 발하게 된 것입니다. 중요한 것은 그 빛이 꺼지지 않도록 잘 관리하는 것입니다. 불이 꺼지지 않고 잘 밝힐 수 있도록 하는 것이 옛날 제사장들의 소명이었던 것처럼 오늘 이 시대의 성도들의 책임은 이 빛이 꺼지지 않도록 잘 관리해야 합니다.

어떻게 이 빛이 사라지지 않도록 우리 자신을 잘 관리할 수 있을까요?

감람유처럼 순수한 기름이 필요합니다. 이 기름이 바로 '성령 충만'이라고 생각합니다. 우리가 성령 충만할 때 빛을 발할 수 있습니다. 성령 충만을 얻기 위해서는 계속 주님 앞에 나와 주님과의 관계를 유지해야 합니다. 끊임없는 기도를 통해 성령 충만을 받을 때 우리는 날마다 빛을 발하는 삶을 살 수 있습니다. 그리스도인들도 성령 충만하지 않으면 불신자들처럼 분노하고 좌절하고 절망합니다. 그래서 성령 충만이 필요합니다. 날마다 기도하고 큐티하는 일이 바로 불이 꺼지지 않도록 관리하는 일입니다.

2. 진설병 관리(5-9절)

성소에 들어가면 좌측에 등잔(금촛대), 우측에는 떡상이 있습니다. 떡상 위에 진설병이라는 떡이 있습니다. 이것을 히브리 사람들은 '레헴 파님'이라고 부릅니다.

- 진설병 – '레헴 파님'(bread of presence) 〈임재의 떡〉

베들레헴이라는 말은 '떡의 집'이라는 뜻입니다. 진설병은 주님이 임재하는 것을 보여주는 떡이라는 말입니다. 떡은 한 줄에 6개씩 모두 12개였는데 이스라엘이 12지파였기 때문에 모든 지파를 위한 양식이라는 뜻입니다. 신약은 12제자이기에 모든 하나님의 백성들을 상징하는 것입니다. 하나님의 백성들은 하나님이 주시는 떡을 먹어야 합니다. 제사장들은 그 떡을 먹고 거기서 일하는 것입니다. 광야에서 이동할 때도 그들은 언제든지 떡상을 갖고 다녔습니다. 그리고 이 떡은 안식일마다(일주일마다) 새 떡으로 교체했습니다. 이 떡은 누룩이 없는 떡을 사용했습니다. 그 이유는 현실적으로 오래갈 수 있었고 또, 누룩은 죄나 악을 상징했기 때문에 누룩이 없는 떡은 순결한 떡이라는 의미입니다.

레위기 24장 8절

"안식일마다 이 떡을 여호와 앞에 항상 진설할지니 이는 이스라엘 자손을 위한 것이요 영원한 언약이니라"

이 떡은 오늘 우리 시대로 말하자면 하나님의 약속의 말씀입니다. 약속의 말씀이 우리의 영적인 떡입니다. 구약시대 이스라엘 백성들은 이 떡을 일주일마다 교체했습니다. 떡은 날마다 먹어야 하지만 일주일마다 신선하고 새롭게 공급받아야 합니다. 날마다 큐티해야 하지만 우리가 일주일에 한 번씩 교회에 나와 예배의 자리에서 선포되는 말씀을 받는 것처럼 그렇게 이스라엘 백성들도 이 떡을 먹었습니다.

떡을 먹는 절차가 있는데 먼저 제사장이 성소에 들어가기 전 물두멍에서 손을 깨끗이 씻습니다. 그리고 감사기도를 합니다. 떡상의 높이는 67.5cm로 높지 않았기 때문에 떡을 먹기 위해서는 겸손하게 허리를 굽혀야 했습니다. 이것은 하나님의 말씀을 먹을 때의 자세를 의미합니다. 경건하고 감사한 마음으로 주님 주신 말씀을 먹는 것처럼 말입니다.

날마다 하나님의 말씀을 먹고 일주일에 한 번씩 새로운 말씀을 받는다면 인생은 얼마나 달라질까요? 광야에서 비바람을 이기고 그들이 승리로운 하나님의 백성으로 살아가도록 주께서 바로 이 진설병을 선물로 주신 것입니다. 그런데 이 땅에 오신 예수님은 2000년 전 놀라운 선포를 하십니다.

요한복음 6장 35절
"예수께서 이르시되 나는 생명의 떡이니 내게 오는 자는 결코 주리지 아니할 터이요 나를 믿는 자는 영원히 목마르지 아니하리라"

예수님은 '내가 생명의 떡'이라고 말씀하셨습니다. 그분은 베들레헴에서 태어나셨습니다. 떡의 집에서 태어나신 예수님이 자신을 가리켜서 생명의 떡이라고 말씀하신 것입니다. 우리는 예수 그리스도를 어떻게 날마다 먹을 수 있습니까? 날마다 예수님의 임재를 경험해야 합니다. 그렇게 할 수 있도록 주신 선물이 바로 말씀입니다.

요한복음 5장 39절
"너희가 성경에서 영생을 얻는 줄 생각하고 성경을 연구하거니와 이 성경이 곧 내게 대하여 증언하는 것이니라"

예수님을 만나려면 성경을 열면 됩니다. 성경을 열면 주님의 음성을 듣고 임재를 느낍니다. 이 관리를 잘 해야 영적 생활에서 승리하는 것입니다. 기도해서 성령 충만을 받고 말씀을 통해 주님의 임재를 날마다 경험하는 삶인 것입니다.

3. 하나님의 이름 관리 (10-23절)

우리가 하나님의 백성이 되었을 때 하나님께서 주신 최고의 선물이 하나님의 이름을 주신 것입니다. 우리로 하나님의 이름을 부르고 살게 하신 것입니다. 우리는 예배의 자리로 나올 때마다 예수님의 이름을 높이고 찬양합니다. 기도할 때마다 예수님의 이름으로 기도합니다. 우리는 예수님의 이름으로 병을 고치고 귀신을 쫓아내고 안 믿는 자에게 그분의 이름을 증거합니다. 예수님은 우리에게 자신의 이름을 맡겨주셨습니다. 우리는 그 이름을 잘 관리해야합니다. 성소를 드나들면서 이스라엘 백성들은 무엇보다 하나님의 이름을 잘 관리해야 했습니다. 성소 바깥에서 벌어지고 있는 한 풍경을 본문이 보여줍니다.

레위기 24장 10-11절
"이스라엘 자손 중에 그의 어머니가 이스라엘 여인이요 그의 아버지는 애굽 사람인 어떤 사람이 나가서 한 이스라엘 사람과 진영 중에서 싸우다가 그 이스라엘 여인의 아들이 여호와의 이름을 모독하며 저주하므로 무리가 끌고 모세에게로 가니라 그의 어머니의 이름은 슬로밋이요 단 지파 디브리의 딸이었더라"

이스라엘 여인의 한 아들이 하나님의 이름을 모독하고 저주한 사건이 일어납니다. 하나님의 이름을 모독하고 저주하는 일은 큰 범죄입니다. 이것 때문에 재판을 받게 되고 그는 사형을 받습니다. 하나님의 이름을 모독하는 것은 그만큼 구약에서 가장 무서운 죄였습니다. 14절, 16절에 보면 돌로 쳐 죽임을 당했습니다.

레위기 24장 14절
"그 저주한 사람을 진영 밖으로 끌어내어 그것을 들은 모든 사람이 그들의 손을 그의 머리에 얹게 하고 온 회중이 돌로 그를 칠지니라"

레위기 24장 16절

"여호와의 이름을 모독하면 그를 반드시 죽일지니 온 회중이 돌로 그를 칠 것이니라 거류민이든지 본토인이든지 여호와의 이름을 모독하면 그를 죽일지니라"

십계명 가운데 제 3계명은 '여호와의 이름을 망령되이 일컫지 말라(출애굽기 20장 7절)'입니다. 그만큼 하나님의 이름은 놀라운 선물이면서, 이 이름을 잘못 사용하는 것은 무서운 죄였습니다. 성경을 아는 문화권에서는 이상하게 하나님의 이름이 최고의 축복이면서 최고의 욕설이 되었습니다. 타락한 인간의 모습입니다. 하나님은 그것을 아시고 경고하신 것입니다. 신성모독의 범죄입니다. 이것은 교회의 책임도 큽니다. 교회가 교회답지 못하고 성도가 성도답지 못하기 때문에 예수님의 이름이 그렇게 밟히고 있는 것입니다. 우리의 책임이 크기 때문에 그리스도의 이름을 영화롭게 높이고 산다는 것은 아주 중요합니다. 우리가 잘못 행동하고 말할 때마다 그리스도의 이름이 짓밟힐 수 있습니다. 그리스도의 이름이 더렵혀지지 않도록 우리 자신이 경각심을 갖고 사는 것은 아주 중요합니다.

기독교의 복음이 핍박을 받던 박해 시절에는 크리스천이란 것을 나타내기 위해서 '물고기'라는 표시를 사용했습니다. 물고기(이크투스)라는 단어는 '예수 그리스도 하나님의 아들'이라는 의미였습니다. 박해가 끝나도 사람들은 여전히 물고기를 갖고 다녔습니다. 이제 물고기는 내가 예수 그리스도를 하나님의 아들로 믿고 있다는 자랑스러운 상징이었습니다. 마치 십자가가 장식품이 된 것처럼 물고기는 장식품이 되었습니다. 그런데 중요한 것은 십자가를 자랑스럽게 갖고 다니는 것은 좋은 일이지만, 십자가를 가지고 다니면 십자가에 합당한 삶을 살아야 합니다.

우리는 좀 더 이웃들을 돌보는 삶을 살아야 합니다. 예수의 이름은 존귀한 이름입니다. 우리는 그 이름을 높이고, 그 이름을 찬양하고, 그 이름을 전하기 위해서 사는 사람들입니다. 따라서 그 이름을 잘 관리하는 것이 이 시대를 사는 우리의 책임입니다.

구세군의 창설자인 윌리암 부스는 임종이 가까웠을 때 재산정리를 위한 서명에 '예수(Jesus)'라고 남겼습니다. 그가 자손들에게 남기고 싶은 단어는 자신의 이름이 아닌 예수의 이름이었습니다. 그 이름이 구원이고 그 이름이 소망이고 그 이름이 능력이기 때문이었습니다.

한 평생 예수 이름을 높이고 전하는 고귀한 인생, 그 이름을 더럽히지 않는 인생을 살아가게 되기를 축복합니다.

Part 29

안식년과
희년

○

너희는 거룩하라

安息年/禧年

이 땅을 향한 그리고 인간을 향한 하나님의 은혜를 가장 잘 나타난 제도가 바로 안식년과 희년이라 할 수 있습니다. 중요한 것은 구약의 제도가 신약에 적용되는 것은 절대 아닙니다. 예를 들어, 구약의 제사들은 더 이상 우리가 행할 필요가 없습니다. 예수 그리스도께서 모두 완성하셨기 때문입니다. 그러나 제사의 의미는 지금도 살아있습니다. 이와 마찬가지로, 안식년과 희년을 우리가 의무적으로 행할 필요는 없습니다. 하지만 이 제도가 추구하는 정신 'spirit'은 여전히 존중될 필요가 있고 적용되면 우리에게 큰 유익을 줄 수 있습니다.

LEVITICUS
29 안식년과 희년
;레위기 25장

이 땅을 향한 그리고 인간을 향한 하나님의 은혜를 가장 잘 나타난 제도가 바로 안식년과 희년이라 할 수 있습니다. 중요한 것은 구약의 제도가 신약에 적용되는 것은 절대 아닙니다. 예를 들어, 구약의 제사들은 더 이상 우리가 행할 필요가 없습니다. 예수 그리스도께서 모두 완성하셨기 때문입니다. 그러나 제사의 의미는 지금도 살아있습니다. 이와 마찬가지로, 안식년과 희년을 우리가 의무적으로 행할 필요는 없습니다. 하지만 이 제도가 추구하는 정신 'spirit'은 여전히 존중될 필요가 있고 적용되면 우리에게 큰 유익을 줄 수 있습니다.

A. 안식년 (1-7절)

안식년을 통하여 하나님께서 인류에게 베풀어 주시기 원하시는 은혜는 무엇일까요?

1. 땅에 베푸시는 은혜

안식년은 땅에 베풀어 주시는 은혜입니다.

레위기 25장 4절
"일곱째 해에는 그 땅이 쉬어 안식하게 할지니 여호와께 대한 안식이라 너는 그 밭에 파종하거나 포도원을 가꾸지 말며"

칠년 째가 되면 농작을 하지 말라고 명하셨습니다. 즉 땅도 쉼이 있어야 된다는 것입니다. 땅에 쉼이 없으면 땅의 생산력이 떨어질 수밖에 없습니다. 다시 말해, 땅을 쉰다는 의미는 땅의 생산력을 증진시키고자 하는 하나님의 섭리이며 은혜인 것입니다. 어느 날 인류는 지혜로워져서 이모작 또는 삼모작을 하는 기술이 생겼습니다. 그 기술 중에 한 부분을 차지하는 것이 바로 화학비료입니다. 그 결과로 땅이 많이 병들어 있습니다. 땅이 신음하고 있습니다. 로마서 8장 22절에 땅이 신음함을 잘 표현해 주고 있습니다.

로마서 8장 22절
"피조물이 다 이제까지 함께 탄식하며 함께 고통을 겪고 있는 것을 우리가 아느니라"

즉 인간과 더불어 피조물 또한 함께 탄식하며 고통 받고 있다는 말입니다. 그래서 안식년 제도를 하나님께서 명하신 것은 자연에게도 쉴 수 있는 기회가 주어져야 한다는 것입니다. 이것이 하나님의 뜻입니다. 즉, 자연에게 땅에게 베푸시는 창조주의 은혜인 것입니다.

2. 사람에게 베푸시는 은혜

안식년은 땅에 살고 있는 사람들에게 베풀어 주시는 은혜입니다. 안식년이 있기 전에 먼저 안식일이 있었습니다. 안식일은 6일 동안 일하고 7일째 쉬는 날을 안식일이라 부릅니다. 뿐만 아니라, 안식년을 하나님께서는 허락하셨습니다. 6년 동안 일하고 제 7년째 쉬는 년도를 안식년이라고 합니다. 이것은 곧 하나님께서 사람에게 베풀어 주시는 은혜인 것입니다. 우리는 노동을 쉬지 않고 계속적으로 일을 하면 생산성이 높아질 것으로 생각합니다. 하지만 쉼이 없는 노동력은 절대 생산성을 높이지 못합니다. 오히려 생산성이 심히 떨어지게 됩니다. 따라서 창조주이신 하나님의 안식일 제도가 가장 생산력을 높이는 제도인 것입니다.

이 안식년은 단지 한 개인의 쉼을 통한 회복을 위해 주어진 것이 아니라 공동체를 위한 하나님의 제도인 것입니다.

레위기 25장 5-7절
"네가 거둔 후에 자라난 것을 거두지 말고 가꾸지 아니한 포도나무가 맺은 열매를 거두지 말라 이는 땅의 안식년임이니라 안식년의 소출은 너희가 먹을 것이니 너와 네 남종과 네 여종과 네 품꾼과 너와 함께 거류하는 자들과 네 가축과 네 땅에 있는 들짐승들이 다 그 소출로 먹을 것을 삼을지니라."

하나님께서는 안식년의 소출을 한 개인의 소유로 두지 말고 네 종과 이웃과 나그네들과 같이 나눔으로 '나눔의 정신'을 실현하시고자 안식년을 만드신 것입니다.

3. 하나님께 대한 신뢰와 감사를 회복하는 은혜

안식년은 하나님께 대한 신뢰와 감사를 회복하는 은혜의 기간인 것입니다. 안식년은 인간이 노동을 통하여 쉼 없이 수고하여 수확하고자 하는 욕망에 브레이크를 거는 제도인 것입니다. 노동에서 쉼으로써 하나님을 만나며 깊은 교제를 나누는 은혜의 시간이 되는 것입니다. 안식일과 안식년을 통한 쉼은 먹고 마시는 이 모든 것들이 다 하나님의 은혜라는 것을 깨닫게 해주는 시간이 됩니다. 즉 안식년은 일을 상대화시키는 기간인 것입니다. 우리는 일을 하지 않으면 죽는다는 잘못된 생각을 가지고 있습니다. 안식일은 우리로 하여금 일하는 것이 절대적인 것이 아니라는 것을 확신케 해 줍니다. 즉 안식년은 일보다 더 중요한 일하시는 하나님이 중요함을 깨닫게 하는 시간인 것입니다. 하나님의 명령 가운데 순종하면 어떠한 약속이 주어지는지 21절에 잘 설명해 주고 있습니다.

레위기 25장 21절

"내가 명령하여 여섯째 해에 내 복을 너희에게 주어 그 소출이 삼 년 동안 쓰기에 족하게 하리라"

인간은 쉬면 손해 볼 것 같지만, 하나님께서는 명령대로 안식년을 통하여 쉬면 그 소출이 삼 년 동안 쓰기에 족하도록 축복해 주실 것을 약속하십니다.

B. 희년(8–55절)

안식년과 희년의 차이는 이렇습니다. 안식년은 가난한 사람의 고통을 덜어주는 제도라면 희년은 가난한 사람들에게 고통을 덜어줄 뿐만 아니라 새로운 출발을 약속해 주는 제도입니다. 희년은 7년이 일곱 번 지나는 해로써 49년과 50년이 희년으로 주어집니다. 희년을 히브리어로 '요벨'이라 말하며 영어로는 '쥬빌리'라고 말합니다.

- 희년 – 히브리어; '요벨'(yobel), 영어; '쥬빌리'(jubiliee)

그 의미는 아주 기쁨의 해라는 것입니다.

레위기 25장 10절

"너희는 오십 년째 해를 거룩하게 하여 그 땅에 있는 모든 주민을 위하여 자유를 공포하라 이 해는 너희에게 희년이니 너희는 각각 자기의 소유지로 돌아가며 각각 자기의 가족에게로 돌아갈지며"

희년에는 자유가 공포되는 해입니다. 종들은 더 이상 종이 아닌 자유인이 되어 자신의 집으로 돌아가는 자유를 얻습니다. 뿐만 아니라 이웃에게 빼앗겼던 자신의 땅도 희년이 되면 다시 자신의 소유의 땅으로 돌아옵니다.

하나님은 희년을 통해 우리에게 무엇을 가르쳐 주십니까?

1. 모든 것의 주인은 하나님이시다.

이 세상은 우리의 소유가 될 수 없으며 오직 하나님의 것임을 인식시켜 줍니다.

레위기 25장 23절
"토지를 영구히 팔지 말 것은 토지는 다 내 것임이니라"

땅은 우리의 것이 될 수 없으며 오직 하나님의 소유임을 명백하게 말해주고 있습니다.

2. 하나님은 구속의 은총을 주시는 분이시다.

인간에게 주어진 땅, 자유, 집 등은 잃어버릴 수 있는 것들입니다. 하지만 하나님은 그것들을 회복시켜 주시는 분이십니다. 이것을 우리는 '구속'이라고 말합니다. 구속은 값을 지불하고 다시 회복시키는 것을 말합니다. 하나님은 바로 구속의 은혜를 잃어버린 인간에게 주시는 분이십니다. 이것이 희년사상의 핵심인 것입니다.

구속은 히브리어로 고엘(Gōel)이라고 부릅니다. 자신이 잃어버린 소유를 그 어떠한 능력으로도 회복시킬 수 없는 상황에서 누군가 그 것에 대한 대가를 치르고 회복시키시는 분을 '고엘'이라고 부르며 구속자가 되신다는 것입니다. 즉 내가 잃었던 기업을 다시 회복시켜 주시는 분을 가리켜 '고엘' 또는 '구속자'라고 부릅니다. 예수 그리스도께서 우리의 구속자가 되시어 죄인 된 우리를 위해 죄 값을 대신 지불하시고 잃어 버렸던 영원한 하늘의 기업을 회복시켜 주셨습니다.

구약을 보면 구속의 대상이 4가지가 있습니다. 바로 땅, 가옥, 채무 그리고 종을 무를 수 있습니다.

1) 땅 무르기
레위기 25장 24-25절
"너희 기업의 온 땅에서 그 토지 무르기를 허락할지니 만일 네 형제가 가난하여 그의 기업 중에서 얼마를 팔았으면 그에게 가까운 기업 무를 자가 와서 그의 형제가 판 것을 무를 것이요"

즉, 땅을 잃어버린 자의 친척이 고엘이 되어 그 땅을 회복시켜 줄 수 있는 제도였습니다.

2) 가옥 무르기

레위기 25장 29절

"성벽 있는 성 내의 가옥을 팔았으면 판 지 만 일 년 안에는 무를 수 있나니 곧 그 기한 안에 무르려니와"

집을 잃었으면 일 년 안에 그것을 무를 수 있는 구속자가 나타나면 언제든지 그 집을 되돌려 받을 수 있었습니다.

3) 채무 무르기

성경적으로는 빚을 지는 것이 옳지 못하며 빚을 지게 하는 것도 옳지 못하다고 레위기 25장 35절에서 38절까지 언급하고 있습니다.

4) 종 무르기

레위기 25장 39-41절

"너와 함께 있는 네 형제가 가난하게 되어 네게 몸이 팔리거든 너는 그를 종으로 부리지 말고 품꾼이나 동거인과 같이 함께 있게 하여 희년까지 너를 섬기게 하라 그 때에는 그와 그의 자녀가 함께 네게서 떠나 그의 가족과 그의 조상의 기업으로 돌아가게 하라"

종들도 희년이 되면 자유인이 됩니다. 하나님께서는 이렇게 놀라운 은혜를 잃어버린 자들에게 베푸십니다.

3. 하나님은 순종하는 사람들에게 복을 주신다.

이 제도를 순종하는 자들에게 하나님께서는 어떻게 하실까요? 하나님은 순종하는 사람들에게 복을 주십니다.

레위기 25장 18-22절
"너희는 내 규례를 행하며 내 법도를 지켜 행하라 그리하면 너희가 그 땅에 안전하게 거주할 것이라 땅은 그것의 열매를 내리니 너희가 배불리 먹고 거기 안전하게 거주하리라 만일 너희가 말하기를 우리가 만일 일곱째 해에 심지도 못하고 소출을 거두지도 못하면 우리가 무엇을 먹으리요 하겠으나 내가 명령하여 여섯째 해에 내 복을 너희에게 주어 그 소출이 삼 년 동안 쓰기에 족하게 하리라 너희가 여덟째 해에는 파종하려니와 묵은 소출을 먹을 것이며 아홉째 해에 그 땅에 소출이 들어오기까지 너희는 묵은 것을 먹으리라"

하나님께서는 이 규례를 지키는 자들의 삶을 지켜주신다고 약속하십니다.

레위기 25장 55절
"이스라엘 자손은 나의 종들이 됨이라 그들은 내가 애굽 땅에서 인도하여 낸 내 종이요 나는 너희의 하나님 여호와이니라."

이 말씀은 곧 하나님만이 모든 것의 주인 되시는 분이시라는 것입니다. 그리고 우리 모두는 그분의 종인 것입니다. 비록 우리가 인간의 종이 될 수 있고 주인이 될 수 있다 생각하지만, 진정으로 우리는 오직 하나님만이 우리의 삶의 주인 되시고 그분의 종이 된다는 것입니다. 우리가 항상 주님의 말씀에 순종함으로 우리의 인생을 책임져 주시는 하나님을 온전히 신뢰하며 나아갈 때 하나님의 충만한 은혜와 축복을 누릴 수 있습니다.

Part 30

축복과저주

○

니 희 는　 거 룩 하 라

BLESSING

레위기 26장, 27장은 레위기의 결론이라고 할 수가 있습니다. 26장은 결론적 권면을, 27장은 결론적으로 우리가 지켜야 할 규례를 다루고 있습니다. 26장의 결론적 권면의 내용은 한마디로 율법입니다. 구약의 핵심인 율법을 다시 강조한 것입니다. 율법의 본질은 조건적 언약입니다. 조건적 언약이란 '하라', '하지 말라'는 것인데 하라는 대로 하면 어떻게 될 것인지, 하지 말라는 대로 하면 어떻게 될 것인가를 다시 한번 강조한 것이라 할 수 있습니다.

LEVITICUS
30 축복과 저주
;레위기 26장

레위기 26장, 27장은 레위기의 결론이라고 할 수가 있습니다. 26장은 결론적 권면을, 27장은 결론적으로 우리가 지켜야 할 규례를 다루고 있습니다. 26장의 결론적 권면의 내용은 한마디로 율법입니다. 구약의 핵심인 율법을 다시 강조한 것입니다.

율법의 본질은 조건적 언약입니다. 조건적 언약이란 '하라', '하지 말라'는 것인데 하라는 대로 하면 어떻게 될 것인지, 하지 말라는 대로 하면 어떻게 될 것인가를 다시 한번 강조한 것이라 할 수 있습니다.

레위기 26장 3절
"너희가 내 규례와 계명을 준행하면"

레위기 26장 14-15절

"그러나 너희가 내게 청종하지 아니하여 이 모든 명령을 준행하지 아니하며 내 규례를 멸시하며 마음에 내 법도를 싫어하여 내 모든 계명을 준행하지 아니하며 내 언약을 배반할진대"

영어로는 If절이라고 합니다. 3절은 만일 너희가 내 규례와 계명을 준행하면 어떻게 될 것인가에 대한 내용입니다. 3절은 만일 지키면, 14절과 15절은 지키지 않으면 어떻게 될 것인가에 대한 내용입니다. 이것이 바로 율법입니다. '하라', '하지 말라'를 다시 한번 강조하면서 레위기서의 마지막 대미를 장식하고자 하는 것입니다.

26장을 크게 3개의 단락으로 나눌 수가 있습니다.

1절-13절(순종의 축복), 14절-39절(불순종의 저주), 40절-46절(회복의 언약)로 나눠서 레위기서 저자인 모세는 결론을 내리고 있습니다.

1. 순종의 축복 (1절-13절)

※순종하면 – 3가지 계명 / 1-2절

레위기 26장 1-2절

"너희는 자기를 위하여 우상을 만들지 말지니 조각한 것이나 주상을 세우지 말며 너희 땅에 조각한 석상을 세우고 그에게 경배하지 말라 나는 너희의 하나님 여호와임이니라 너희는 내 안식일을 지키며 내 성소를 경외하라 나는 여호와이니라"

1. 우상 숭배를 거절할 것

우상을 숭배하면 하나님을 바라보는 우리의 삶이 무너지기 때문입니다. 하나님 중심의 삶을 추구하는 사람들에게 있어서 가장 방해가 되는 것이 바로 우상입니다. 우상이란 하나님과 나 사이에 끼어드는 모든 것, 그것 때문에 하나님이 보이지 않고 하나님을 사랑하는 일에 방해가 되는 일체의 것입니다. 우리가 하나님을 제대로 바라보지 못하면, 하나님이 내 인생의 우선순위에서 밀리기 시작하면, 밀리게 하는 일체의 것은 우상입니다. 흥미로운 것은 우상이란 단어의 히브리어 본래 뜻은 '헛된 것'입니다. 히브리어를 영어로 번역하면 'Nothing'입니다. 우상은 본질에 있어서 아무것도 아닌 헛된 것입니다. 우리가 평생 하나님께 순종하는 인생을 살아가려면 우상을 멀리해야 합니다.

하나님과 우리 사이에 교제의 중요성을 강조하는 대표적인 서신서가 요한일서입니다. 요한일서는 예수님과의 교제(사귐)를 강조하기 위해 쓰여졌습니다(요한1서 1장 3절). 그런데 흥미로운 것은 요한일서의 마지막 구절이 "자녀들아 너희 자신을 지켜 우상에서 멀리하라"라는 말씀으로 끝납니다. 우상이 들어오면 하나님을 향한 초점이 흔들린다는 말입니다.

2. 안식일을 지킬 것

하나님이 초점이 되기 위해서는 하나님을 바라보는 시간이 확보돼야 합니다. 그것이 바로 안식일입니다. 시간의 여유가 있을 때 그 시간에 하나님을 생각하고 하나님을 바라보며 예배할 수 있습니다. 물론 하나님을 언제나 예배할 수 있지만 특별히 일주일에 하루를 구별해서 하나님을 집중적으로 예배할 때 하나님에 대한 초점이 살아납니다. 그래서 실제로 시간을 구별하는 것도 필요합니다. 시간을 구별해서 안식일을 지키는 것이 중요합니다.

3. 성소를 경외할 것

성소는 하나님을 예배하는 장소입니다. 예배드리는 장소가 실제로 필요합니다. 예배는 아무데서나 드릴 수 있습니다. 이론적으로 맞습니다. 그러나 실제로 예배드리는 공간과 장소를 확보하지 않으면 예배의 거룩한 습관이 형성되지 않습니다. 그렇기 때문에 하나님과 나 사이의 관계가 결국은 무너질 수 있습니다.

• 약속 / 6가지 축복(6가지 저주와 대칭)을 언약하심

1) 땅의 산물의 복(4절)

레위기 26장 4절

"내가 너희에게 철따라 비를 주리니 땅은 그 산물을 내고 밭의 나무는 열매를 맺으리라"

농경시대를 배경으로 한 말씀인데 노력한 대가를 얻는다는 뜻입니다. 씨를 뿌린대로 땅이 결과를 얻는 복을 누리며 그것을 위해 하나님께서 비를 주신다는 말씀입니다. 물질적인 필요의 축복을 경험한다는 말씀입니다.

2) 안전한 거주(평화) (5절)

레위기 26장 5절
"너희의 타작은 포도 딸 때까지 미치며 너희의 포도 따는 것은 파종할 때까지 미치리니 너희가 음식을 배불리 먹고 너희의 땅에 안전하게 거주하리라"

사람은 안전한 곳에서 거하면서 평화를 누리는 인생을 살고 싶어 합니다. 하나님께서 그 복을 약속하십니다. 적절한 안식을 취할 수 있는 장소에서 평화를 누리며 안전을 보장받고 살아간다는 것은 중요한 축복입니다.

3) 사나운 짐승을 제거 (6절)

레위기 26장 6절
"내가 그 땅에 평화를 줄 것인즉 너희가 누울 때 너희를 두렵게 할 자가 없을 것이며 내가 사나운 짐승을 그 땅에서 제할 것이요..."

사나운 짐승은 자연, 환경의 재앙을 의미합니다. 자연이 아름답게 느껴지고 환경이 축복으로 느껴지는 것 또한 귀한 축복입니다.

4) 칼을 제거 (6절)

레위기 26장 6절

"… 칼이 너희의 땅에 두루 행하지 아니할 것이며"

5) 전쟁의 승리 (7절)

레위기 26장 7절

"너희의 원수들을 쫓으리니 그들이 너희 앞에서 칼에 엎드러질 것이라"

6) 하나님의 은혜 (9절)

레위기 26장 9절

"내가 너희를 돌보아 너희를 번성하게 하고 너희를 창대하게 할 것이며 내가 너희와 함께 한 내 언약을 이행하리라"

하나님의 은혜가 함께 한다는 말을 '내가 너희를 돌보겠다'고 약속하십니다. 하나님의 돌보심을 경험하는 인생이 얼마나 놀라운 축복인가를 말씀하고 있습니다.

2. 불순종의 저주 (14-39절)

14절은 불순종하면 어떻게 될 것인지로 시작됩니다. 히브리어 성경으로 읽어보면 히브리어 6번째 알파벳 '와우'라는 알파벳으로 시작됩니다. 그리고 13번째 '멤'까지 알파벳 순서로 저주를 열거합니다. 그리고 계속적으로 일곱 배의 재앙을 강조합니다. 만약 불순종하면 철저하게 응징하겠다는 것을 '7배의 재앙'이라는 말로 묘사하고 있습니다.

레위기 26장 18절
"또 만일 너희가 그렇게까지 되어도 내게 청종하지 아니하면 너희의 죄로 말미암아 내가 너희를 일곱 배나 더 징벌하리라"

21절, 24절, 28절에도 계속적으로 '일곱 배'라는 단어가 반복되고 있습니다. 하나님은 회개가 없는 불순종을 철저하게 응징하시겠다고 말씀하십니다. 신약시대에도 구약시대의 정신은 계속됩니다. 18절에 나타난 '징벌'이란 단어는 히브리어로 '야싸르'입니다.

- 징벌 – '야싸르'(discipline)

징벌하시겠다는 것은 그렇게 해서라도 우리를 하나님과의 바른 관계 속에서 살도록 고치시겠다는 말입니다.

※6가지 심판을 직면할 것

1) 땅이 생산을 못함 (결과 없는 인생)

레위기 26장 20절
"너희의 수고가 헛될지라 땅은 그 산물을 내지 아니하고 땅의 나무는 그 열매를 맺지 아니하리라"

2) 불안전한 주거

레위기 26장 33절

"내가 너희를 여러 민족 중에 흩을 것이요 내가 칼을 빼어 너희를 따르게 하리니 너희의 땅이 황무하며 너희의 성읍이 황폐하리라"

3) 들짐승의 해 (자연/환경재해)

4) 징벌의 칼

레위기 26장 25절

"내가 칼을 너희에게로 가져다가 언약을 어긴 원수를 갚을 것이며 너희가 성읍에 모일지라도 너희 중에 염병을 보내고 너희를 대적의 손에 넘길 것이며"

5) 전쟁의 패배

레위기 26장 17절

"내가 너희를 치리니 너희가 너희의 대적에게 패할 것이요 너희를 미워하는 자가 너희를 다스릴 것이며 너희는 쫓는 자가 없어도 도망하리라"

레위기 26장 25절

"내가 칼을 너희에게로 가져다가 언약을 어긴 원수를 갚을 것이며 너희가 성읍에 모일지라도 너희 중에 염병을 보내고 너희를 대적의 손에 넘길 것이며"

6) 하나님의 심판

레위기 26장 17절

"내가 너희를 치리니 너희가 너희의 대적에게 패할 것이요 너희를 미워하는 자가 너희를 다스릴 것이며 너희는 쫓는 자가 없어도 도망하리라"

3. 회복의 언약 (40절-46절)

레위기 26장 40-41절

"그들이 나를 거스른 잘못으로 자기의 죄악과 그들의 조상의 죄악을 자복하고 또 그들이 내게 대항하므로 나도 그들에게 대항하여 내가 그들을 그들의 원수들의 땅으로 끌어갔음을 깨닫고 그 할례 받지 아니한 그들의 마음이 낮아져서 그들의 죄악의 형벌을 기쁘게 받으면"

심판을 피할 수 없는 운명 앞에 서 있지만 그럼에도 불구하고 자복하는 것 그것이 회개의 첫 번째 순서입니다. 내가 범한 죄에 대해서 기꺼이 죄악의 형벌을 기쁘게 받고 잘못한 것에 대한 대가를 치를 각오가 되어 있어야 합니다. 자신의 행동에 대한 책임을 질 각오 없이 하나님께 용서를 구하는 것은 회개를 너무 쉽게 생각하는 것입니다. 이것은 진지한 회개가 아닙니다. 진정한 회개는 내 잘못에 대해 어떠한 형벌도 기쁘게 받고 기꺼이 대가를 지불할 각오가 되어 있어야 합니다. 보상에 대한 각오, 이런 각오가 있는 것이 진정한 회개입니다.

레위기 26장 42절

"내가 야곱과 맺은 내 언약과 이삭과 맺은 내 언약을 기억하며 아브라함과
맺은 내 언약을 기억하고 그 땅을 기억하리라"

반복되는 단어 하나가 있습니다. '내가 기억한다.'입니다. 성경에서
인생을 향한 최대의 저주는 하나님이 우리를 모른다고 하시는 것입니
다. 반대로 최고의 축복은 '내가 너를 알고 기억한다.'는 것입니다. 인
생의 최고의 축복은 전능자, 창조자 하나님이 나를 알고 기억하신 자가
되었다는 사실인 것입니다.

'그 땅을 기억하리라'는 말은 내 삶의 마당, 삶의 터전을 의미합니다.
내 삶의 마당에 회복을 주실 것입니다. 우리의 땅이, 인생도 회복될 것
입니다. 왜냐하면 그분이 기억하시기 때문입니다. 기억하는 하나님의
은혜를 기억하고 그러므로 주님이 기뻐할 수 없는 것을 토해내고 정리
하고 회개함으로 우리의 인생을 정리할 수 있다면 진정한 축복의 인생
이 될 것입니다.

우리가 하나님 앞에 진지하게 자신을 살피며 회개하고 주님 앞에 내
인생을 돌이키고 회개한다면 주님은 우리를 돌보고 기억하실 것입니다.

Part 31

결론적서원의
규례

о

너희는 거룩하라

誓願

레위기 27장은 서원입니다. 서원은 사람이 하나님께 하는 것입니다. 지금까지 하나님이 주신 모든 말씀에 대해서 하나님의 백성들이 마땅히 어떻게 응답해야 할 것인가? 그 응답의 최고의 표현이 서원입니다. 인간이 하나님 앞에 할 수 있는 응답의 최고의 표현인 것입니다. 서원은 언제 할까요? 하나님의 놀라운 축복을 받았을 때와 위기의 때에 합니다.

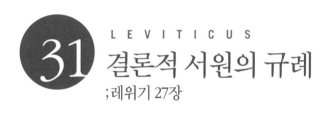

31 LEVITICUS
결론적 서원의 규례
;레위기 27장

너 희 는 거 룩 하 라

레위기 27장은 서원입니다. 서원은 사람이 하나님께 하는 것입니다. 지금까지 하나님이 주신 모든 말씀에 대해서 하나님의 백성들이 마땅히 어떻게 응답해야 할 것인가? 그 응답의 최고의 표현이 서원입니다. 인간이 하나님 앞에 할 수 있는 응답의 최고의 표현인 것입니다.

서원은 언제 할까요? 하나님의 놀라운 축복을 받았을 때와 위기의 때에 합니다. 성경에는 서원의 유형들을 많이 볼 수 있습니다. 야곱의 서원(하란의 들판), 요나의 서원(물고기 뱃속) 등이 그러합니다.

서원이란 것은 자주 망각되기도 하고 남용되기도 합니다. 그래서 신약성경에 보시면 예수님이 산상수훈을 통해서 맹세하지 말라고 말씀하십니다. 그러나 맹세하지 말란 말을 서원을 전혀 하지 말라는 것으로 오해하시면 안 됩니다. 그것은 그릇된 서원에 대한 남용을 경고하신 것이지 서원 자체를 무익하다고 말씀하신 것이 아닙니다.

서원은 두 가지 경우에 남용될 수 있습니다. 하나는, 함부로 가볍게 서원할 때입니다. 저는 이런 가벼운 서원을 이끌어내는 일에 있어 영적 지도자들의 책임이 크다고 생각합니다. 과거 부흥회 때 얼떨결에 한 서원이 이에 속합니다. 신중하지 못한 서원입니다. 이러한 잘못된 서원, 신중하지 못한 서원, 가벼운 서원 등 남용의 유형들을 보면서 결코 서원하지 않겠다고 결심하는 것도 바람직하지 못한 자세입니다. 신앙생활을 하면서 서원도 못해본 것 또한 문제가 있다고 생각합니다. 하나님의 은혜가 감동이 되었을 때, 또 주님 앞에 내 자신을 드리고 싶을 때 어떻게 서원이 없을 수가 있겠습니까?

구약에서의 서원은 정당했지만 신약에서의 서원은 정당하지 않다고 주장하는 학자들도 있습니다. 그것은 사실이 아닙니다. 신약에서도 많은 서원이 나옵니다. 사도행전 18장에 보시면 바울이 겐그레아라는 곳에서 머리를 깎고 하나님 앞에 서원하는 모습을 볼 수가 있습니다. 우리가 하나님과의 깊은 관계와 교제 안에서 우리 마음속에는 하나님을 향한 헌신의 소망들이 일어나게끔 되어 있습니다. 그때 성령의 인도를 따라 드리는 서원은 아름다운 서원입니다. 그러나 너무 경솔하게 서원한 것 같다면 서원한 것을 취소할 수 있습니다.

오늘 본문에 보시면 서원을 취소할 수 있는 방법이 있습니다. 그런데 서원을 취소하려면 좀 더 비싼 대가를 치룬 후에 가능했습니다. 벌칙이 부과된 후에 가능했던 것입니다. 서원했으면 그대로 하는 것이 가장 좋은 것입니다.

전도서 5장 4-5절
"네가 하나님께 서원하였거든 갚기를 더디게 하지 말라 하나님은 우매한 자들을 기뻐하지 아니하시나니 서원한 것을 갚으라 서원하고 갚지 아니하는 것보다 서원하지 아니하는 것이 더 나으니"

신명기 23장 21-23절
"네 하나님 여호와께 서원하거든 갚기를 더디하지 말라 네 하나님 여호와께서 반드시 그것을 네게 요구하시리니 더디면 그것이 네게 죄가 될 것이라 네가 서원하지 아니하였으면 무죄하리라 그러나 네 입으로 말한 것은 그대로 실행하도록 유의하라 무릇 자원한 예물은 네 하나님 여호와께 네가 서원하여 입으로 언약한 대로 행할지니라"

1. 서원의 다양한 유형

1) 사람의 서원 (2-8절)

레위기 27장2-4절
"이스라엘 자손에게 말하여 이르라 만일 어떤 사람이 사람의 값을 여호와께 드리기로 분명히 서원하였으면 너는 그 값을 정할지니 네가 정한 값은 스무 살로부터 예순 살까지는 남자면 성소의 세겔로 은 오십 세겔로 하고 여자면 그 값을 삼십 세겔로 하며"

남자를 드릴 때와 여자를 드릴 때의 값이 달랐습니다. 이것은 남녀의 차별이 아닌 당시의 노동 능력의 차이 때문이었습니다. 성경에는 이러한 사람을 드리는 서원의 유형들이 다양하게 나와 있습니다. 대표적인 것이 한나가 사무엘을 드린 것입니다. 사무엘이 성소에서 봉사하는 봉사자로서 드려지는 것을 볼 수 있습니다.

2) 가축의 서원 (9-13절)

구약에 보면 가축가운데 정한 동물과 부정한 동물로 나뉘는데 정한 동물이 여의치 못할 때는 부정한 동물도 하나님께서 받으셨습니다. 사실 사람에 대한 헌신보다 동물에 대한 헌신이 훨씬 많았습니다. 흥미로운 것은 가축도 우열이 있었는데 좋은 동물을 드리기로 마음먹었다가 좋지 못한 동물을 드리기로 변심을 할 경우에 대한 말씀도 있습니다.

레위기 27장 10절
"그것을 변경하여 우열간 바꾸지 못할 것이요 혹 가축으로 가축을 바꾸면 둘 다 거룩할 것이며"

레위기 27장 12절
"제사장은 우열간에 값을 정할지니 그 값이 제사장의 정한 대로 될 것이며"

3) 집의 헌납 (14-15절)

레위기 27장 14-15절

"만일 어떤 사람이 자기 집을 성별하여 여호와께 드리려하면 제사장이 그 우열간에 값을 정할지니 그 값은 제사장이 정한 대로 될 것이며 만일 그 사람이 자기 집을 무르려면 네가 값을 정한 돈에 그 오분의 일을 더할지니 그리하면 자기 소유가 되리라"

집을 바치기로 했다가 마음이 바뀌면 다시 찾아갈 수 있었습니다. 대신 그 값의 오분의 일을 더해야 했습니다.

4) 밭의 헌납 (16-24절)

농경시대에는 밭이 소중한 재산이었습니다. 밭(땅)은 드렸어도 희년이 되면 주인에게로 되돌아왔기 때문에 드릴 때 법이 복잡했습니다. 드린 후 취소를 하려면 희년이 오기 전에 오분의 일을 추가해서 해야 했습니다. 오분의 일을 추가하지 못하면 희년이 되어도 본인에게 돌아가지 못했습니다. 그것은 제사장이 관리하는 제사장의 기업이 됩니다.

레위기 27장 21절
"희년이 되어서 그 밭이 돌아오게 될 때에는 여호와께 바친 성물이 되어 영영히 드린 땅과 같이 제사장의 기업이 될 것이며"

제사장의 기업을 가리켜서 '헤렘'이라고 말했습니다. 영원히 바쳐진 기업이라는 의미입니다.

2. 서원의 다양한 규례 (서원 제물이 될 수 없는 것들을 명시)

1) 초태생 (26-27절)

레위기 27장 26-27절

"오직 가축 중의 처음 난 것은 여호와께 드릴 첫 것이라 소나 양은 여호와의 것이니 누구든지 그것으로는 성별하여 드리지 못할 것이며 만일 부정한 짐승이면 네가 정한 값에 그 오분의 일을 더하여 무를 것이요 만일 무르지 아니하려면 네가 정한 값대로 팔지니라"

가축의 처음 난 것을 '초태생'이라고 불렀습니다. 처음 난 것은 당연히 주님의 것이었기 때문에 서원의 용도로 쓰지 못했습니다. 구약의 율법 그대로 신약시대에 적용하기는 어렵지만 성경의 정신을 존중해서 지금도 첫 것을 하나님 앞에 드리는 성도들이 있습니다. 저는 그것은 아름답다고 생각합니다. 구약의 율법이 지금 우리를 지배하는 것은 아니지만 자원해서 그렇게 한다면 아름다운 것입니다.

2) 전적 헌납(헤렘) (28-29절)

100% 바치는 것을 헤렘이라고 합니다. 완전히 바쳐진 것, 전적으로 드려진 것을 다 바치지 않고 서원해서 바치는 것처럼 이중적으로 행동하는 것을 하나님께서 가장 싫어하십니다. 신약에 아나니아와 삽비라가 그렇습니다. 땅값을 다 바치는 것처럼 하고선 다 바치지 않았습니다. 그리하여 하나님의 특별한 징계를 받습니다. 전적으로 헌납한 것은

전적으로 하나님께 드려진 것이기 때문에 서원의 용도로 쓰여질 수 없었습니다.

3) 십일조 (30–33절)

레위기 27장 30절
"그리고 그 땅의 십분의 일 곧 그 땅의 곡식이나 나무의 열매는 그 십분의 일은 여호와의 것이니 여호와의 성물이라"

십분의 일은 당연히 하나님의 것입니다. 그런데 십일조를 서원의 제물로 사용해서 일부를 드리는 것은 안 되는 것입니다. 십일조는 십일조대로 온전히 드리고 서원의 예물은 따로 드리는 것이 합당합니다. 하나님은 순전한 헌신을 기뻐하십니다.

십일조의 교훈을 가르칠 때도 말라기 3장 8절에 보시면 구약의 백성들이 십일조만 드린 것이 아닙니다. 십일조와 성물(봉헌물)이라고 기록되어 있습니다. 십일조는 기본이라는 말입니다. 이것이 구약에서의 드림(서원)의 정신입니다. 십일조는 최소한의 헌신입니다.

'하나님 저희를 축복하시면 제가 십분의 일 이상도 주님께 드리겠습니다.'라고 고백하는 사람은 십분의 일 이상도 드릴 수 있는 하나님의 축복이 주어집니다. 기독교 역사에 보시면 십분의 일, 이, 삼, 사, 오를 드린 하나님의 사람들이 적지 않습니다. 바로 그런 사람들의 헌신을 통해서 하나님의 나라는 확장되고 복음의 위대한 역사는 이루어져 온 것입니다.

그렇다면 왜 이렇게 우리가 드려야 할까요? 사실, 구약 시대의 성도들에게는 율법이라는 짐이 무거웠을 것입니다. 그래서 율법의 명령들을 무거운 마음으로 순종했을지도 모릅니다. 그러나 신약시대의 성도들은 달라야합니다. 왜냐하면 신약시대에 드림의 이유는 단순히 율법이 명해서가 아니기 때문입니다. 하나님은 이미 우리에게 가장 소중한 것을 주셨습니다. 바로 예수님입니다. 우리가 잘 아는 로마서 8장 32절에 '자기 아들도 아끼지 아니하시고' 주신 하나님이십니다. 하나밖에 없는 외아들을 주셨습니다. 이것이 하나님의 사랑입니다.

그 예수님을 통해 구원의 은혜를 입었다면 우리가 하나님 앞에 드릴 수 없는 것이 무엇일까요? 이것이 신약 성도들의 헌신의 동기입니다. 외아들도 아끼지 않으시고 주신 하나님께 너무 감사해서 하나님 앞에 드릴 수 있는 인생이 되시기를 바랍니다. 하나님의 축복을 경험하고 서원도 하고 드릴 수도 있는 인생을 살아가시길 축복합니다.

이런 축복된 삶의 향유, 그것이 바로 거룩한 삶의 모습입니다. 그러므로 거룩하십시다. 이렇게 그렇게 거룩하게 사십시다.

'너희는 거룩하라.'

너 희 는   거 룩 하 라

너희는 거룩하라

초판 발행 | 2016년 5월 20일
초판 2쇄 | 2020년 8월 13일
지은이 | 이동원
펴낸곳 | 압바암마
등록번호 | 제2012-000093호
주소 | 경기 성남시 분당구 황새울로258번길 23, 312호(수내동, 그라테아)
ISBN | 978-89-98362-17-1

※책값은 뒤표지에 있습니다.

*압바암마(abba amma)는 아람어로서 '아빠 엄마'라는 뜻입니다.

편집부에서 독자의 의견을 기다립니다.
plibook21@gmail.com